역대상 강해집

부흥을 회복하라

| 역대상 강해집 |

I
Chronicles

김서택 지음

나무가 잘 자라기 위해서는 나무의 뿌리가 중요하듯이
우리의 신앙도 잘 자라기 위해서는 신앙의 뿌리가 중요합니다.
역대기는 유다 백성들이 바벨론 포로기를 거친 후 유다의 부흥을
회복하기 위해서 이스라엘의 뿌리를 찾는 과정을 보여주고 있습니다.
역대상은 우리가 가까이 하기가 쉽지 않는 성경말씀입니다. 왜냐하면
역대상은 우리가 잘 모르는 사람들의 이름이 잔뜩 기록되어 있을 뿐 아니라
우리와는 상관이 없는 족보나 조직이나 단편적인 역사들이 많이 기록되어 있습니다.
그러나 이 모든 것이 이스라엘의 진정한 뿌리를 찾는 과정입니다.
미국의 흑인 소설가 알렉스 할리는 『뿌리』라는 소설을 통해서 미국에서 노예로 지냈던
자신들의 선조가 불과 300년 전에 아프리카 감비아의 씩씩한 청년 쿤타 킨테라는 것을
밝혀내었습니다. 구약 이스라엘 역사를 보여주는 사무엘서나 열왕기서가
선지자들에 의해서 기록이 되었다면 역대기는 제사장 계통의 사람에 의하여
기록된 것으로 보입니다. 그만큼 이스라엘 역사에 접근하는
방향이 다른 것을 볼 수 있습니다. 우리나라 기독교 신앙의
뿌리는 종교 개혁자들을 거슬러 올라가서 사도 바울과
이스라엘 선지자들의 뿌리에 연결되어 있습니다.

부흥을 회복하라

하나님을 붙들기 위해서 만든 영적 매뉴얼

솔로몬

CONTENTS

■

머리말

나무가 잘 자라기 위해서는 나무의 뿌리가 중요하듯 우리의 신앙이 잘 자라기 위해서는 신앙의 뿌리가 중요합니다.

역대기는 유다 백성들이 바벨론 포로기를 거친 후 유다의 부흥을 회복하기 위해 이스라엘의 뿌리를 찾는 과정을 보여줍니다.

특별히 역대상은 우리가 가까이 하기가 쉽지 않은 말씀입니다. 왜냐하면 역대상은 우리가 잘 모르는 사람들의 이름이 잔뜩 기록되어 있을 뿐 아니라 우리와는 상관 없는 족보나 조직이나 단편적인 역사들이 많이 기록되어 있습니다. 하지만 이 모든 것이 이스라엘의 진정한 뿌리를 찾는 과정입니다.

미국의 흑인 작가 알렉스 할리는 『뿌리』라는 소설을 통해서 미국에서 노예로 지냈던 자신들의 선조가 불과 300년 전에 아프리카 감비아의 씩씩한 청년 킨타 쿤데라는 것을 밝혀내었습니다.

이스라엘 역사를 보여주는 사무엘서나 열왕기서가 선지자들에 의해서 기록이 되었다면 역대기는 제사장 계통의 사람에 의하여 기록된 것으로 보입니다. 그만큼 이스라엘 역사에 접근하는 관점이 다른 것을 볼 수 있습니다.

우리나라 기독교 신앙의 뿌리는 종교 개혁자들을 거슬러 올라가서 사도 바울과 이스라엘 선지자들에 연결되어 있습니다. 이것은 한국 교회의 말할 수 없는 축복이요 재산입니다. 교회는 바른 말씀을 붙들기만 하면 언제 어디서든지 부흥이 일어나게 되어 있습니다.

저는 이번에 역대상을 강해하면서 세부적인 내용보다는 전체적인 그림을 보면서 설교하려고 애를 썼습니다. 그래서 생각보다는 부피가 적은 책이 되었습니다. 그럼에도 역대상 안에 흐르는 중심적인 내용은 파악이 되도록 했습니다.

이 귀한 말씀을 뜨거운 감동으로 함께 나눈 대구 동부교회 성도님들에게 항상 깊은 감사를 드립니다. 그리고 이 부족한 강해집을 책으로 출판하셔서 많은 목회자들이나 성도들과 함께 나눌 수 있게 하신 솔로몬출판사 박영호 사장님과 편집부 직원들에게도 감사를 드립니다.

대구 수성교 옆에서

김서택 목사

믿음의 뿌리는 겨우 한 세대에 한 명씩 대를 이어서

내려오고 있는 것을 볼 수 있습니다.

세상의 가라지는 빨리 자라고 널리 퍼지는데 비하여

믿음의 뿌리는 더디 자라고 자라더라도 미약한 것을 볼 수 있습니다.

셈 이후에 태어난 믿음의 뿌리도 겨우 이름만 하나씩 기록하고 있습니다.

노아 홍수 이후에 셈이라는 사람에게서 아브라함이라는 사람이 나타날 때까지

무려 열 번의 세대가 지나가게 됩니다.

그리고 그동안 거의 잠잠하고 있었던 아브라함 때에

큰 부흥의 꽃을 피우게 됩니다.

아브라함이 다른 것은 일체 붙들지 않고

오직 하나님의 말씀만 붙들었기 때문입니다.

CHAPTER 01

믿음의 뿌리

대상 1:1-54

오늘 대부분의 사람들은 자기 족보에 별로 관심을 가지지 않을 것입니다. 이 시대는 신분이 지배하는 시대가 아니기에 신분과 상관없이 누구든 열심히 노력만 하면 성공할 수 있기 때문입니다. 그럼에도 불구하고 미국 같은 사회에도 사람들은 모두 자신들의 뿌리를 가지고 살아가고 있습니다. 바로 부모님으로부터 물려받은 '성' 을 가지고 사는 것입니다. 중국에서 건너간 사람은 중국 성을, 한국에서 건너간 사람은 한국 성을 가지고 삽니다.

미국의 흑인 작가 알렉스 할리는 『뿌리』라는 소설을 썼습니다. 이 소설은 저자의 7대 할아버지 쿤타 킨테가 아프리카 감비아의 주프레라는 곳에서 흑인 사냥꾼에게 붙들려서 미국에 노예로 팔려서 자기 대까지 오게 된 것을 소설로 쓴 것입니다. 쿤타 킨테는 노예가 되는 것을 거부하고 네 번이나 탈출을 시도했는데 마지막으로 붙들려서 도끼로 발등을 잘리게 되자 그때부터는 탈출을 포기하고 노예 생활을 하게 됩니다. 그러나 그는 자신이 이슬람교도인 것을 끝까지 포기하지 않고 자기 딸에게 고향의 지명과 자기 종족의 습성을 외우게 합니다. 그리고 딸도 자식에게 그것을 전수시켜 줍니다. 그런데 3대째 가서 조지라는 아들이 닭싸움을 해서 돈을 벌고 나중에는 자기 돈으로 자유를 삽니다. 그리고 7대 아들은 조상들이 들려준 강 이름이나 다른 이름들을 언어학자에게 이야기해주고 이 언어가 아프리카 감비아 어느 지방의 언어인 것 같다는 말을 듣게 됩니다. 그리고 이 자손은 계속 연구를 해서 결국 자기 할아버지가 살았던 마을을 찾아가게 되고 그 마을에 옛날에 쿤타 킨테라는 청년이 어느 날 갑자기 없어졌다는 사실을 확인하게 됩니다.

흑인 작가 알렉스 할리가 이 소설을 쓰게 된 이유는 흑인들의 뿌리는 결코 노예가 아니고 아프리카의 씩씩한 용사들이며 자유인들이었다는 것을 밝히려는 것이었습니다.

요즘 미국에서는 흑인들이 큰 성공을 거두고 있습니다. 드디어 미국은 버락 오바마라는 흑인 대통령을 배출했습니다. 오바마 대통령의 아버지는 케냐 외교관이었는데 미국의 백인 여성과 결혼을 해서 오바마를 낳았습니다. 오바마의 어머니가 인도네시아인과 재혼을 하는 바람에 그는 하와이에 사는 외할머니 손에서 컸다고 합니다. 처음에는 정체성을 찾지 못해서 마약에 빠지기도 했지만 나중에 열심히 공부를 해서 하버드 대학의 로스쿨을 졸업하고 시카고 지방의 인권 변호사가 되었다가 결국 최초의 흑인 미국 대통령이 되었습니다.

미국에 있는 흑인들에게 『뿌리』라는 소설이 있었다면 바벨론에 있는 유대인들에게는 '역대기' 가 있었습니다. 역대기는 우리의 관점에서는 참

이해하기 어려운 책입니다. 왜냐하면 이 책은 우리가 보기에는 거의 쓸데없는 것 같은 사람 이름으로 가득 차있습니다. 즉 이스라엘의 족보에 대한 책인 것입니다. 그런데 여기에는 이스라엘의 족보만 있는 것이 아니라 다른 민족의 족보도 있습니다. 그리고 모든 이스라엘의 족보가 다 있는 것이 아니라 있는 것도 있고 없는 것도 있습니다.

즉, 같은 이스라엘 족보 중에서도 유다 지파나 베냐민 지파 혹은 레위 지파의 족보가 자세하게 기록이 되었습니다. 이것은 주로 바벨론 포로에서 돌아온 사람들을 중심으로 족보를 적어서 그런 것 같습니다. 그리고 역대기에는 이스라엘의 역사가 기록이 되어 있는데 이스라엘 전체의 역사가 기록되어 있는 것은 아닙니다. 역대하에 보면 북이스라엘 역사는 전혀 기록하지 않고 남유다의 역사만 기록하고 있습니다. 또 역대하 앞부분에는 솔로몬의 성전 건축에 대하여 필요 이상으로 자세하게 기록을 하고 있습니다.

1. 역대기는 어떤 책인가?

역대기는 이스라엘 자손들이 바벨론에 포로로 붙들려가고 난 후에 아직 유다 왕국이나 이스라엘 왕국이 회복이 되지 않은 시점에서 기록된 책입니다. 유다가 바벨론에 멸망당했을 때 살아남은 모든 유다 백성들은 바벨론에 강제로 끌려가게 되었습니다. 그러면서 이스라엘 백성들은 나라를 잃었고 성전도 불타버렸으며 백성들은 뿔뿔이 흩어지게 되었습니다. 이제 유대인들은 바벨론이 정복했던 많은 민족 중 하나가 되고 만 것입니다. 이때 유다 백성들에게 가장 심각했던 것은 정체성의 상실이었습니다. 즉 유다 백성들은 자신감을 잃었고 자신들이 하나님의 백성이라는 인식도 사라져 갔습니다. 많은 유다 백성들은 이 어려운 현실에서 죽지 않고 살아남아야 한다는 절박한 생각만 가지고 있었던 것 같습니다. 그러나 이렇게 포로된 가운데도 하나님의 말씀을 붙들고 이스라엘의 위대한 신앙이 다시 살아나기를 소망하는 자들이 있었습니다. 이런 뜨거운 신앙을 가진 사람이 가장 많은 부류가 제사장의 후손인 레위지파였습니다.

이들은 우리가 이렇게 정신없이 살아서는 안 되고 반드시 영적인 부흥을 다시 일으켜야 한다는 생각을 가지고 있었습니다. 그래서 결국 이 역대기라는 책은 단순한 이스라엘의 역사를 기록한 책이 아닙니다. 역대기는 유다 백성들이 모든 것을 다 잃어버리고 인생의 밑바닥에서 다시 하나님을 붙들기 위해서 만든 영적 매뉴얼과도 같았습니다.

우리가 잘못 생각하면 역대기를 이스라엘 역사의 요약이라고 생각할 수 있습니다. 즉 모세의 율법도 선지자들의 글들도 모두 다 불타버린 시점에서 앞으로 좋은 시절이 오면 완전한 이스라엘 역사를 기록할 생각을 하고 일단 이스라엘 역사의 요약을 기록한 것이 아닌가 하는 것입니다. 하지만 그렇게 생각하기에 역대기에는 이스라엘 역사 가운데서 빠진 부분이 너무나도 많습니다. 이스라엘 역사가 골고루 기록된 것이 아니라 한쪽으로 치우쳐 기록돼 있는 것입니다. 또한 역대기를 하나의 자료집으로서 열왕기에 딸린 부록이라고 생각할 수도 있을 것입니다. 그러나 여러가지 추측에도 불구하고 역대기는 역대기만의 독특한 목적을 가지고 기록된 것으로 보아야 합니다.

역대기는 크게 네 부분으로 나눌 수 있는데 역대상 앞부분(1장-9장)에는 이스라엘 사람들의 족보가 나옵니다. 그런데 완전한 이스라엘의 족보가 아니고 주로 바벨론에서 신앙을 지키고 돌아온 사람들 중심의 족보입니다. 그리고 뒷부분(10장-29장)은 다윗의 역사가 나옵니다. 그 중에서도 다윗이 세운 제사장이라든지 혹은 레위인으로서 성전에서 봉사하는 사람들의 이름을 길게 기록하고 있습니다. 또 다윗이 하나님의 언약궤를 옮긴 것을 기록하고 있습니다. 그리고 역대하에 넘어가서 앞부분(1장-9장)에는 솔로몬이 성전을 지은 것과 그 양식에 대하여 길게 설명합니다. 제사장들에게 가장 중요한 것이 성전이기 때문입니다. 그리고 뒷부분(10장-36장)은 유다왕국의 역사가 기록돼 있습니다. 그러니까 역대기는 굉장히 복잡한 문서라고 말할 수 있습니다. 역대기에는 족보와 많은 사람들의 이름을 소개하고 솔로몬이 지은 성전 건물에 대해서도 많이 설명합니다. 그 다음에는 왕국의 역사만 기록을 하고 있습니다. 그러니까 역대기는 족보다, 자료집이다, 역사적 기록이다, 이렇게 한가지로만 규정할 수 있는 책이 아닙니다.

그래서 역대기의 성격은 이런 식으로 요약을 해볼 수 있습니다.

즉, 역대기는 제사장 쪽에서 쓴 것이 분명합니다. 우리가 정통 이스라엘 역사로 알고 있는 사무엘상·하나 열왕기상·하는 선지자가 쓴 것입니다. 즉 이스라엘 왕들의 통치를 선지자적인 관점에서 보고 평가를 한 것입니다. 그런데 역대기는 제사장 쪽에서 쓴 것입니다. 그래서 다윗의 시대에 있어서도 레위인들의 성전 봉사와 레위인의 족보에 대하여 자세하게 설명하고 있습니다. 또 솔로몬의 성전 건축에 있어서도 성전의 내부 구조에 대하여 필요 이상으로 자세하게 묘사합니다. 북이스라엘 왕국은 제사장을 거부하고 내어 쫓은 나라입니다. 거기에 비해서 남유다에는 성전이 있었고 레위족속이 제사장으로 섬겼습니다. 그러니까 제사장의 입장에서는 이스라엘은 전혀 관심이 가지 않는 나라였던 것입니다. 선지자의 입장에서 북이스라엘 왕국이 엘리야나 엘리사 같은 위대한 선지자나 일시적인 부흥도 있었기 때문에 중요했지만 제사장의 관점에서는 금송아지를 섬기는 이스라엘은 전혀 고려의 대상이 되지 못했던 것입니다.

탈무드에 보면 유대인들은 에스라가 역대기를 썼다고 말하고 있습니다. 에스라는 제사장 계통의 학사였던 것입니다. 역대기가 기록될 무렵 유다 백성들의 일부는 바벨론에서 돌아와 성전을 재건했지만 아직도 많은 유다 백성들이 바벨론에서 돌아오지 않고 있었습니다.

그래서 역대기는 이스라엘 백성들이 바벨론에 포로로 끌려간 후에 다시 신앙적인 부흥을 일으키기 위해 제사장족인 레위인들 안에서 이스라엘의 신앙 부흥을 위한 지침으로 만들어진 것이 아닌가 추측됩니다. 즉 역대기가 바벨론이 지배하는 시대에서 신앙의 부흥을 일으키기 위해 제사장 자녀들을 교육하던 교과서가 아니었느냐 하는 것입니다. 그래서 역대기의 전체적인 정신은 역시 '이스라엘의 부흥을 회복하라' 는 것으로 보아야 합니다.

이스라엘의 신앙이 되살아나기 위해서는 정치 이전에 예배가 먼저 살아나야 했습니다. 그러려면 가장 먼저 제사장이 정신을 차려야 하고 말씀으로 준비가 되어야 하는 것입니다. 역대기는 단순히 개인의 신앙 부흥에서 끝나지 않고 유다의 정치적인 부흥으로 연결시키는 특징을 보입니다. 다시 말해서 역대기는 대단히 불완전한 책입니다. 완전한 족보도 아니고 그렇다고 해서 예배 지침서도 아니고 완전한 이스라엘의 역사책도 아닙니다. 그럼에도 이스라엘 백성들과 교회는 역대기를 영감된 하나님의 말씀으로 받아들여온 것입니다. 이것이 우리로 하여금 역대기를 무시할 수 없게 만듭니다. 이 역대기 안에도 무엇인가 하나님의 감추어진 축복이 분명히 있습니다.

2. 성경적 신앙의 고백

우리는 역대기의 기록 배경이 전혀 신앙적이지 않았다는 사실을 기억해야 합니다. 바벨론이 전 세계를 지배했고 바벨론이 망한 후에도 페르시아 같은 열강들이 전 세계를 지배하게 됩니다. 성전이 불타서 폐허가 되고 유다 왕국이 무너지고 유다 백성들이 포로가 되어 전 세계에 흩어진 시점에서 '성경적 세계관'이라고는 거의 찾아보기 힘든 때였습니다. 물론 포로로 잡혀있던 유다 백성들 중 일부는 예루살렘으로 돌아와서 성전을 재건하고 예루살렘을 지키고 있었지만 거의 대부분의 유다 백성들은 세계에 흩어져 있었습니다. 흩어진 유다 백성들에게는 여호와 신앙은 찾아보기 어려웠습니다. 이런 배경에서 역대기는 오직 성경적 가치관만을 자신들의 신앙으로 고백하고 있습니다.

1-4절, "아담, 셋, 에노스, 게난, 마할랄렐, 야렛, 에녹, 므두셀라, 라멕, 노아, 셈, 함과 야벳"

여기에 보면 일체 다른 설명이 없습니다. 하나님께서 인류를 창조하신 후에 노아 홍수가 일어나기까지 사람들의 이름만 열거하고 있습니다. 이것은 마치 황폐한 땅에 말뚝을 하나씩 박는 것과 같습니다. 마치 인류의 조상이 걸어온 발자취가 하나의 깊이 박힌 말뚝이나 되는 것처럼 사람들의 이름을 하나씩 하나씩 기록하고 있습니다. 이것은 이 세상의 다른 모든 가치관이나 사상들을 거부하고 오직 성경 진리만 믿겠다는 대선언인 것입니다.

나라도 잃고 영적인 부흥도 잃어버린 유다 백성들이 다시 부흥할 수 있는 유일한 길은 그들이 잃어버렸던 성경적 신앙을 되찾는 것이라는 고백입니다. 나라가 망하고 전혀 하나님을 인정하지 않는 바벨론 제국의 노예로 끌려왔을 때 유다 백성들은 생각했습니다. 어떻게 하면 우리가 여기서 살아남을 것인가? 아마도 많은 유대인들은 하나님을 버리고 세상을 따라가야 살 수 있다고 생각했을 것입니다. 그러나 역대기는 그렇게 말하지 않습니다. 유다 백성들은 이방 땅에서도 부흥을 위해서 사는 사람들이고 그들이 다시 부흥할 수 있는 길은 성경적 신앙을 되찾는 길이라고 말합니다.

아담이나 셋, 에노스나 게난, 마할랄렐, 야렛, 에녹, 므두셀라 같은 사람들도 철저한 불신의 시대에 살았던 사람들이었고 그런 가운데서 영적인 부흥을 일으켰던 사람들이었습니다. 특히 에녹 같은 사람은 노아 홍수 전의 타락하고 악한 시대에서 하나님과 동행했기 때문에 죽지 않고 하늘로 올라간 기적의 삶을 살았습니다. 또한 노아 같은 사람은 하나님의 홍수 심판 가운데서도 온 가족과 함께 구원을 받았던 믿음의 사람이었습니다. 그러니까 역대기의 저자는 성전이 불타고 유다가 망했다고 해서 하나님이 없어진 것이 아니라 오히려 아담이나 에녹이나 노아의 시절로 돌아갔다고 생각하면 된다는 것입니다.

오늘 우리가 살고 있는 이 시대도 믿는 사람과 믿지 않는 사람들이 뒤섞여서 살아가고 있습니다. 그런 중에 믿는 사람들도 어떻게 하면 이 생존 경쟁의 시대에서 도태되지 않고 성공할 수 있을 것인가 하는 것을 많이 생각하고 있을 것입니다. 철저하게 세상을 따라가야 성공할 수 있을 거라 믿는 그리스도인들이 넘쳐납니다. 그러나 성경은 그렇게 말씀하지 않습니다. 우리가 사는 길은 영적인 부흥을 일으키는 것이고 영적인 부흥을 일으킬 수 있는 유일한 길은 성경적 신앙을 붙드는 것입니다.

아담은 인류의 시초로서 이 세상에 죄를 끌어들인 장본인이었습니다. 하지만 이후에 아담은 돌이켰습니다. 그래서 아담의 후반기 인생은 하나님의 말씀을 가르치고 영적인 부흥을 지키는 선지자적인 삶이었습니다. 그러니까 사람이 한 번 실패했다고 해서 영원히 실패하라는 법은 없는 것입니다. 누구든지 한 번 크게 실패했다 하더라도 회개하고 다시 하나님의 말씀을 붙들면 위대한 믿음의 삶을 살 수 있는 것입니다.

노아 같은 사람이 하나님의 말씀을 믿었다는 것이 대단한 것입니다. 왜냐하면 노아 시대에만 해도 지구상에는 큰 홍수가 없었던 것 같습니다. 그런데 하나님께서는 노아에게 앞으로 120년 후에 큰 홍수를 내려서 코로 숨 쉬는 모든 것을 다 멸망시키겠다고 말씀하셨습니다.

앞으로 120년 뒤의 일을 어떻게 믿을 수 있겠습니까? 그런데 노아와 그의 세 아들은 하나님의 심판의 말씀을 믿고 120년 동안 묵묵하게 자기들과 동물들이 탈 큰 배를 만들었습니다. 만약 120년 동안 배를 만들었는데 홍수가 오지 않으면 어떻게 되는 것입니까? 또 설사 120년 동안 큰 배를 만들기는 했는데 무슨 재주로 동물들을 모아서 배에 싣겠습니까? 비도 오지 않는데 써먹지도 못하는 큰 배를 만든다고 사람들이 얼마나 욕하고 조롱을 했겠습니까? 그런데 노아는 믿음으로 묵묵하게 하나님의 말씀에 순종했는데 결국 무서운 홍수에서 오직 믿음의 가족, 노아와 세 아들의 가정만 살아남았습니다. 그러니까 하나님은 이스라엘만의 하나님이 아니라 전 세계의 하나님이신 것입니다. 전 세계 가운데서 우리가 사는 길은 하나님의 말씀을 붙드는 것입니다. 그래서 영적인 부흥을 일으키는 것입니다.

3. 다른 곁가지의 번성

농사를 짓는 분들은 열매가 맺히는 나무보다는 열매를 방해하는 잡초라든지 가라지 같은 것들이 더 무성하게 빨리 자란다는 것을 아실 것입니다. 이것은 신앙의 영역에서도 마찬가지입니다. 하나님께서 영적인 축복을 위해서 준비하신 뿌리는 잘 자라지 않았습니다. 뿌리에서 나온 가지라 하더라도 여리고 약했습니다. 그리고 이 가지가 꽃을 피우는 데는 몇 백 년의 시간이 걸렸습니다. 그런데 놀라운 것은 불신앙의 곁가지들은 너무나 많이 생기고 잘 자라서 어느새 온 세상을 가득 채우게 된 것입니다.

오늘 본문에는 믿음의 뿌리에서 나온 세 개의 곁가지들을 열거합니다. 참으로 이해가 되지 않는 것이 바로 이것입니다. 우리가 생각하기에 불신앙의 줄기 같으면 아주 이상한 사람에게서 나와야 하는데 실제로는 그렇지가 않았습니다. 신앙 좋은 노아라든지 아브라함 같은 사람의 자녀 중에서 놀라운 불신앙의 가지가 나와서 세상을 가득 채우게 된 것입니다.

첫 번째 불신앙의 가지가 노아의 아들들에게서 나온 곁가지였습니다.

물론 노아 이전에도 이런 악한 가라지가 온 세상을 뒤덮고 있었습니다. 그러나 하나님께서 노아 홍수의 대 심판을 내리심으로 이런 가라지들은 뿌리째 다 죽어서 없어지고 말았습니다. 그런데 노아 홍수가 끝나자 마자 그것도 노아와 함께 믿음의 방주를 지었던 아들의 자손에서부터 불신앙의 가지가 자리기 시작했습니다.

5절, "야벳의 아들은 고멜과 마곡과 마대와 야완과 두발과 메섹과 디라스요"

노아에게는 세 아들 셈과 함과 야벳이 있었습니다. 그 중 야벳은 신앙이 좋았고 자손도 많이 낳았습니다. 야벳은 아들만 일곱을 낳았습니다. 아마 딸까지 치면 더 많은 자식을 낳았을 것입니다. 옛날에는 남자나 여자나 수명이 길었기 때문에 보통 이삼십 명은 낳았을 것입니다. 그런데 야벳이 낳은 아이들은 신앙의 자식들이 아니었습니다. 본문에는 야벳의 아들들 중에서 두 아들의 족보만 소개하고 있습니다.

6-7절, "고멜의 아들은 아스그나스와 디밧과 도갈마요 야완의 아들은 엘리사와 다시스와 깃딤과 도다님이더라"

이것이 역대기의 특이한 점입니다. 족보를 다 적는 것이 아니라 그 중에서 발췌를 해서 자기가 알고 있는 이름만 적습니다. 야벳의 후손들 중에는 그 이름이 지명으로 남아 있는 것들이 있습니다. 도갈마라든지 깃딤이라든지 도다님 같은 것은 지명으로 남아 있습니다. 이 지역들은 흑해를 중심으로 한 그리스나 러시아의 여러 지역으로 생각됩니다.

야벳의 후손들은 믿음이 없는 사람들이었고 그들은 세상에서 번창해 지역과 도시를 이루는데 성공을 했습니다. 특히 주의가 필요한 사람들이 함의 후손이었습니다.

8절, "함의 아들은 구스와 미스라임과 붓과 가나안이요"

함의 자손들이 나중에 이스라엘 백성들과 가장 많은 관계를 맺게 됩니다. 그런데 결코 좋은 관계가 아니라 적대적인 관계를 맺게 됩니다.

함은 아버지 노아가 술에 취해서 옷을 다 벗고 누워서 자고 있는 모습을 보고 형들에게 가서 좋지 않게 이야기를 합니다. 물론 자식들 앞에서 술에 취해서 아름답지 못한 모습을 보여준 장본인은 아버지 노아였지만 그 경건한 노아의 아들들 중에도 좋지 않은 마음으로 아버지의 벗은 모습을 보고 흉을 보았던 아들이 있었던 것입니다.

함의 아들들은 한 명 한 명이 세상 나라의 이름이 되었습니다. 즉 그들의 조상이 되었던 것입니다. 구스는 에티오피아를 말하고 미스라임은 이집트입니다. 그리고 붓은 리비아를 말하고 가나안은 장차 이스라엘 백성들과 두고두고 싸우게 되는 가나안 족속이 되는 것입니다.

본문에는 함의 자손들의 이름이 하나하나 자세하게 기록돼 있습니다.

9-10절, "구스의 아들은 스바와 하윌라와 삽다와 라아마와 삽드가요 라아마의 아들은 스바와 드단이요 구스가 또 니므롯을 낳았으니 세상에 처음 영걸한 자며"

스바라는 이름은 두 번이나 나오는데 나중에 지명으로 남게 됩니다. 그리고 구스의 아들 중에 니므롯이라는 영웅이 나왔는데 아마 고대에는 대단한 자였던 것 같습니다. 즉 알렉산더나 나폴레옹 같이 전쟁을 좋아하고 많은 나라들을 정복한 왕이었던 것 같습니다.

11-12절, "미스라임은 루딤과 아나밈과 르하빔과 납두힘과 바드루심과 가슬루힘과 갑도림을 낳았으니 블레셋 족속은 가슬루힘에게서 나왔으며"

미스라임은 애굽의 또 다른 이름인데 그의 아들들은 잘 알 수가 없습니다. 그런데 중요한 것은 대대로 이스라엘의 원수가 되는 블레셋은 함의 자손 가슬루힘의 후손이었다는 것입니다. 결국 뿌리 자체가 다른 것입니다.

13-16절, "가나안은 맏아들 시돈과 헷을 낳고 또 여부스 족속과 아모리 족속과 기르가스 족속과 히위 족속과 알가 족속과 신 족속과 아르왓 족속과 스말 족속과 하맛 족속을 낳았더라"

가나안의 아들 중에서 가나안 여러 족속들이 나오게 되는데 하나님께서는 이들을 멸망의 자식들로 정해서 이스라엘 백성들에게 멸망당하도록 하십니다. 이들이 다른 어느 족속들보다 음란하고 타락했기 때문이었습니다.

이 세상에서 불신앙의 줄기는 믿음의 줄기보다 훨씬 더 번성하고 성공했던 것을 알 수 있습니다. 그들은 이미 나라를 이루고 도시를 건설하고 있었습니다.

이제 17절에 와서야 셈의 아들에 대해서 언급합니다. 그리고 24절에서는 셈에서부터 아브라함에게 이르는 믿음의 뿌리를 기록합니다.

17절, "셈의 아들은 엘람과 앗수르와 아르박삿과 룻과 아람과 우스와 훌과 게델과 메섹이라"

셈도 무려 아홉 명의 아들을 낳았습니다. 그런데 그 중에서 믿음의 뿌리는 아르박삿 한 명 뿐이었습니다. 그리고 아르박삿, 셀라, 에벨 이렇게 나오다가 벨렉 때 큰 지진이 일어나면서 땅이 갈라지게 됩니다. 아마 이 때도 죄의 뿌리가 너무 많이 퍼지니까 하나님께서 지진으로 경고를 하신 것입니다.

역대기의 족보는 이상한 것이 셈에게서 벨렉까지 온 후에 벨렉의 동생 이름이 욕단인데 욕단의 아들들의 이름을 또 잔뜩 기록합니다.

20-23절, "욕단이 알모닷과 셀렙과 하살마웻과 예라와 하도람과 우살과 디글라와 에발과 아비마엘과 스바와 오빌과 하윌라와 요밥을 낳았으니 욕단의 아들들은 이러하니라"

벨렉의 동생 욕단이 낳은 아들들은 무려 13명이었습니다. 이 아들들은 믿음의 뿌리와 아무 상관이 없습니다. 그런데 믿음의 뿌리 벨렉은 자식을 많이 낳지 못했는데도 불구하고 그의 동생 욕단은 엄청난 아들을 낳았던 것입니다.

그리고 이제 비로소 믿음의 계보가 나옵니다.

24-27절, "셈, 아르박삿, 셀라, 에벨, 벨렉, 르우, 스룩, 나홀, 데라, 아브람 곧 아브라함"

믿음의 뿌리는 겨우 한 세대에 한 명씩 대를 이어서 내려오고 있는 것을 볼 수 있습니다. 세상의 가라지는 빨리 자라고 널리 퍼지는데 비하여 믿음의 뿌리는 더디 자라고 자라더라도 미약한 것을 볼 수 있습니다. 셈 이후에 태어난 믿음의 뿌리도 겨우 이름만 하나씩 기록하고 있습니다. 노아 홍수 이후에 셈이라는 사람에게서 아브라함이라는 사람이 나타날 때까지 무려 열 번의 세대가 지나가게 됩니다. 그리고 그동안 거의 잠잠하고 있었던 아브라함 때에 큰 부흥의 꽃을 피우게 됩니다. 아브라함이 다른 것은 일체 붙들지 않고 오직 하나님의 말씀만 붙들었기 때문입니다.

대개 식물들 중에 꽃을 피우기 아주 어려운 식물들이 있습니다. 그 중에 선인장은 몇 년에 한 번 꽃을 피우는데 한번 피면 매우 아름다운 꽃이 피게 됩니다. 마찬가지로 이 부흥의 꽃도 거의 열 세대 이상 몇 백 년이 지나서 꽃을 피우게 되는데 한 번 피게 되면 무척이나 아름다운 꽃이 핍니다.

이제 두 번째 불신앙의 곁가지를 소개하고 있습니다. 그것은 다른 사람도 아닌 가장 아름다운 부흥의 꽃을 피웠던 아브라함에게서 나온 곁가지였습니다.

28-31절, "아브라함의 아들은 이삭과 이스마엘이라 이스마엘의 세계는 이러하니 그 맏아들은 느바욧이요 다음은 게달과 앗브엘과 밉삼과 미스마와 두마와 맛사와 하닷과 데마와 여둘과 나비스와 게드마라 이스마엘의 아들들은 이러하니라"

아브라함은 하나님으로부터 하늘의 별처럼 많은 자손을 주시겠다는 약속을 받았습니다. 그러나 아브라함은 나이가 들어 늙을 때까지 아들을 얻지 못했습니다. 그러다가 사라의 여종 애굽 여자 하갈을 첩으로 맞아서 아들을 낳았는데 이 아들이 아브라함의 첫 아들 이스마엘이었습니다. 그런데 바로 이 아들이 문제였습니다.

이스마엘은 원래 12명의 아들을 낳습니다. 참으로 놀라운 것이 바로 이것입니다. 믿음의 사람은 자식들 중에서 믿음의 씨앗을 겨우 한 명 둘까 말까 합니다. 그런데 불신앙의 뿌리는 한번 낳았다 하면 12명이고 모두 다 성공을 해서 나라를 이루든지 족속을 이루든지 어떤 도시를 세우게 되는 것입니다.

아브라함은 늙어서 그두라라고 하는 첩을 두게 됩니다. 그런데 거기서도 많은 자손들이 생기게 됩니다.

32절, "아브라함의 첩 그두라의 낳은 아들은 시므란과 욕산과 므단과 미디안과 이스박과 수아요 욕산의 아들은 스바와 드단이요"

그리고 세 번째 곁가지가 이삭의 아들 에서에게서 나온 곁가지입니다.

34-35절, "아브라함이 이삭을 낳았으니 이삭의 아들은 에서와 이스라엘이더라 에서의 아들은 엘리바스와 르우엘과 여우스와 얄람과 고라요"

그러고 나서 엘리바스의 아들과 르우엘의 아들을 소개한 후에 갑자기 세일의 아들에 대하여 기록합니다. 38절에 세일의 일곱 아들들 이름을 기록한 후에 이 아들들의 아들들도 기록하고 있습니다. 어떤 책에는 세일이 에돔의 원주민인데 에서의 자손에게 흡수되었다고 하기도 합니다. 어쩌면 에서의 자손과 세일 자손이 합쳐서 강력한 에돔 족속을 형성했을 수도 있습니다. 어쨌든 에돔은 언제나 유다 백성들에게 가시 같은 존재였습니다

43절, "이스라엘 자손을 치리하는 왕이 있기 전에 에돔 땅을 다스린 왕이 이러하니라 브올의 아들 벨라니 그 도성 이름은 딘하바며"

이스라엘이 애굽에서 열심히 종살이하고 있는 동안에 에돔 땅에는 왕이 있었습니다. 왕조가 여러 대에 걸쳐서 이어졌고 그 중에는 아주 유명한 왕들도 있었습니다. 심지어는 왕비 중에서 이름 있는 자가 있었고 또

에돔의 많은 부족을 다스리는 족장들이 있었습니다.

불신앙의 곁가지들이 온 세상을 뒤덮고 있는데도 아직 하나님의 백성들의 뿌리는 나라 하나도 이루지 못하였습니다. 결국 아브라함이라는 사람을 통해서 한 번 큰 부흥이 일어나게 됩니다.

우리가 본문을 보면서 느끼는 것은 왜 이렇게 믿음의 뿌리는 더디게 자라는가 하는 것입니다. 아담에서 노아까지 믿음의 사람들은 극소수였습니다. 즉 한 세대에 겨우 한 명 있을까 말까 한 정도였습니다. 그리고 이 믿음의 뿌리로부터 가라지는 무서울 정도로 자라 온 땅을 가득 채우고 있었습니다. 아브라함에서부터 이스라엘 백성들이 출애굽할 때까지도 세상은 이미 나라를 세워서 여러 번 왕위가 계승되고 왕조가 튼튼하게 세워졌는데 이스라엘은 아직도 다른 민족의 종살이를 하고 있는 상태였습니다.

우리는 이것을 보면서 인간이 믿음을 가진다는 것이 이렇게 힘들다는 것을 깨달아야 합니다. 사람이 하나님을 믿는 믿음을 가지고 살아간다는 것은 사람의 힘으로는 불가능한 것입니다. 하나님께서 믿음을 주셔야 하고 하나님의 능력이 강권적으로 붙들어주셔야 하는 것입니다.

그러나 일단 믿음의 사람이 되면 그 사람의 위력은 대단합니다. 그들은 하나님께 속했으며 일단 하나님의 말씀만 전적으로 붙들고 큰 은혜를 받기만 하면 세상을 뒤집을 수 있는 능력이 있기 때문입니다.

유다 백성들이 바벨론과 페르시아의 지배를 받고 있을 때에도 전 세계를 지배하는 것은 가라지의 뿌리였습니다. 그런데 그 가운데서도 아주 약하지만 믿음의 뿌리가 있었습니다. 역대기의 저자는 그들에게 묻고 있는 것입니다. '이런 불신앙의 시대에서 믿음을 버리고 세상의 가라지가 될래?' '아니면 이런 가운데서 우리 믿음의 조상 아브라함이 했던 것 같

이 나라는 없지만 하나님의 말씀을 가지고 한번 부흥을 일으켜 볼래?'

우리가 이 역대기에 우리나라의 족보를 한번 넣어보면 어떻게 되겠습니까? 너무나도 길고 긴 불신앙의 뿌리 중에 수백 년이 지난 후에 딸 한 명 또는 아들 하나가 곁가지를 쳤는데 이번에는 신앙의 곁가지를 쳤는데 이후에 엄청난 신앙의 열매를 맺고 있는 것입니다. 우리가 돌 감람나무와 같은 조상의 뿌리에서 잘려나와 참 감람나무에 접붙임이 되었기 때문입니다. 우리 속을 흐르고 있는 것은 세상의 진액이 아니고 참 이스라엘의 진액, 즉 하나님의 축복의 진액입니다.

이제 우리는 외적인 규모를 보고 우리 신앙을 열등하다고 생각해서는 안 됩니다. 우리에게 중요한 것은 세상을 뒤덮고 있는 가시덤불 같은 것이 아닙니다. 우리의 뿌리가 과연 무엇인가 하는 문제입니다.

우리는 세상을 향한 많은 욕심들을 내려놓고 오직 부흥을 위하여 마음을 모아야 합니다. 이 땅에 성령이 물 붓듯이 부어지는 것이 진정한 축복입니다. 하나님께서 주의 백성들을 성령으로 축복하실 때 온 세상도 복을 받게 됩니다. 하나님께서 우리에게 더 많은 말씀을 주시고 더 많은 성령을 부어주시기를, 그리고 우리 안에 이스라엘의 진액, 하나님의 진액이 넘쳐서 온 성도들에게 신앙의 꽃들이 활짝 피며 열매가 맺히기를 바랍니다.

CHAPTER 02

유다의 자손들

대상 2:1-55

유명한 분들 중에서 자신의 생애를 자서전이나 전기의 형태로 남기는 분들이 있습니다. 자신이나 어떤 사람의 생애를 전기로 쓸 수 있다는 것은 정말 대단한 일입니다. 어떤 한 사람의 생애라고 하는 것이 지나고 나면 너무나도 평범해서 거의 글로 적을 것이 없기 때문입니다. 대개 어떤 사람의 전기가 읽을 만하다고 한다면 처음에 많이 방황하고 방탕한 삶을 살았는데 나중에 정신을 차려서 정말 훌륭하게 된 이야기가 담겨있을 것입니다. 그런 사람의 생애로는 성 어거스틴이나 영국의 존 뉴톤 목사가 해당이 될 것입니다. 또 다른 경우에는 부흥의 시기에 하나님의 손에 붙들려서 사용된 능력의 종들이 있을 것입니다. 이런 사람들의 생애는 생애 자체가 불꽃과 같이 강렬하고 탁월할 뿐 아니라 부흥의 역사와 많이 연결되기 때문에 충분히 읽을 가치가 있습니다. 사도 바울이라든지 존

칼빈이나 마틴 루터, 조나단 에드워드, 존 웨슬리 혹은 조지 휫필드의 생애가 그러합니다.

우리가 역대기를 보면 1장에서 신앙의 족보가 나옵니다. 즉 하나의 족보는 아담부터 노아까지이고 다른 하나는 노아부터 아브라함까지입니다. 그런데 이 믿음의 족보는 세상 전체에서 볼 때 너무나도 작은 부분을 차지하는 데 반해, 이 믿음의 뿌리에서 갈라져 나온 가라지들은 온 세상을 뒤덮는 것을 볼 수 있습니다.

역대상 1장에는 크게 세 개의 곁가지들이 나오고 있는데 하나는 노아의 아들에게서 두 번째는 아브라함의 아들 이스마엘에게서, 세 번째는 이삭의 아들 에서에게서 나온 불신앙의 곁가지들입니다. 우리가 이것을 볼 때 아무리 믿음의 가정이라 하더라도 믿음의 후손이 나오기보다는 불신앙의 가라지가 나오는 것이 훨씬 더 쉽다는 것을 알게 됩니다. 믿음의 사람이 생겨나려면 하나님께서 특별한 은혜를 주셔야 하고, 이 세상의 줄기에서 잘려져 나가 하나님의 참 감람나무에 접붙임이 되는 기적이 있어야 합니다. 그런 의미에서 본다면 우리는 모두 기적의 사람입니다. 우리는 모두 우리 조상의 뿌리에서 잘라져서 참 이스라엘의 줄기에 접붙임 받은 축복의 자녀들입니다.

역대기상 2장은 유다 지파의 족보입니다. 물론 2장의 족보가 유다 지파 전체의 족보를 다 포함하고 있는 것은 아닙니다. 그러나 여기에 나오는 유다 지파의 족보는 다른 어느 곳에서도 찾아볼 수 없는 희귀한 내용들을 담고 있습니다.

우선 역대기에서 유다 지파의 족보를 가장 먼저 두는 것은 결국 유다 지파가 이스라엘 전체의 그루터기 역할을 했기 때문입니다. 즉 다른 모든 지파들은 전부 다 이스라엘의 뿌리에서 잘려지거나 뽑혀지는 비극을 겪는데 비하여 유다는 끝까지 이스라엘의 뿌리를 지킨 지파였습니다. 그런데 유다 지파는 초기에 대단히 신앙적으로 실패한 가운데 시작했습니다. 유다 지파의 족보 중에는 낯이 뜨거워서 다른 사람들에게 도저히 말할 수 없는 부분들이 있습니다. 그럼에도 유다 지파는 하나님의 약속을 붙들었기 때문에 끝까지 이스라엘의 뿌리로 남게 됩니다. 그리고 유다 지파의 수가 급격히 증가하는 때가 있었습니다. 이때는 하나님께서 유다 지파를 축복하셨습니다. 그리고 유다 지파에는 하나님께 헌신된 사람들이 있었습니다. 유다의 족보는 바로 이런 사람들 중심으로 기록이 되었습니다.

1. 유다의 부끄러운 출발

■

이스라엘에는 열두 지파가 있었지만 나중에 가서 거의 대부분의 지파들은 이스라엘의 뿌리에서 잘려져 나가고 끝까지 이스라엘의 뿌리를 지킨 지파는 유다 지파와 베냐민 지파 그리고 레위 지파 일부뿐이었습니다. 그런데 그 중에서 가장 중요한 지파는 당연히 유다 지파였습니다. 그러나 처음에 유다는 과연 참된 이스라엘로 남을 수 있을까 의심스러울 정도로 문제가 많았습니다. 그런데 유다는 어떤 일을 계기로 정신을 차리고 진짜 신실한 이스라엘로 남게 됩니다.

우리가 어떤 사람의 생애를 보면 물론 처음부터 모범적으로 엘리트 코스를 밟아서 성공하는 사람도 있지만 반대로 처음에는 엄청나게 방황하다가 어떤 일을 계기로 정신을 차리게 되고 그 후에는 가장 모범적이고 훌륭한 사람으로 살아가는 사람도 있습니다. 사도 바울이나 어거스틴 같은 경우에도 처음에는 방황을 하다가 어떤 일을 계기로 해서 정신을 차린 경우에 해당한다고 볼 수 있습니다. 유다는 바로 그런 사람이었습니다.

1절에는 마치 이스라엘 전체 족보를 말할 것처럼 이스라엘 열두 아들의 이름을 열거해 놓고 있습니다.

1-2절, "이스라엘의 아들은 이러하니 르우벤과 시므온과 레위와 유다와 잇사갈과 스불론과 단과 요셉과 베냐민과 납달리와 갓과 아셀이더라"

우리가 야곱 이전에는 믿음의 뿌리에서 불신앙의 곁가지들이 더 많이 무성하게 나오는 것을 보았습니다. 그런데 야곱의 때에는 정반대되는 일이 일어나게 됩니다. 즉 야곱이 낳은 열두 명의 아들들은 요셉을 제외하고는 거의 신앙이 없는 곁가지처럼 보입니다. 그런데 놀라운 것은 처음에는 그렇게 죄도 짓고 사람도 죽이고 동생도 팔아먹던 이스라엘의 열두 아들들이 나중에는 모두 정신을 차리고 참된 하나님의 백성들이 되었습니다.

신앙의 줄기는 생겨나는 것이 그렇게 어려운데 도대체 어떻게 해서 야곱이 낳은 열두 아들은 모두 믿음의 사람이 되었으며 어떻게 여기에서 이스라엘의 열두 지파가 나오게 되었을까 하는 것입니다. 이것은 바로 부흥의 결과인 것입니다.

원래대로 하면 이스라엘의 열두 아들들도 모두 타락할 수밖에 없는 가라지들이었지만 하나님께서 야곱의 집에 말씀을 주셨습니다. 무엇보다 먼저 하나님께서는 야곱에게 은혜를 주셔서 그를 이스라엘로 변화시켰고 하셨고 한평생 그를 떠나지 않겠다고 약속하셨습니다. 그리고 하나님께서는 수시로 야곱에게 말씀을 주셔서 은혜 가운데 살게 하셨습니다.

그 은혜의 결과로 야곱의 열두 아들은 완전히 타락하지는 않았습니다. 한편 하나님께서는 요셉에게 꿈을 주시고 그 꿈으로 인하여 많은 고난을 받게 하셨습니다. 결국 많은 고난 가운데 요셉의 꿈이 이루어지면서 야곱의 열두 아들이 다 변화되었습니다. 야곱 가족에게 영적 대부흥이 일어나면 가라지처럼 보이던 많은 알곡들이 열매를 맺게 됩니다. 그래서 야곱은 잃은 줄 알았던 자식들을 다 찾았을 뿐 아니라 한 사람의 곁가지도 없이 모두 믿음의 사람들로 거두게 됩니다.

그런데 그 중에서 유다는 처음에 가장 삐딱했던(?) 사람이었습니다. 유다는 형제들과 함께 공모하기를 요셉을 애굽에 종으로 팔자고 했습니다. 나중에는 아예 아버지 집을 뛰쳐나가서 가나안 사람들과 섞여 살다가 결국 가나안 여자와 결혼을 해서 아들을 셋이나 낳게 됩니다.

3절, "유다의 아들은 에르와 오난과 셀라니 이 세 사람은 가나안 사람 수아의 딸이 유다로 말미암아 낳은 자요 유다의 맏아들 에르는 여호와 보시기에 악하였으므로 여호와께서 죽이셨고"

유다가 가나안 여자 수아와 결혼을 한 것은 이제부터 자기는 신앙 같은 것은 포기한다는 뜻이었습니다. 아브라함은 아들 이삭이 배우자를 구할 때 무슨 일이 있어도 가나안 여자와는 안 된다고 못을 박았습니다. 그 이유는 그만큼 가나안 여자들이 음란하고 성적으로 깨끗지 않았기 때문입니다. 그런데 유다는 아예 아버지와 자기 형제들을 떠나서 가나안 사람들 속에 들어가서 살았고 가나안 여자와 결혼까지 해서 아들을 셋이나 낳았습니다. 여기까지는 유다가 자기 생각이나 욕심대로 잘 나가는 것 같았습니다. 그런데 아이들이 자라면서 문제가 생기기 시작했습니다.

유다의 큰 아들 에르가 가나안 여자와 결혼한 후 잘못된 길로 빠지기 시작한 것입니다. 결혼까지 한 사람이 잘못 빠진다면 어떤 것을 의미하겠습니까? 아마도 에르가 동성애 같은 데 빠졌던 것 같습니다. 어머니가 가나안 여자이고 자기 주위에 사는 사람들이 모두 가나안 사람들이었기 때문에 자연스럽게 가나안 생활을 배운 것입니다. 에르는 하나님의 저주를 받아 아들을 낳지 못하고 죽었습니다. 그런데 문제는 에르와 결혼한 유다의 며느리 다말이었습니다. 다말은 아들이 없이 남편이 죽었으니까 자기가 아들을 낳을 수 있도록 에르의 동생 오난을 달라고 유다에게 간청했습니다. 유다는 며느리의 요구가 일리 있다고 생각해서 둘째 아들 오난을 다말에게 주었습니다. 그러나 오난은 자기가 형수에게 아들을 낳아봐야 자기 아들이 되지 않는다는 것을 알고는 성관계만 가졌지 자꾸 피임을 했습니다. 오난이 형수에게 임신은 시키지 않으면서 성관계만 가지는 것이 하나님의 눈에는 악했기 때문에 하나님은 둘째 아들 오난도 죽게 하셨습니다.

옛날에는 가정의 모든 축복이나 성공이 아들을 통해서 이루어졌는데 유다는 손자를 보기도 전에 아들이 두 명이나 죽어버렸습니다. 이제는 셀라라는 아들만 남았는데 혹시 이 아들도 다말에게 주면 죽게 될까봐 셀라를 며느리에게 주지 않았습니다. 그때 며느리 다말은 시아버지 유다가 부인이 죽고 허전할 때를 틈타서 창녀복장을 하고서 시아버지와 관계해서 쌍둥이를 임신을 하게 됩니다. 그래서 태어나게 되는 것이 베레스와 세라입니다.

그래서 4절에 보면 "유다의 며느리 다말이 유다로 말미암아 베레스와 세라를 낳았으니 유다의 아들이 모두 다섯이더라"고 했습니다. 그러나 이미 에르와 오난은 죽었고 유다의 아들은 셋만 남게 되었습니다.

유다는 크게 두 번 정신을 차리게 되는 것 같습니다. 첫 번째는 자기 동생 요셉을 시기해서 애굽에 노예로 팔고는 많은 양심의 가책을 받아 정신을 차리게 된 것 같습니다. 두 번째는 자기기 며느리를 창녀로 착각하고 관계를 했던 일입니다. 유다가 창녀인 줄 알고 들어갔다는 것은 그가 이미 그런 것을 허용하는 생활을 했다는 말입니다. 이 정도면 유다의 집은 그야말로 엉망진창이었습니다. 그런데 이후에 유다는 정말 정신을 차리게 됩니다. 그래서 다시 아버지 집으로 돌아가서 신앙 생활도 잘 하게 되고 나중에 흉년이 들어 애굽에 곡식을 사러 갈 때에 중심적인 역할을 함으로서 그때까지 형제를 의심하고 있던 요셉을 감동시키게 됩니다.

그런데 우리가 궁금한 것은 이스라엘 열두 아들들 중에서 가장 많이 방황했고 세상으로 나가서 하나님으로부터 실컷 두들겨 맞았던 유다 지파가 이렇게 철저한 하나님의 백성으로 변할 수 있는 이유가 무엇이었냐는 것입니다. 그들이 하나님의 약속을 붙들었기 때문입니다. 야곱은 죽기 전에 유다 지파를 축복하면서 이스라엘의 홀이 유다에게서 나올 것이라고 합니다.

그래서 유다 사람들은 타락한 자신들의 인간성을 보지 않고 하나님의 위대한 약속을 붙들었습니다. 그랬더니 유다는 과거의 모든 죄와 허물을 다 용서받고 가장 성경적이면서 가장 신앙의 뿌리가 튼튼한 지파가 될 수 있었습니다. 그렇습니다. 신앙의 성격을 결정하는 것은 무엇을 붙드는가 하는 것입니다. 즉 자신의 가문이나 인간적인 능력을 붙든 사람들은 오래가지 못합니다. 그러나 하나님의 위대한 약속과 말씀을 붙든 사람들은 날이 가면 갈수록 더욱 더 성경적인 신앙으로 뿌리를 내리게 됩니다.

그런데 유다 지파는 다시 한 번 부끄러운 역사를 가지게 됩니다. 그것은 이스라엘 백성들이 광야 사십 년 생활을 마치고 가나안 땅으로 진격

할 때 일입니다. 이때 이스라엘 백성들은 철저하게 하나님의 말씀으로 하나가 되어서 요단강을 걸어서 건넙니다. 길갈에서 모두 할례를 받은 후 여리고성을 하루에 한 번씩 돌고 7일째 되던 날 나중에 소리를 지르자 여리고성이 무너집니다. 그때 하나님께서는 이스라엘 백성들에게 절대로 여리고성의 물건에 손을 대지 말라고 하셨습니다. 하나님께서는 누구든지 여리고성의 물건에 손을 대는 자는 저주를 받을 것이라고 하셨습니다. 이때 모든 이스라엘 백성들이 하나님의 말씀에 다 순종을 했는데 오직 유다 지파의 아간만 하나님의 말씀에 불순종하여 여리고성의 물건을 훔쳐 자기 장막에 감추었다가 들켜서 돌에 맞아 죽습니다. 이것은 이스라엘 역사에서 참으로 수치스러운 일이었습니다.

7절, "가르미의 아들은 아갈이니 저는 마땅히 멸할 물건으로 인하여 이스라엘을 괴롭게 한 자며"

본문에서 '가르미'는 여호수아서의 갈미를 가리키며 '아갈'은 아간을 말합니다. 아마도 세월이 흐르면서 발음에 변화가 있었던 것 같습니다.

이스라엘 백성들이 다 마음을 합하여 가나안으로 진격할 때 아간의 도둑질로 인해 이스라엘 백성들이 아이성과 여리고 사이에서 오도 가도 못하게 되었습니다. 이는 용서받을 수 없는 죄악이었습니다. 자칫 잘못하면 이스라엘 백성들이 거기서 몰살당할 수도 있는 상태였습니다. 이처럼 유다 지파는 처음에 굉장히 방황도 많이 하고 세상을 따라가기도 하고 죄도 짓고 하나님께 매를 맞기도 했습니다. 하지만 일단 정신을 차리고 난 후에는 좌로나 우로나 치우치지 아니하고 믿음의 길을 간 지파였습니다.

2. 유다 지파의 부흥

유다 지파는 하나님의 축복으로 크게 부흥되는 시기를 맞았습니다. 하나님께서 부흥의 복을 주실 때는 엄청나게 많은 젊은이들이 하나님께 돌아오고 또 이 젊은이들이 결혼을 해서 아기들을 낳는 일이 일어납니다.

그러니까 유다에게는 두 부류의 자식이 있었습니다. 하나는 원래 자기 부인 수아에게서 난 아들입니다. 그 중에는 셀라 하나만 남았습니다. 그런데 하나님께서 축복하신 아들은 본부인에게서 난 셀라가 아니고 며느리가 다말에게서 낳은 쌍둥이 아들 베레스와 세라였습니다.

참으로 놀라운 것은 바로 이것입니다. 하나님께서는 나서부터 잘 믿는 것도 좋아하시지만 전혀 신앙이 없는 상태에서 전도를 받아 믿고 그 후에는 더 열렬히 신앙 생활하는 사람들도 좋아하십니다. 우리나라에서도 보면 아주 잘 믿는 부모 밑에서 자란 자녀들이 신앙이 좋은 경우도 있지만 오히려 더 비판적이고 냉랭한 경우도 많습니다. 그런데 어렸을 때부터 어머니가 예수 믿는 것 때문에 남편이나 시집에서 많은 고통을 당하는 것을 보고 결사적으로 믿는 자녀들의 신앙이 더 뜨거운 경우가 많이 있습니다. 유다의 집에도 본부인이 낳은 셀라는 신앙이 시원찮았던 것 같습니다. 그런데 다말의 자녀들은 아주 뜨거운 신앙을 가진 사람들이었습니다. 아마도 다말이 목숨 걸고 이 아이들을 신앙적으로 키웠던 모양입니다.

유다가 다말의 임신 사실을 알고는 다말을 불에 태워죽이려 했습니다. 그런데 다말은 유다의 허리띠와 인장과 지팡이를 보여주면서 이 임자가 내 남편이라고 주장하였습니다. 다말은 죽을 각오를 하고 아이들을 얻었기 때문에 그만큼 신앙적으로 키웠던 것입니다. 이렇게 낳은 쌍둥이 아들들이 베레스와 세라인데 베레스가 더 복을 받게 됩니다. 베레스라는 이름의 뜻이 '터친다'는 뜻입니다. 원래는 세라가 먼저 나오는 건데 베레스가 형을 밀치고 자기가 먼저 나왔습니다. 새치기를 한 것입니다. 세상에서는 새치기가 아주 비신사적이고 좋지 못하지만 하나님의 은혜를 받는 데는 새치기를 하던 뭐를 하던 축복을 받는 것이 중요합니다. 즉 격식이나 형식보다는 뜨거움과 열정과 간절함이 더 중요하다는 말입니다.

5절에 보면 "베레스의 아들은 헤스론과 하물이요"라고 베레스의 아들들을 소개합니다. 그 중에서 헤스론은 자식을 아주 많이 낳게 됩니다. 그리고 헤스론의 아들 중에서 갈렙(여호수아서에 등장하는 갈렙과는 동명이인)이 또 자식을 많이 낳게 됩니다.

자식의 복을 많이 받은 이들은 쌍둥이 중에서 먼저 나온 베레스이지만 뒤에 나온 세라도 귀한 복을 받았습니다. 세라의 아들들은 세상에서 가장 뛰어난 지혜를 소유하게 됩니다.

6절, "세라의 아들은 시므리와 에단과 헤만과 갈골과 다라니 모두 다섯 사람이요"

열왕기상 4장 31절에 보면 하나님께서 솔로몬에게 세상에서 최고로 뛰어난 지혜를 주셨는데 에단과 헤만과 갈골과 다르다보다 나았다고 말합니다.

"솔로몬의 지혜가 동양 모든 사람의 지혜와 애굽의 모든 지혜보다 뛰어난지라 저는 모든 사람보다 지혜로와서 예스라 사람 에단과 마홀의 아들 헤만과 갈골과 다르다보다 나으므로 그 이름이 사방 모든 나라에 들렸더라"(왕상 4:30-31).

여기서 솔로몬과 비교되고 있는 에단과 헤만과 갈골과 다르다라는 현자가 과연 유다 지파의 조상에 해당되는 사람일까 하는 데는 의문의 여지가 있습니다. 그럼에도 불구하고 신학자들 중에는 이름의 순서가 같은 것을 보면 이 현자들이 세라의 아들들일 것이라 주장하는 학자들도 있습니다. 그런데 조금 다른 것은 헤만이 마홀의 아들이라 명시하고 있기는 하지만 이 네 명이 한 형제라는 말은 하지 않고 있습니다. 또 에단도 에스라 사람이라고 하지 세라의 아들이라고 하지는 않습니다. 아마도 나중에 아주 머리가 좋은 현자들이 나타났는데 이들이 세라의 네 아들들처럼 머리가 뛰어나서 그런 이름을 붙여준 것이 아닌가 하는 생각이 듭니다. 즉 동명이인이기는 하지만 이들 역시 세라의 아들들만큼 지혜로웠던 동명이인이 아니냐 하는 것입니다.

그렇더라도 유다 지파를 본격적으로 번창하게 한 자들이 베레스의 후손들인 것은 사실입니다. 성경은 두 가지 관점에서 베레스의 가계를 소개하는데 하나는 수직적으로 베레스에서 다윗까지 내려오는 직계 혈통을 밝힙니다. 그리고 다른 하나는 베레스의 아들과 손자 중에서 가장 많이 번창했던 헤스론과 갈렙에 대하여 자세하게 기록합니다. 즉 베레스의 집안은 수평적으로나 수직적으로 모두 부흥의 복을 받았던 것입니다.

예를 들어서 한 아버지 밑에서 나온 여러 형제들이 모두 신앙이 뜨겁고 그뿐만 아니라 아들 그리고 손자들까지 대를 이어가면서 신앙이 뜨거운 집안이 있다고 합시다. 그런 집은 수직적으로나 수평적으로 모두 완벽한 믿음의 집이요 정말 귀한 복을 받은 집안인 것입니다.

9절, "헤스론의 낳은 아들은 여라므엘과 람과 글루배라"

여기서 다윗과 연결되는 사람은 여라므엘이 아니라 람입니다. 이 람의 후손이 유다 중에서도 가장 핵심 되는 혈통입니다. 람이 나은 형제도 이제는 더 이상 곁가지나 가라지가 아니라 유다의 뿌리를 지키는 알곡이 됩니다.

10-12절, "람은 암미나답을 낳았고 암미나답은 나손을 낳았으니 나손은 유다 자손의 방백이며 나손은 살마를 낳았고 살마는 보아스를 낳았고 보아스는 오벳을 낳았고 오벳은 이새를 낳았고"

이것이 헤스론의 아들 람부터 다윗의 아버지 이새까지의 족보입니다. 이 중에서 특이한 사람이 살마인데 다른 곳에서는 살몬이라고 되어 있습니다. 살몬은 여리고성의 기생 라합과 결혼을 한 사람입니다. 그리고 그 아들 보아스는 모압 여인 룻과 결혼을 하게 됩니다. 그러니까 람에서부터 다윗에게 오기까지 이방 여인의 새 피가 계속 수혈되고 있었습니다. 그런데 이 피가 음란한 세상의 피가 아니라 정말 뜨거운 믿음의 피였습니다. 그러니까 이방 여인의 피라고 해서 무조건 다 나쁜 것이 아닙니다. 이방 여인들 중에서 하나님을 믿으려고 덤벼드는 피가 가장 뜨거운 피인 것입니다. 그래서 다윗이 나기까지 이미 다말과 라합과 룻 같은 뜨거운 피들이 계속 수혈되었던 것입니다. 그러니 다윗이라는 사람이 얼마나 뜨겁고 싱싱했겠습니까?

13절부터 17절까지는 다윗의 형제들의 이름이 드문드문 기록돼 있습니다. 대개 다윗의 형제들 중에서 큰 아들 셋은 이름이 나오는데 전체 이름이 다 나오는 경우는 흔치가 않습니다. 사무엘상 16장에서 사무엘이 이새의 아들들에게 기름을 부으려고 할 때 큰 아들 셋만 이름이 나오고 다윗을 여덟 번째 아들로 소개합니다. 그런데 본문에서는 일곱 번째 아들이라고 합니다. 아마도 그 중의 하나가 어려서 죽었기 때문인 것 같습니다.

그리고 다윗의 두 자매가 나옵니다. 스루야와 아비가일이 나오는데 여기서 이스라엘의 최고의 용사들도 소개됩니다. 스루야의 아들이 요압과 아비새와 아사헬이고 아비가일에게서 아마사가 나오는데 모두 다윗을 도운 용사들이었습니다.

3. 헤스론의 후손들

■

유다 지파가 본격적으로 커진 때는 헤스론부터였습니다. 그래서 역대기는 헤스론의 자손들을 중심으로 기록하고 있습니다. 헤스론은 자기 자신도 아들들을 많이 낳았지만 그의 아들들도 많은 자녀들을 낳았습니다. 그래서 유다 지파는 유다의 손자 헤스론부터 본격적으로 커지기 시작했습니다.

18-20절, "헤스론의 아들 갈렙이 그 아내 아수바와 여리옷에게서 아들을 낳았으니 그 낳은 아들은 예셀과 소밥과 아르돈이며 아수바가 죽은 후에 갈렙이 또 에브랏에게 장가 들었더니 에브랏이 그로 말미암아 훌을 낳았고 훌은 우리를 낳았고 우리는 브살렐을 낳았더라"

헤스론의 아들 갈렙에게는 아수바와 여리옷, 이렇게 두 명의 부인이 있었는데 아수바가 죽고 에브랏에게 새 장가를 들어서 아들을 더 낳았습니다. 그런데 에브랏에게서 태어난 아들이 훌인데 이 훌은 여호수아가 아말렉과 싸울 때 산 위에서 모세의 팔을 들었던 사람입니다. 훌은 비록 지도자는 아니었지만 가장 가까이에서 모세를 도운 사람이었습니다. 특히 그의 팔을 들어주었다는 것은 아주 중요한 일이었습니다. 많은 사람들이 모세를 대적하고 낙심시켰습니다. 말하자면 모세의 손을 들어주기는커녕 끌어내렸던 것입니다. 하지만 훌은 모세의 팔을 들어주었습니다. 또 훌의 손자 브살렐은 모세가 성막을 지을 때 실무를 맡았던 사람입니다. 브살렐은 성막을 실제로 제작하는 데 있어서 금으로 물건 만드는 일을 가장 훌륭하게 감당했습니다.

그러니까 유다의 집안은 그냥 자손만 많았던 것이 아니라 지도자를 돕고 성전을 세우는 일에 헌신했습니다.

그리고 21절에 다시 헤스론의 이야기가 나옵니다.

21-23절, "그 후에 헤스론이 육십세에 길르앗의 아비 마길의 딸에게 장가들어 동침하였더니 저가 헤스론으로 말미암아 스굽을 낳았으며 스굽은 야일을 낳았고 야일은 길르앗 땅에서 스물 세 성읍을 가졌더니 그술과 아람이 야일의 성읍들과 그낫과 그 성들 모두 육십을 그들에게서 빼앗았으며 저희는 다 길르앗의 아비 마길의 자손이었더라"

헤스론은 요단 동편까지 영향력을 넓혀서 길르앗의 아비 마길의 딸과 결혼해서 스굽을 낳는데 스굽의 아들 야일이 대단한 사람이었습니다. 야일은 유다 자손이지만 길르앗 사람이 되어 거기서 성 스물세 개를 차지했습니다. 그러다가 나중에 그술과 아람 족속들이 쳐들어와서 야일의 성은 이방인들에게 다 빼앗기고 맙니다. 그렇지만 한때 유다의 자손들은 요단강 동편에도 큰 영향을 미쳤습니다. 물론 야일이 차지했던 성은 북쪽에 있는 이방 부족의 침략을 받아 다 빼앗기고 말았습니다. 그렇기는 했어도 한동안 길르앗을 지키는 자 중에 유다의 피가 흐르고 있었던 것입니다.

헤스론은 죽은 후에도 아들을 낳았습니다. 즉 헤스론의 유복자가 태어난 것입니다.

24절, "헤스론이 갈렙 에브라다에서 죽은 후에 그 아내 아비야가 그로 말미암아 아스훌을 낳았으니 아스훌은 드고아의 아비더라"

25절부터 41절까지는 헤스론의 맏아들 여라므엘의 후손이 나옵니다.

여기에 보면 아무리 헤스론의 후손이라 하더라도 꼭 자식을 많이 낳는 것이 아니었습니다. 여라므엘 후손 중에는 자식이 많은 사람도 있지만 전혀 자식을 낳지 못하는 사람도 있었습니다. "삼매의 아우 야다의 아들은 예델과 요나단이라 예델은 아들이 없이 죽었고"(32절). 즉 아무리 부흥하는 가정이라 하더라도 자식이 없을 수도 있는 것입니다.

세산처럼 아들은 없고 딸만 있는 경우도 있었습니다. 세산은 자기 집에 있는 애굽인 종과 자기 딸을 결혼시켰습니다.

34-35절, "세산은 아들이 없고 딸 뿐이라 그에게 야르하라 하는 애굽 종이 있는 고로 딸을 그 종 야르하에게 주어 아내를 삼게 하였더니 저가 그로 말미암아 앗대를 낳았고"

아마 야르하라는 애굽인 종은 유대인으로 개종한 종이었던 것 같습니다.

옛날에는 빚 때문에 유대에 노예로 팔려온 이방인들이 있었는데 그들도 할례를 받았습니다. 그런데 세산이 보니까 이 애굽 종이 신앙이 좋고 사람이 성실하니까 아예 자식처럼 받아들여서 딸과 결혼을 시켜버린 것입니다.

이것은 당시로 봐서는 대단히 파격적인 결혼이었습니다.

박경리씨의 『토지』라는 소설을 보면 부잣집 외동딸 서희가 부모가 다 죽고 혼자가 되니까 나중에 길상이라는 종과 결혼을 해서 아들을 낳습니다. 길상이는 절에서 데려왔다는데 부모가 누구인지도 모르는 아이였습니다. 비록 종이지만 성실하니까 파격적으로 결혼을 해버리는 것입니다.

요즘 교회 청년들을 보면 신앙 하나를 보고 파격적으로 결혼을 하는 자매들이 많이 있는 것을 볼 수 있습니다. 어떤 경우에 나이도 극복하고 학력도 극복하고 심지어는 외모나 집안문제 등을 다 뛰어넘어서 결혼을 결정합니다. 대단히 훌륭한 결단이라고 생각합니다. 이것저것 다 따져서 의미 없는 결혼생활을 하는 것보다는 차라리 눈에 뵈는 조건을 무시하고서라도 아름답게 살겠다는 것입니다.

42절부터 헤스론의 아들 갈렙의 자손 이야기가 또 나옵니다. 앞에 18절에서 갈렙 이야기를 한 것은 훌과 브살렐이라는 이름을 거론하기 위해 미리 언급한 것입니다. 유다 지파에서 이렇게 모세를 돕고 성막을 실제로 제작한 훌륭한 사람이 있다는 사실을 강조하려는 것입니다. 42절부터는 갈렙의 후손이 얼마나 번창했는지 본격적으로 보여주고 있습니다.

물론 갈렙은 여호수아와 함께 가나안 땅을 정탐했던 사람이 아닙니다.

42절부터 45절까지 갈렙의 아들들이 등장합니다. 그리고 46절에는 갈렙의 첩 이름이 나옵니다. 갈렙의 첩 에바가 낳은 아이들입니다. 그리고 48절에 또 첩이 나옵니다. 갈렙의 첩 마아가가 낳은 아이들입니다. 그리고 50절부터는 갈렙의 후손이 이룬 족속들 이름이 나옵니다. 아주 많은 족속들을 이루는데 이들이 아마 바벨론 포로로 끌려갔다가 돌아오는 것 같습니다.

그런데 특이한 것이 55절입니다.

55절, "야베스에 거한 서기관 족속 곧 디랏 족속과 시므앗 족속과 수갓 족속이니 이는 다 레갑의 집 조상 함맛에게서 나온 겐 족속이더라"

유다 족속 중에서 서기관 족속이 있었습니다. 여기서 서기관 족속이라고 하는 것은 오직 하나님의 율법을 기록하고 복사하고 전수하는 일만 하는 사람들을 말합니다. 어떤 학자는 말하기를 바벨론 포로 전에 서기관 족속이 있었다는 것을 인정할 수 없다고 합니다. 그러나 유다 지파에는 신앙이 아주 투철하여 오직 율법에만 삶을 바친 족속이 있었던 것입니다. 그래서 결국 유다 지파에는 다른 지파보다는 율법의 두루마리가 더 많았던 것입니다. 이스라엘 백성들 중에는 모세의 율법을 읽지 못해서 말씀대로 살지 못하는 경우도 많았습니다. 그러나 유다 지파는 아예 요즘으로 치면 출판사 같은 것이 있어서 지속적으로 모세의 율법을 손으로 써서 율법책을 만들어내었던 것입니다. 그래서 유다 지파에는 하나님의 말씀이 희귀하지 않았습니다. 요즘으로 치면 대한기독서회 같은 것이 있어서 성경을 지속적으로 인쇄하여 보급하는 일을 했던 것입니다. 결국 유다 지파의 중심에는 하나님의 약속이 있었습니다. 그래서 유다 지파는 어디를 가든지 흩어지지 않고 지파별로 단결할 수 있었습니다. 그런데 여기서 놀라운 것이 서기관 족속 중에 유대인이 아닌 사람들이 있었습니다. 그 사람들은 모세의 장인 이드로의 후손인 레갑의 후손 겐지파 사람들이었습니다. 이 사람들은 유목민인데도 하나님의 말씀을 무척 좋아해서 가나안 땅까지 따라온 사람들이었습니다. 이 사람들은 자신들이 가나안 문화로 인하여 변질되지 않기 위해서 끝까지 텐트 생활을 하였고 포도주를 마시지 않았습니다. 그리고 이들은 끝까지 순수한 사람들로 남았습니다. 그래서 유다가 멸망할 때에도 하나님은 겐족속이 바벨론에 포로로 끌려가지 않도록 미리 피신시켜주셨습니다.

유다는 처음 시작할 때에는 부끄럽게 시작한 지파였습니다. 그들은 방황도 많이 했고 죄 가운데 방황하며 징계의 채찍도 많이 맞았습니다. 그러나 한 번 정신을 차린 후에는 다시 방탕한 길로 가지 않고 끝까지 이스라엘의 뿌리를 지켰습니다. 유다 지파가 이렇게 끝까지 남을 수 있었던 것은 그들이 하나님의 약속을 붙들었기 때문입니다. 우리가 무엇을 붙드느냐에 따라서 우리 후손들의 미래가 많이 달라집니다. 여러분도 끝까지 하나님의 말씀을 붙들고 부흥을 지키는 성도들이 되기 바랍니다.

CHAPTER 03

다윗의 후손

대상 3:1-24

제가 처음 목회자가 되기 위해서 신학을 공부할 때만 해도 우리 사회 안에서 목회자의 위상은 높지가 않았습니다. 그때만 해도 우리나라에 큰 교회가 별로 없었고 강남의 대형 교회들이 한창 커질 때였습니다.

옛날 목회자들은 대개 다 가난하게 살았습니다. 또 목사가 되기 위해서 일반 대학을 나온 후에 3년을 꼬박 신학 공부에 전념을 해야 했고 교육 전도사부터 훈련을 받아야만 했습니다. 그래서 옛날에는 목회자의 길이라고 하면 소명 없이는 갈 수 없는 것으로 생각했습니다. 그런데 이제 세상이 많이 달라졌습니다.

대도시에는 수천 명씩 혹은 수만 명씩 모이는 교회들이 생기고 대형 교회의 유명한 목회자는 인기 연예인보다 더 유명해졌습니다. 이런 가운데 목사들은 아주 중요한 것을 잃어버렸습니다. 목사가 무엇을 하는 사람이냐에 대한 인식입니다. 요즘 세련된 목사들을 보면 거의 탤런트 뺨칠 정도로 인물이 좋고 교회를 경영하는 능력도 기업체 회장을 능가할 정도인 것 같습니다. 그러나 목사는 결코 연예인이 아니요 경영자도 아닙니다. 목사는 하나님의 말씀을 맡은 자이고 성령의 대부흥을 일으킬 지도자입니다. 폭탄을 터트리려고 하면 화약만 가지고는 폭탄을 터트릴 수가 없습니다. 폭탄을 터트리려면 반드시 뇌관이 있어야 하는데 목사는 바로 이 부흥에 있어서 뇌관에 해당되는 사람인 것입니다.

영국의 놀라운 부흥의 시대에 사용되었던 종들은 바로 하나님의 말씀만 붙들었던 목사들이었습니다. 조지 휫필드나 존 웨슬리, 조나단 에드워즈 같은 사람들은 하나님의 말씀으로 대부흥을 일으켰던 목사들이었습니다. 그러나 요즘 목사들은 고유의 사명을 잃어버렸습니다. 그저 큰 교회를 맡아서 편안하게 목회를 하면 성공한 것이라 생각합니다.

하나님께서 이스라엘 백성들에게 주신 축복은 바로 성령의 대부흥을 일으킬 수 있는 축복이었습니다. 그런데 이런 이스라엘의 부흥을 일으키는데 뇌관 역할을 하는 사람들이 있었습니다. 그 사람들이 바로 다윗의 후손들이었습니다.

하나님께서는 다윗에게 다윗의 집안에 이스라엘을 다스리는 등불을 끄지 않겠다고 약속하셨습니다. 이것을 다른 말로 말하면 하나님께서는 다윗의 후손들이 오직 하나님의 말씀만 붙들고 믿음으로 나가기만 하면 반드시 부흥을 주시고 축복을 주시겠다고 약속하신 것입니다. 그런 의미에서 역대상 3장은 아주 중요한 장입니다. 3장은 다윗으로부터 시작하여 유다가 망해서 바벨론 포로가 되고 난 후까지 다윗 후손들을 기록해놓았니다.

3장은 세 부분으로 구성됩니다. 첫 번째는 다윗 아들들의 이름이 기록되어 있습니다. 다윗의 아들들 이름이 전부 다 기록된 것도 그렇게 흔치 않은 자료입니다. 그리고 두 번째 부분은 솔로몬부터 시작해서 유다가 망해서 포로로 잡혀갈 때까지의 다윗 후손들의 이름입니다. 이들은 대개 유다의 왕으로서 나라를 섬겼고 그 중에서는 부흥을 일으킨 왕도 있었지만 부흥의 불을 꺼트린 악한 왕도 있었습니다. 그리고 세 번째 부분은 유다가 바벨론에 망해서 포로로 붙들려간 때로부터 시작해서 아마도 역대기를 기록할 때까지 다윗 후손들의 족보입니다. 이런 다윗 후손들의 족보를 통해서 과연 하나님께서 다윗의 후손들에게 무엇을 원하셨으며 그들이 말씀에 순종했을 때 어떤 결과가 나타났고 또 왜 이들이 하나님의 말씀에 순종하기 어려웠는가 하는 것을 살펴보려 합니다.

1. 다윗의 아들들

다윗이 이스라엘의 2대 왕이 된 것은 어느 누구도 예상치 못한 일이었습니다. 왜냐하면 그 당시 다른 나라들은 모두 왕이 죽으면 그 아들이 뒤를 이어서 왕이 되었기 때문입니다. 그리고 사울은 이스라엘을 자기 나라로 만들기 위해서 많은 인간적인 방법을 썼습니다. 사울 왕은 전쟁을 잘하는 용병들을 고용해서 자신의 신복으로 들어 앉혔습니다. 따라서 이스라엘의 2대 왕은 사울의 아들 중에서 나올 터였습니다.

그러나 이스라엘은 인간의 나라가 아니라 하나님의 나라였습니다. 하나님께서 이스라엘에 사울을 왕으로 세우셨지만 왕은 하나님의 대리자에 불과하고 실제적으로 이스라엘을 다스리는 자는 여호와 하나님이셨던 것입니다.

하나님께서는 일찍이 양을 치는 목동인 다윗에게 사무엘을 보내어 그 머리에 기름을 붓게 하셨습니다. 사실 다윗은 사람들 앞에 내어놓을 것이 아무 것도 없는 비천한 사람이었습니다. 그럼에도 하나님께서 사울을 버리시고 다윗을 택하신 것은 다윗이 하나님의 말씀을 사랑하는 사람이었기 때문입니다. 그래서 하나님께서 이미 왕위에 있는 사울을 버리시고 다윗을 택하신 것은 앞으로 이스라엘의 왕이 될 자가 어떤 사람이어야 하는지 보여주신 것입니다. 집안도 별 볼일 없고 인물이 시원찮아도 하나님의 말씀만 열렬히 좋아하고 붙드는 자에게는 성령의 능력을 주셔서 그를 유명하게 하시고 이스라엘의 지도자라고 세우신다는 것입니다.

그런데 이스라엘의 3대 왕이 누가 되느냐 하는 것도 처음부터 정해져 있는 것은 아니었습니다. 이스라엘의 왕을 결정하시는 분은 하나님이십니다. 하나님께서 다윗이 하나님의 말씀을 뜨겁게 사랑하고 하나님의 말씀으로 이스라엘을 다스리려는 것을 보시면서 다윗의 집안보다 더 하나님을 사랑하는 집은 없을 것이라고 생각하셨던 모양입니다. 특히 다윗이 하나님의 언약궤를 예루살렘에 갖다놓고 한 걸음 더 나아가서 하나님의 성전을 지으려고 했을 때 하나님께서는 다윗 집안과 이스라엘을 축복하시기로 하셨습니다. 그래서 하나님께서 다윗에게 약속하시기를 다윗의 후손이 계속 이스라엘의 왕이 되게 하겠고 다윗의 후손이 오직 하나님의 말씀만 붙들고 믿음으로 나가면 부흥을 주시겠다고 약속하신 것입니다. 이것은 하나님께서 다윗의 후손으로 하여금 이스라엘이 받을 축복의 뇌관이 되게 하신 것입니다.

다윗에게는 모두 열아홉 명의 아들이 있었습니다. 그런데 그 아들들 중에서 여섯 명은 다윗이 처음 헤브론에서 유다의 왕이 되었을 때 태어난 아들들이었습니다. 그리고 나중에 열세 명은 다윗이 예루살렘에서 이스라엘 전체의 왕이 되었을 때 태어난 아들들이었습니다.

> 1-2절, "다윗이 헤브론에서 낳은 아들들이 이러하니 맏아들은 암논이라 이스르엘 여인 아히노암의 소생이요 둘째는 다니엘이라 갈멜 여인 아비가일의 소생이요 세째는 압살롬이라 그술 왕 달매의 딸 마아가의 아들이요 네째는 아도니야라 학깃의 아들이요"

오늘 본문은 다윗의 아들을 두 부류로 나누고 있는데 한 부류는 헤브론에서 태어난 아들들이고 다른 한 부류는 예루살렘에서 태어난 아들들입니다.

다윗은 여러 명의 아내를 두어서 배가 다른 여러 아들들을 낳았습니다. 그런데 역대기는 이 사실을 전혀 비판하지 않습니다. 그 이유는 다윗이 세상의 경향을 따라 여러 명의 부인을 둔 것이 나쁘지 않다는 것이 아니라 그럼에도 불구하고 다윗에게서 태어난 자들은 다윗 후손으로서의 지위를 가지고 있다는 것을 강조하는 것입니다. 즉 어떻게 해서 태어나게 되었든 다윗의 씨라면 다윗의 후손으로 인정되었던 것입니다. 누구든지 하나님의 말씀만 붙들면 성령의 능력을 받을 수 있고 부흥을 일으킬 수 있는 믿음의 후손이 되는 것입니다.

다윗의 아들들 중에서 헤브론에서 난 아들들과 예루살렘에서 난 아들들 사이에는 어떤 차이가 있었을까요? 일단 헤브론에서 난 아들들을 다윗이 고생할 때 낳았기 때문에 자라면서 아버지의 여러 가지 모험담을 많이 보고 들었을 것입니다. 특히 헤브론에서 난 아들들은 인물들이 다 뛰어났습니다. 그리고 예루살렘에서 난 아들들과 나이 차이가 많이 났습니다. 즉 예루살렘에서 난 아이들은 아직 어렸지만 헤브론에서 난 아들들은 나이가 이미 일곱 살 이상 많아서 어른 같았던 것입니다. 그렇다면 인간적인 생각으로는 다윗의 뒤를 이을 이스라엘의 왕은 틀림없이 헤브론에서 난 아들들 중에서 나와야 할 것입니다.

그 중에서 암논은 장남이었습니다. 하나님께서 다윗의 아들들을 특별히 축복하셨는데 그 중에서도 장남이니까 암논은 무척이나 기대가 되는 사람이었습니다. 만일 암논이 아버지 다윗같이 하나님의 말씀에만 붙들리고 말씀에만 집중하던 사람이었다면 암논은 이스라엘 역사에서 제2의 다윗이 될 수 있었을 것입니다. 그런데 암논은 하나님의 그 어마어마한 약속에 대하여 관심이 없었습니다. 암논이 관심을 가지고 집착했던 것은 오직 자기 배 다른 여동생 다말었습니다. 물론 사람이 자라면서 사랑을 느끼는 것은 어쩔 수 없는 일이고 또 그것도 중요한 것입니다. 그러나 암논은 생각의 폭이 너무도 좁았습니다. 즉 암논은 하나님이 그렇게 사랑하는 다윗의 맏아들이면서도 하나님 나라의 부흥 같은 데는 전혀 관심이 없었고 생각하는 거라곤 오직 자기 정욕을 채우는 것 뿐 이었습니다. 그래서 암논은 온갖 수단과 방법을 다 써서 다말을 강간한 후에 집밖으로 쫓아내어버렸습니다. 이것을 보면 암논은 정신적으로 어리고 자기도취적인 성격이 강한 사람이 아닌가 생각됩니다.

역대상 1장에 나오는 곁가지 중에 에서의 자손들이 있습니다. 에서는 하나님이 축복하신 아브라함의 친손자이고 이삭의 맏아들이면서도 하나님의 약속에는 관심이 없었습니다. 그래서 에서는 장자권을 자기 동생 야곱에게 빼앗기고 맙니다. 에서는 사냥을 잘 해서 사람들에게 인기를 끌고 재물을 많이 가질 궁리만 했습니다.

그런데 암논은 그보다 더 못한 사람이었습니다. 하나님께서 무한한 축복을 약속하신 다윗의 맏아들로 태어났으면서도 그의 관심은 오직 성적인 욕망을 채우는 것밖에 없었습니다. 그래서 그는 다말의 오빠 압살롬의 손에 죽임을 당합니다.

두 번째 아들은 다니엘인데 사자굴에 들어갔던 다니엘이 아닙니다. 역대기에 나오는 다니엘에 대해서는 다른 성경에서도 일체 언급이 없습니다. 그것은 아마 병으로 일찍 죽어서 그런 것 같습니다. 그래서 셋째 아들 압살롬이 다윗의 둘째 아들 역할을 하게 됩니다. 압살롬도 외모가 준수했습니다. 암논이 믿음이 없었기 때문에 압살롬이 잘 참고 있었다면 모든 것이 압살롬에게 넘어오게 되어 있었습니다. 그러나 압살롬도 너무나 작은 것에 집착했습니다. 만약 압살롬이 사사로운 감정 같은 것은 다 내려놓고 오직 하나님의 말씀만 붙들고 믿음으로 자기 속사람을 채웠으면 하나님께서 그에게 모든 좋은 것을 다 주셨을 것입니다. 하나님은 이스라엘 나라 전체를 압살롬에게 맡기셨을 것입니다. 그러나 압살롬은 오직 자기 여동생 다말을 강간하고 버린 암논에 대한 복수심에 사로잡혀서 하나님의 큰 축복을 보지 못했습니다. 물론 동생이 배다른 형에게 강간당한 후에 버림당한 것도 엄청난 일이지만 그것조차도 하나님의 손에 맡기고 오직 믿음만 붙들었더라면 압살롬은 위대한 왕이 될 수 있었을 것입니다. 그러나 그는 자신의 감정에만 집착했습니다. 그리고 압살롬은 형을 죽이고 도망쳤다가 돌아온 후에도 근신하기는커녕 아버지를 쫓아내고 스스로 왕위를 찬탈합니다. 결국에는 아버지의 군대와 전쟁을 하다가 죽음을 맞이합니다.

그 다음 아들이 아도니야였습니다. 아도니야도 무척이나 잘 생겼기 때문에 다윗이 아도니야에게 '너 왜 이렇게 하느냐' 하는 말로 섭섭하게 한 적이 없었다고 합니다. 아도니야도 이스라엘 나라에 대한 야망이 있었습니다. 자연스럽게 아도니아가 왕위에 오르게 되어 있었습니다. 또 아도니야는 여자에게 집착한다든지 아니면 복수심에 차 있었던 것도 아니었습니다. 그런데 유감스럽게도 아도니야는 그 나라를 차지하는 방법을 모르고 있었습니다.

하나님께서 하나님의 말씀을 사랑하고 하나님의 은혜에 감사하는 자에게 이스라엘을 주시려고 생각하셨습니다. 그런데 아도니야는 자기 신분만 믿고 아버지가 늙은 틈을 타서 요압 같은 사람들의 도움을 받아 쉽게 왕위에 오르려 했습니다. 그러나 다윗이 이 소식을 듣고는 정신을 차려 빨리 솔로몬을 왕으로 세움으로 이스라엘 3대 왕은 솔로몬이 되었습니다. 아도니야의 야망은 거룩한 야망이 아니고 인간적인 야망이었습니다. 그래서 나중에 아버지 다윗을 모시던 수넴 여자 아비삭을 자기 부인으로 달라고 했다가 그 계략을 눈치챈 솔로몬에 의해서 죽게 됩니다.

다윗을 이어서 이스라엘 3대 왕이 된 솔로몬은 어느 누구도 예상치 못한 사람이었습니다.

5절, "예루살렘에서 낳은 아들들은 이러하니 시므아와 소밥과 나단과 솔로몬 네 사람은 다 암미엘의 딸 밧수아의 소생이요"

여기 밧수아는 다윗과 불륜에 빠졌던 밧세바를 말합니다. 다윗이 밧세바와 불륜을 저질러서 낳았던 아들은 병으로 죽었습니다. 그 후에 하나님께서 위로하시기 위해 주신 아들이 솔로몬이었습니다. 아마도 솔로몬은 어렸을 때부터 다윗의 아들이라고는 하지만 자랑할 것이 아무 것도 없었던 것 같습니다. 어머니가 불미스럽게 다윗과 결혼을 했으니 그럴만도 합니다. 물론 솔로몬이 죄의 씨가 아니라 하더라도 형들은 솔로몬을 대단히 미워했을 것입니다. 그리고 솔로몬은 어렸을 때부터 자기가 붙들 수 있는 것은 하나님의 말씀 밖에 없다고 생각하고 하나님의 말씀만 붙들었던 것 같습니다. 솔로몬이 쓴 아가서와 잠언에서 오랜 시간 다져진 그의 영성을 엿볼 수 있습니다. 그렇습니다. 솔로몬이 이스라엘의 왕이 될 수 있었던 것은 하나님은 철저하게 사람의 외모를 보지 않으시기 때문입니다. 하나님은 누구든지 하나님께 감사할 줄 알고 말씀만 붙드는 그 사람을 서열이나 자격을 떠나서 가장 사랑하시는 것입니다. 솔로몬은 아무 것도 내세울 것이 없었기 때문에 하나님께 감사할 수밖에 없었고 그는 하나님의 말씀만을 붙들었습니다. 그렇다고 해서 내세울 것 없는 사람이 그저 할 수 있는 게 말씀 붙드는 것뿐이라는 말이 아닙니다. 솔로몬의 그 잘나고 똑똑한 형들 중 그 누구도 하나님의 말씀을 붙들지 못했습니다. 그만큼 하나님의 말씀만 가지고 사는 것은 어려운 일이라는 것을 알 수 있습니다.

2. 솔로몬의 변질

솔로몬은 성전 건축이라는 대업을 이룩했습니다. 그리고 솔로몬은 하나님의 성전을 짓고 엄청난 복을 받았습니다. 솔로몬은 '지혜의 복'과 '부의 복'을 받았습니다. 그리고 전세계적으로 이름을 알리는 '명예의 복'을 받았습니다. 그리고 무역에도 뛰어나서 많은 금이나 보석들을 예루살렘으로 가져오게 하는 '물질의 복'을 받았습니다. 이것을 보면 하나님께서 거하시는 성전이 얼마나 중요한지 이스라엘이 하나님과 함께하는 것이 얼마나 큰 축복인지 알 수 있습니다. 솔로몬 때 이스라엘은 전세계에서 가장 부강한 나라가 되었습니다. 그런데 솔로몬은 성전을 짓고 하나님의 큰 복을 받고 난 후에 변하게 됩니다. 솔로몬의 이런 변질은 다윗의 왕가나 이스라엘 전체에 큰 불행이었습니다.

솔로몬은 하나님의 성전을 짓고 나서 하나님의 말씀을 가지고 기도 운동을 일으켰습니다. 이때 이스라엘의 부흥이 일어나고 솔로몬이 지혜롭다는 소문이 전세계에 퍼지면서 많은 사람들이 예루살렘을 찾아오게 되었습니다. 이때 기록된 것이 전도서입니다. 그리고 이스라엘이 강대국이 되니까 주위에 있는 많은 나라들이 조공을 갖다 바치고 결혼 동맹을 맺기를 원했습니다. 그래서 주위 나라들은 솔로몬이 원하든 원하지 않든 공주를 데리고 와서 솔로몬에게 바쳤습니다. 솔로몬은 주체할 수 없이 불어난 황금으로 말을 사서 장사를 했습니다. 그리고 말을 두는 성을 만들고 병거도 많이 만들었습니다. 그래도 금이 너무 많으니까 순금으로 방패를 수백 개씩 만들기도 했습니다. 더 많은 사업을 벌이고 무역을 해서 돈을 많이 벌어들였습니다. 그리고 자신의 부를 과시하기 위해서 많은 사람들을 불러다가 어마어마한 연회를 열어 먹고 마셨습니다. 이러면서 솔로몬은 치명적인 실수를 하게 됩니다. 외국의 공주들을 데리고 오면서 그들의 우상까지 받아들이게 된 것입니다.

하나님께서는 이스라엘 백성들에게 말을 많이 두지 말라고 하셨습니다. 이스라엘 백성들은 말을 많이 소유하면 하나님을 의지하지 않게 되기 때문입니다. 그래서 하나님의 도움이 필요 없을 정도로 너무 부요한 것도 좋지 않습니다. 또한 기도할 필요가 없을 정도로 건강한 것도 좋은 것이 아닙니다. 우리는 언제나 부족함 가운데 하나님을 의지합니다. 이미 솔로몬 때 이스라엘의 부흥은 죽어 있었습니다. 물질적인 풍요는 있었지만 이것은 남아 있는 찌꺼기에 불과했고 진정한 부흥의 불은 솔로몬에 의해 꺼져버렸습니다. 그래서 솔로몬은 자기 아들 르호보암에게 너무 초라한 유산을 물려 줄 수밖에 없었습니다.

솔로몬이 죽고 르호보암이 왕이 되었을 때 이미 다른 지파들은 불만이 가득했습니다. 즉 다윗의 자손이 자기만 잘살려고 왕노릇한다는 것입니다. 그래서 여로보암이라는 자가 주동이 되어서 르호보암에게 정식으로 요구했습니다. 솔로몬이 너무 심하게 세금을 거둬들였으니 세금을 낮추어 달라는 것이었습니다. 이것은 우발적인 사건이 아니라 하나님께서 하신 일이었습니다. 이미 다윗의 후손은 그 자격을 상실한 것입니다. 다윗의 후손이 다윗의 후손일 수 있는 것은 다윗의 길로 행할 때 가능합니다. 하나님 앞에 겸손하고 하나님께 감사하며 하나님의 말씀만 붙잡을 때 참다운 다윗의 후손일 수 있습니다.

그런데 르호보암은 그것을 몰랐습니다. 그래서 르호보암은 세금을 깎아주라는 원로들의 말을 무시하고 강경책으로 밀어붙였다가 한 순간에 열개 지파가 떨어져 나가 독립을 선언했습니다. 이스라엘 역사에서 이렇게 어처구니없는 때가 없었습니다. 그래서 르호보암이 군대를 모아 치려고 하니까 하나님의 선지자가 전쟁을 하지 말하고 했습니다. 왜냐하면 전쟁하면 남은 유다도 다 멸망당하기 때문입니다. 그래서 다윗의 후손은 두 지파만 남은 작은 나라가 되었습니다. 이것은 하나님의 뜻이었습니다. 나라가 커지니까 엉뚱한 생각만 하고 말씀대로 정치하지 않는데 작은 나라가 되는 한이 있더라도 말씀에 순종하라는 것입니다.

솔로몬이 처음에는 그렇게 하나님의 사랑과 축복을 한몸에 받았는데 왜 나중에는 그렇게 변질되었을까요? 그것은 바로 인간이기 때문에 어쩔 수 없는 것입니다. 부자가 되고 유명해지고 난 후에도 하나님의 말씀만 붙잡으려고 하면 완전히 하나님의 말씀에 미쳐야 하고 세상 모든 방법을 다 거부해야 합니다. 솔로몬은 그렇게 하기에는 너무나도 머리가 좋았기 때문에 다윗같이 미련하게 하나님의 말씀만 붙들 수가 없었던 것입니다.

3. 솔로몬 이후 다윗의 자손들

10절부터는 솔로몬의 뒤를 이어서 유다를 통치한 다윗 후손들의 이름이 나옵니다. 그런데 그 중에는 악한 왕도 있고 선한 왕도 있습니다. 여기서 악하고 선하다는 기준은 결코 그 왕의 성품을 두고 말하는 것이 아닙니다. 선한 왕이라고 할 때 신경질도 부리지 않고 화도 내지 않는 거룩한 성자였다는 뜻이 아닙니다. 여기서 악하다고 하는 것은 다윗처럼 하나님의 말씀만 붙들지 않았다는 것입니다. 아무리 왕의 성품이 좋았다 하더라도 세상을 따라가고 세상을 받아들여서 유다의 영적인 부흥을 일으키지 않았으면 그는 악한 왕인 것입니다. 실제로 부흥이 일어나지 않고 은혜를 받지 않았을 때 왕의 성품이 좋을 리도 없을 것입니다.

10절, "솔로몬의 아들은 르호보암이요 그 아들은 아비야요 그 아들은 아사요 그 아들은 여호사밧이요"

르호보암은 아버지로부터 물려받은 그 엄청난 명성과 부를 모두 다 빼앗겨버립니다. 나라는 여로보암이 무려 열개 지파를 떼 내어서 나눠버렸고 모든 부는 애굽왕 시삭이 와서 다 빼앗아갔습니다. 더욱이 솔로몬이 만들었던 금 방패까지 다 빼앗아 가버립니다. 그런데 르호보암은 놋으로 방패를 만들어서 들고 다니게 합니다. 금은 아니지만 놋으로 기분을 내자는 것이었습니다. 그러나 중요한 것은 금 방패냐 놋 방패냐 하는 것이 아닙니다. 다시 하나님의 말씀을 붙잡으면 하나님이 부흥을 주시는데, 황금보다 수백 수천 배 더 가치가 있는 것입니다. 그러나 사람들은 그렇게 생각하지 않습니다. 르호보암의 아들 아비야는 악한 왕이었습니다. 그래서 열왕기상 15장에 보면 다윗 같이 하지 않았다고 합니다. 그러나 그 아들 아사는 좋은 왕이었습니다.

아사왕은 북이스라엘과의 전쟁으로 어려움을 많이 겪기는 했지만 유다 안의 모든 우상을 버리고 우상을 섬기던 태후까지 폐하는 개혁을 단행했습니다. 그러나 이스라엘과의 전쟁으로 어려움을 많이 겪었습니다. 그리고 아사 왕의 뒤를 이어 여호사밧이 즉위합니다. 이 왕이 문제입니다. 일단 그는 개인적으로 하나님을 잘 믿는 왕이었습니다. 그러나 여호사밧은 이스라엘왕 아합을 너무 좋아했습니다. 그 이유는 아합이 바알신을 섬기는 자였지만 인간적으로는 사람이 좋았던 것 같습니다. 그리고 유다는 언제나 이스라엘에 대하여 열등감을 늘 가지고 있었습니다. 자기들에게 하나님의 말씀이 있고 성전이 있으면 충분한데 말입니다. 여호사밧도 예외는 아니어서 언제나 이스라엘에 붙으려고 했습니다.

그래서 유다는 여호사밧 때문에 큰 위기를 몇 차례 겪게 됩니다.

11절, "그 아들은 요람이요 그 아들은 아하시야요 그 아들은 요아스요"

이 간단한 이름들 중에 엄청난 사건이 일어나게 됩니다. 결국 이스라엘에는 예후라고 하는 장군이 아합을 배반하고 반란을 일으켜서 아합 일가를 씨를 말립니다. 그런데 그것도 모르고 아하시야와 다윗의 왕족들이 아합의 집에 문안을 갔다가 길에서 예후를 만나서 전부 죽임을 당합니다. 이것은 다윗의 후손들이 자신들의 가치를 너무 가볍게 생각한 탓입니다. 다윗의 자손들이 무엇 때문에 쓸데없이 우상 숭배자들의 문병을 가다가 떼죽음을 당하는 것입니까? 그리고 더 엄청난 것은 여호사밧은 너무나도 아합을 좋아해서 아합의 딸을 자기 아들과 결혼을 시킵니다. 이 아합의 딸 아달랴는 자기 아들 아하시야가 예후의 손에 죽자마자 다윗의 후손을 전부 죽이고 자기가 왕이 되어버렸습니다. 그래서 하나님께서 다윗에게 등불을 끄지 않겠다고 약속을 하셨는데 아하시야가 죽고 난 후에 다윗의 후손은 씨가 말라버립니다. 그런데 아달랴가 모든 왕자들을 다 죽이는 가운데 갓 태어난 왕자 하나를 빼돌려서 살립니다. 그 왕자가 요아스입니다. 아달랴는 육년 동안 유다 왕국을 빼앗아서 우상의 나라로 만들고 성전을 쓰레기 더미로 만들다시피 했습니다. 그러다가 요아스가 일곱 살이 되었을 때 여호야다가 반란을 일으켜서 아달랴를 죽이고 하나님의 나라를 회복하게 됩니다. 그러나 요아스도 여호야다가 죽고 난 후에는 믿음을 버리고 세상을 따라가게 됩니다. 그래서 신하들의 칼에 찔려서 죽습니다.

12-13절, "그 아들은 아마샤요 그 아들은 아사랴요 그 아들은 요담이요 그 아들은 아하스요 그 아들은 히스기야요 그 아들은 므낫세요"

여기서 중요한 사람이 아하스입니다. 아하스는 이사야가 활동할 때 유다 왕이었는데 앗수르왕을 만나러 다메섹에 갔다가 멋진 이방의 제단을 보고 그것을 그려서 유다 제사장에게 보이고 그대로 만들게 했습니다. 그런데 제사장은 또 왕의 지시를 따라서 하나님의 제단을 치워버리고 그 이방의 제단을 성전뜰에 세웠습니다. 아하스 때는 북이스라엘과 수리아가 연합해서 공격하는 바람에 굉장히 어려운 시기였습니다. 이사야는 하나님만 의지하고 징조를 구하라고 했지만 아하스는 하나님을 믿지 않고 앗수르를 불러서 이스라엘과 수리아를 멸망시킵니다. 그런데 앗수르는 약속을 깨고 예루살렘까지 공격하는 바람에 유다는 거의 초토화가 되었습니다. 이때 일어났던 유다 왕이 히스기야였습니다. 히스기야는 유다 왕들 중에서 가장 다윗을 닮은 왕이었습니다. 히스기야는 예루살렘까지 쳐들어 온 앗수르 군대 십팔만 오천 명을 기도로 하루 밤 사이에 다 죽게 만들어버렸습니다. 그리고 히스기야는 병들어 죽게 되었을 때 눈물로 기도하여 치료를 받게 됩니다. 그리고 유월절에는 북쪽의 망한 이스라엘 부족들까지 다 불러서 유월절을 지켰습니다. 다윗 이후에 하나님의 말씀만 붙들고 대부흥을 일으켰던 사람은 히스기야였고 그는 정말 다윗 후손의 진가를 발휘한 사람이었습니다.

이때 히스기야가 얼마나 유명하게 되었는가 하면 바벨론의 사신들이 와서 축하할 정도였습니다. 그러나 히스기야는 바벨론의 사신들에게 하나님의 능력을 자랑하지 않고 예루살렘의 금과 보석을 자랑했다가 이사야 선지로부터 책망을 받게 됩니다. 히스기야가 그렇게 놀라운 승리를 거두고 부흥을 일으켰는데도 불구하고 자랑을 조금했다고 하나님께서 이렇게 무서운 저주를 하시는 이유가 무엇일까요? 이것은 히스기야만 바로 믿으려고 애썼지 유다의 지도자들은 콧방귀도 뀌지 않았기 때문입니다. 즉 왕만 부흥을 일으켰지 지도자들은 여전히 우상을 붙들었기 때문입니다. 유다의 역사에서 보면 신앙적이지 않은 아비에게 가끔씩 철저하게 신앙적인 아들이 나와서 유다를 다시 부흥시키는 경우가 있습니다. 그 이유는 어머니가 신앙적인 사람이기 때문입니다.

히스기야의 아들의 이름은 므낫세입니다. 그는 아버지 히스기야가 일으킨 부흥을 완전히 다 까먹은 패역한 아들이었습니다. 사람들은 므낫세가 히스기야의 부흥을 완전히 다 소멸시켰다고 욕합니다. 그러나 므낫세 혼자 그런 것이 아니었습니다. 장로들과 지도자들이 하자고 하니까 결국 왕도 따라가는 것입니다.

13-14절, "그 아들은 아하스요 그 아들은 히스기야요 그 아들은 므낫세요 그 아들은 아몬이요 그 아들은 요시야며"

요시야는 유다의 마지막 등불이었습니다. 요시야는 예루살렘 성전을 수리하다가 두루마리 율법책을 발견하게 됩니다. 그 율법책을 읽어보니까 자기들이 지금까지 한 것이 전부 하나님 앞에서 멸망할 죄라는 것을 알게 됩니다. 그래서 하나님 앞에서 회개하지만 너무 죄가 깊어서 하나님은 유다의 죄를 용서하시지 않겠다고 말씀하셨습니다. 그 대신 요시야가 살아있는 동안은 유다를 지켜주시겠다고 약속하셨습니다. 이것이 사실이라면 요시야는 기를 쓰고 오래 살 필요가 있었습니다. 그래야 유다의 수명이 좀 더 지속될 수 있고 그 동안 또 신앙적인 사람이 준비될 수도 있기 때문입니다. 그러나 요시야는 애굽의 바로느고의 군대를 막으러 갔다가 전쟁에서 죽고 유다는 급격하게 멸망의 길로 가게 됩니다.

15-16절, "요시야의 아들들은 맏아들 요하난과 둘째 여호야김과 세째 시드기야와 네째 살룸이요 여호야김의 아들들은 그 아들 여고냐, 그 아들 시드기야요"

유다의 마지막은 좀 복잡합니다. 요시야의 아들은 넷인데 맏아들 요하난은 왕이 되지 못합니다. 아마도 자격이 좀 모자랐던 것 같습니다. 그래서 넷째 아들 살룸을 여호아하스라고 이름하고 왕으로 삼았는데 악한 왕이었기 때문에 애굽왕 바로느고가 3개월 만에 애굽으로 잡아가버리고 여호야김을 왕으로 세웁니다. 여호야김은 11년을 왕노릇하다가 바벨론의 공격으로 죽고 그 아들 여호야긴이 왕이 됩니다. 여호야긴은 비운의 왕입니다. 여호야긴이 바로 여고니야인데 왕 된 지 3달 만에 바벨론 군대가 예루살렘을 포위하는 바람에 왕과 왕비와 똑똑한 자녀들 만 명이 바벨론에 포로로 끌려가게 됩니다. 나중에 여호야긴은 포로로 끌려간 지 37년 만에 감옥에서 풀려나서 자유를 얻고 바벨론 왕의 식탁에서 먹게 됩니다. 그리고 여호야긴이 끌려가고 난 후에 다시 삼촌 시드기야가 유다 왕이 되는데 성경은 시드기야를 유다 왕으로 인정하지 않을 때가 많습니다. 예루살렘은 시드기야의 통치 11년만에 바벨론에 의해서 함락당합니다.

그런데 역대기에는 다윗의 후손이 바벨론에 붙들려가고 난 후의 족보도 기록하고 있습니다. 하나님의 약속은 나라가 망했다고 해서 끝난 것이 아닙니다.

17-20절, "사로잡혀 간 여고냐의 아들들은 그 아들 스알디엘과 말기람과 브다야와 세낫살과 여가먀와 호사마와 느다뱌요 브다야의 아들들은 스룹바벨과 시므이요 스룹바벨의 아들은 므술람과 하나냐와 그 매제 슬로밋과 또 하수바와 오헬과 베레갸와 하사댜와 유삽헤셋 다섯 사람이요"

여고냐 즉, 여호야긴은 예레미야의 예언에 의하면 분명히 자식이 없을 것이었습니다(렘 22:30). 하나님께서는 예레미야를 통해서 예언하시기를 여고니야가 하나님의 인장 반지라도 빼내어서 버리실 것이라고 했습니다(렘 22:24). 그리고 그는 무자할 것이고 형통하지 못할 것이라고 말씀하셨습니다. 그런데 어떻게 해서 여고니야가 이렇게 많은 아들을 둘 수 있었을까하는 것입니다. 아마 여고니야가 예루살렘에서 교만하게 있을 때에는 아이가 없었을 것입니다. 그러나 그가 바벨론에 포로로 붙들려가서 많은 고생을 하면서 회개한 후에 하나님께서 다시 자손을 주셨던 것 같습니다. 그 자손 중에 스룹바벨 같은 위대한 사람이 나오게 됩니다. 그는 바벨론이 망한 후에 유다 백성들을 인솔해서 예루살렘으로 돌아와 성전을 지은 사람입니다. 이때 하나님께서는 스룹바벨이 내 인장이라고 말씀을 하십니다(학 2:23).

그리고 난 후에 본문은 다윗 후손의 족보를 계속해서 기록해 놓았습니다. 그래서 19-20절에 브다야의 아들과 스룹바벨의 아들의 이름이 나옵니다. 그리고 그 뒤에 하나냐의 아들들, 스가냐의 아들들, 느아랴의 아들을 에료에네의 아들들, 이렇게 해서 스룹바벨 이후 네 대를 더 내려갑니다. 아마 이때 이 역대기를 기록한 것 같습니다. 그런데 이렇게 계속 내려가는 것은 다윗 후손의 부흥이 끝나지 않았기 때문입니다. 즉 다윗의 불꽃은 이렇게 끝날 수 없고 앞으로 한 번 더 큰 불꽃이 남아 있다고 생각하고 있는 것입니다. 유다 백성들은 바벨론 포로에서는 돌아왔지만 여전히 이스라엘이 회복되지 못한 것을 안타까워하고 있었습니다. 그래서 남아 있는 다윗의 후손 중에서 다시 부흥을 일으킬 것이라고 기대한 것입니다. 결국 대부흥은 다윗의 후손 요셉의 아들 예수 그리스도에 의하여 폭발적으로 일어났습니다.

하나님께서는 다윗의 후손들에게 위대한 약속을 주셨습니다. 그것은 그들이 하나님의 말씀만 붙들고 나가면 대부흥을 주신다는 것입니다. 오늘은 우리 한 사람 한 사람에게 그런 위대한 약속을 주십니다.

여러분, 너무 시시한 욕심에 매이지 말고 다윗 같이, 히스기야 같이, 스룹바벨 같이 부흥을 일으키는 성도들이 되시기 바랍니다.

CHAPTER 04

야베스의 신앙

대상 4:1-43

조선 시대에 훌륭한 왕들과 고관대작들이 많이 있었지만 세종대왕과 이순신 장군처럼 지금까지 기억되고 존경받는 인물은 그리 많지 않습니다. 그러고 보면 당대에 아무리 뛰어난 사람이었다 하더라도 시대를 뛰어넘어 위대한 인물이라 평가 받는 사람은 아주 소수인 것이 사실입니다.

역대상 4장은 유다 지파의 역사를 다시 근 천년에 걸쳐서 훑어보고 있습니다. 유다 지파에서 가장 훌륭했던 사람은 역시 다윗이었습니다. 다윗은 가난한 집안 출신인데다가 별볼일 없는 목동이었습니다. 그렇지만 하나님의 말씀을 무척이나 사랑한 결과 이스라엘의 왕이 되었고 이스라엘의 부흥을 가져왔습니다. 물론 솔로몬도 성전을 지어서 아버지 이상으로 유명한 사람이 되었습니다. 그러나 솔로몬은 축복을 많이 받고 난 후에는 변질되어서 하나님의 말씀을 떠나게 되었습니다. 그 결과 나라는 형편없이 작아지게 되고 많은 어려움을 겪어야만 했습니다. 그 후에 히스기야 같은 충성된 왕이 나오기는 했지만 다윗 때의 부흥은 회복되지 못했습니다.

오늘 본문에는 다윗의 후손이 아닌 사람 중에서 유다의 중요한 사람, 야베스를 소개합니다. 사실 오늘 본문이 아니면 우리는 야베스라는 사람이 있었는지조차도 알지 못했을 것입니다. 사실 야베스는 누구의 아들이며 정확하게 어느 시대에 살았던 사람인지도 알 수가 없습니다. 그런데 분명한 것은 굉장히 어려운 시대에 태어났다는 것입니다. 이때 거의 대부분의 사람들은 이방인의 도움을 받으려고 하든지 아니면 자포자기하든지 했을 것인데 야베스는 하나님을 붙잡고 늘어져서 축복을 받았던 사람이었습니다. 그래서 그런지 몰라도 한때 『야베스의 기도』라는 책이 유행해서 사람들이 이런 기도를 본받으려 애쓰기도 했습니다. 요즘같이 어려운 시대에 낙망하지 않고 하나님께 끝까지 기도를 해서 축복을 받는 것은 대단히 중요하고 필요한 일입니다.

그리고 저자는 시므온 지파에 대해서도 언급을 하고 있습니다. 야곱은 시므온 지파가 흩어질 것이라고 했는데 그 말 그대로 아주 작아지게 되었습니다. 시므온 자손 중에는 시므이라는 사람이 가장 자식을 많이 낳았는데 아들 열여섯, 딸 여섯, 합쳐서 스물 둘을 낳았습니다. 그래도 시므온 지파는 유다 지파 같이는 번성하지 못했다고 합니다. 그런데 저자는 시므온 지파 중에서 앗수르나 바벨론에 포로로 끌려가지 않은 사람들의 이야기를 기록하고 있습니다.

1. 야베스의 믿음

■

1절, "유다의 아들들의 이름은 베레스와 헤스론과 갈미와 훌과 소발이라"

유다의 아들들이라고 했지만 사실은 유다의 아들이 아니고 직계 후손들입니다. 즉 유다는 베레스를 낳고 베레스는 헤스론을 낳고 헤스론은 갈미를 낳고 갈미(혹은 갈렙)는 훌을 낳았던 것입니다. 처음에 유다는 번창하지 못했습니다. 유다의 아들 둘은 하나님이 치셔서 죽어버리고 유다는 며느리 다말과의 사이에서 베레스와 셀라를 낳았습니다. 어떻게 보면 유다의 역사는 치욕의 역사였습니다. 그러나 유다 사람들은 일단 한번 회개하면 철저하게 회개했고 한번 믿기 시작하면 철저하게 믿었습니다. 그래서 유다 지파는 헤스론 때부터 엄청나게 복을 받게 되었습니다. 헤스론도 자식을 많이 낳았고 그 아들 갈렙도 자식을 많이 낳았습니다. 갈렙의 아들 훌은 출애굽한 후에 여호수아가 아말렉과 싸울 때에 모세의 팔을 들었던 자였습니다. 그리고 훌의 손자 브살렐은 모세의 지시를 받아서 성막의 모든 장막을 실제로 만든 기술자였습니다. 그리고 2절부터 소발의 후손이라고 해서 여러 사람들과 족속들의 이름이 나옵니다. 이것은 아마도 유다 지파가 이렇게 많이 번창하고 복을 받았다는 것을 보여주기 위한 것 같습니다.

그리고 9절에 갑자기 야베스라는 사람의 이야기가 나옵니다.

9절, "야베스는 그 형제보다 존귀한 자라 그 어미가 이름하여 야베스라 하였으니 이는 내가 수고로이 낳았다 함이었더라"

그런데 여기에 보면 야베스가 누구의 아들이며 언제 어디서 무엇을 했다는 말이 일체 없습니다. 단지 야베스가 그의 형제들보다 존귀한 자였고, 어머니가 그를 낳을 때 너무 고생해서 이름이 야베스가 되었다고만 소개합니다. '야베스'라는 말은 '수고로움'이라는 뜻을 가지고 있습니다. 그래서 우리가 생각하기에 야베스의 어머니가 야베스를 낳으면서 굉장히 진통을 오래 했을거라고 생각하기 쉽습니다. 실제로 옛날에는 난산을 하는 경우는 많이 있었고 심지어는 산모가 죽는 경우도 적잖게 있었습니다.

야곱이 사랑했던 라헬도 베냐민을 낳다가 죽지 않았습니까? 여기서 우리는 야베스의 관점을 포로 후기의 사정에 비추어서 생각해볼 필요가 있습니다. 유다가 망하고 난 후에 유다 백성들이 바벨론에 포로로 끌려가 겪었던 고초는 그야말로 말로 표현할 수 없는 것이었습니다. 그리고 이런 포로생활 가운데 어머니가 아이들을 낳아야 할 경우에는 어머니가 제대로 먹지도 못하고 생활도 전혀 안정되어 있지 않고 자녀들을 제대로 돌볼 수 없는 상태에서 아이를 낳아야 하는 것입니다.

예를 들어서 우리나라에서도 경제가 너무 어렵고 미래의 전망이 불안할 때에는 젊은이들이 결혼을 하지 않거나 아이를 잘 낳지 않는 경향이 있습니다. 이런 때 아이를 낳아봐야 부모도 고생이고 아이도 고생이기 때문입니다. 마찬가지로 야베스가 태어날 때에도 비슷한 상황이었던 것 같습니다. 이스라엘 백성들이 적의 지배를 받고 있거나 아니면 피난 가는 상황이어서 어머니가 도저히 아이를 낳기가 적합하지 않았던 것입니다. 그래서 어머니가 아이를 임신하고서도 계속 산으로 피난을 다녀야 했든지 아니면 아기를 낳을 때도 자기 집이 아니라 굴이나 후미진 곳 같은 데서 낳았을 수도 있었습니다. 그래서 야베스의 어머니는 야베스를 낳고 난 후에 너무나도 힘든 상황에서 아이를 낳고는 '야베스'라 이름한 것 같습니다. 그런데 야베스는 일단 태어난 후에는 잘 자란 모양인지 형제들보다 더 존귀한 사람이 되었습니다. 여기서 존귀하다고 하는 것은 야베스가 형제들보다 훨씬 더 성공을 하게 되었다는 뜻입니다. 집안에 여러 형제들이 있어 자랄 때는 잘 모르지만 다 큰 후에는 지위나 신분이 많이 달라지게 됩니다. 어떤 사람은 형인데도 별로 두드러지지 않고 평범하게 사는가 하면 어떤 사람은 동생인데도 아주 유명한 사람이 되어 있는 경우도 있습니다. 그런데 성경에서 존귀한 자라고 하는 것은 신앙적으로 가장 큰 믿음을 가진 자를 말합니다. 어느 집이든 그 집의 영적인 제사장은 서열을 불문하고 그 집에서 가장 신앙이 좋은 사람이 되는 것입니다. 야베스가 형제들 중에서 가장 부족하게 태어났든, 열악한 환경에서 자랐든, 일단 그는 자라면서 신앙에 있어서 아주 출중한 인물이 되었습니다.

야베스는 이스라엘이 굉장히 미약했던 때에 성장기를 보냈습니다. 이방 땅에 포로로 끌려와 기도의 세계도 잃고 신앙의 세계도 지키지 못했던 이스라엘 백성들은 어렴풋이 하나님을 믿고는 있었지만 세상적인 방법을 따라 살았습니다.

그런데 야베스는 이런 어려운 상황 가운데서도 하나님 앞에 기도하고 응답받는 신앙을 가지고 있었습니다. 어떻게 생각해보면 사실 야베스 같이 하나님께 기도해서 응답받는 것은 당연한 것인데 신앙적으로 힘을 잃어버리면 신앙적으로 당연한 것을 하지 못하는 것입니다.

10절, "야베스가 이스라엘 하나님께 아뢰어 가로되 원컨대 주께서 내게 복에 복을 더 하사 나의 지경을 넓히시고 주의 손으로 나를 도우사 나로 환난을 벗어나 근심이 없게 하옵소서 하였더니 하나님이 그 구하는 것을 허락하셨더라"

사실 그리스도인들 중에서 자신의 지경을 넓히는 것을 원치 않는 사람은 없을 것입니다. 모든 사람들이 자신의 사업장을 넓히기를 원하고 공장을 넓히기를 원할 것입니다. 그리고 우리는 모두 환란에서 벗어나서 근심 없이 살아가기를 원합니다. 우리는 이런 욕심에서 지경을 넓혀 달라는 기도를 드리기 일쑤입니다.

그런데 야베스는 '이스라엘 하나님께' 기도했습니다. 이런 강조는 당시 사람들이 대개 하나님을 신실하게 믿지 않았다는 것을 의미합니다. 많은 사람들이 이 세상에서 더 잘살고 성공하기 위해서 이방신을 찾고 세상을 따라갔습니다. 하지만 야베스는 자기 이름이 말하는 것처럼 태어날 때부터 하나님의 도우심 없이는 살 수 없었고 지금까지 하나님만 붙잡고 살아왔습니다. 그래서 야베스는 일체 세상을 따라가지 않고 하나님만 믿었고 하나님만 자신의 주인으로 삼았습니다.

그런데 야베스 때에는 가나안 족속들이나 이민족들이 강해서 이스라엘 백성들은 지경을 거의 차지하지 못하고 있었습니다. 이스라엘 백성들은 믿음이 없어서 하나님께서 약속하신 땅을 하나도 차지하지 못하고 다 빼앗기고 말았던 것입니다. 게다가 외적이 자주 쳐들어와서 사람들을 죽이고 가축들을 빼앗아가는 통에 도저히 불안해서 살 수가 없었습니다. 이때 야베스는 먼저 하나님의 약속을 붙들고 기도를 드렸습니다. '나에게 복에 복을 더하사' 라고 하는 것은 복을 지속적으로 내려달라는 뜻입니다. 한 번이나 두 번 복을 받아가지고는 도저히 이방인들을 이길 수 없으니까 지속적인 복을 달라고 기도했습니다.

이스라엘 백성들은 어떻게 복을 받습니까? 바로 영적인 부흥을 통해서 받습니다. 그래서 야베스가 하나님께 '내게 복에 복을 더하사' 라고 하는 말은 우리에게 완전한 부흥을 달라는 뜻입니다. 즉 우리 안에 있는 모든 우상은 다 버리게 하시고, 오직 하나님의 말씀만 붙들 테니 우리에게 성령을 주시고 능력을 달라는 뜻입니다. 하나님의 백성들이 고난이나 역경 중에서 가장 먼저 기도해야 할 것은 무엇입니까? 고난 그 자체를 없애 달라는 기도입니까? 그보다 더 중요한 기도는 영적인 부흥을 갈망하는 기도입니다. 즉 우리로 하여금 죄를 버리게 하시고 불신앙을 버리게 하시고 하나님을 향한 뜨거운 열정을 회복하게 해달라고 기도하는 것입니다. 물론 영적인 부흥이 오게 하려면 죽을 각오를 하고 하나님의 말씀을 붙들어야 합니다. 이때 왜 죽을 각오를 해야 하는가 하면 사탄은 영적 부흥을 위하여 기도하는 것을 가장 미워해서 반드시 핍박으로 대응할 것이기 때문입니다. 이때 겁이 나서 기도를 포기하거나 말씀을 포기해버리면 영영히 마귀의 종이 돼버립니다. 그러나 죽을 각오를 하고 하나님의 말씀을 붙들고 기도하면 마음이 뜨거워지고 기도가 응답받기 시작합니다. 이것은 이제 부흥이 시작된 것입니다. 그렇지만 여전히 현실적인 어려움들은 남아 있습니다. 지경도 다 빼앗겨버렸고 먹을 것도 없으며 생활도 궁핍하고 적의 공격도 계속됩니다. 이때 우리가 해야 할 것은 우리가 겪는 모든 어려움에 하나님이 축복하시고 믿음의 승리를 주시도록 기도하는 것입니다.

우리 삶의 모든 영역에서 우리를 비참하게 만들고 우리의 아름다움을 빼앗아 가는 모든 어려움에 대하여 하나님께 당당히 기도를 드려야 합니다. 야베스가 가장 먼저 기도했던 것은 지경을 넓혀 달라는 것이었습니다. 아마 이때 이스라엘 백성들은 가나안 땅에 있기는 했지만 모든 땅을 다 빼앗겨버리고 근거지가 없었던 것 같습니다. 이 세상에서 근거지라고 하는 것은 아주 중요한 것입니다. 이것이 없으면 도저히 이 세상에서 힘을 쓸 수가 없습니다.

예를 들어서, 우리 믿는 사람들에게는 예배당이 필요합니다. 예배당이 없이 여기저기 쫓겨 다니면서 예배를 드려야 한다면 힘을 낼 수가 없을 것입니다. 이 땅에서 생계를 구려가기 위해서는 직장이라는 기반이 필요합니다. 직장에 다니면서 세상을 알아가고 특히 미신의 세력이라든지 사탄의 세력이 온 세상의 주도권을 다 쥐고 하나님의 백성들을 이 세상에서 쫓아내려고 할 때에는 이 공중 권세 잡은 자를 이겨야 하는 것입니다. 여기서 하나님의 능력이 나타나야 합니다. 그래서 야베스가 지경을 넓혀 달라고 기도한 것은 하나님의 백성들이 이 세상에 발을 붙일 수 있는 근거지를 주시고 특히 하나님의 백성들을 이 세상에서 내어 쫓으려고 하는 악한 세력을 이기게 해 달라는 소원을 담은 기도였습니다.

이어서 야베스는 주의 손으로 나를 도와달라고 기도합니다. 이것은 두 가지 의미가 있습니다. 하나는 자신에게 힘이 없다는 것입니다. 야베스는 힘이 없는 사람이었습니다. 그러나 그는 하나님에게 엄청난 힘이 있다는 것을 알고 있었습니다. 그래서 이 세상에 하나님의 능력을 나타내어달라고 기도하는 것입니다. 야베스는 우리가 믿음을 붙잡고 있으면 하나님께서 우리를 통하여 능력을 나타내신다는 것을 믿었습니다. 우리가 이 세상을 이길 수 있으려면 우리 힘으로는 안 됩니다. 결국 하나님의 능력이 나타나야 합니다. 그래야 마귀가 함부로 까불거나 설치지 못할 것입니다. 또 야베스는 '주의 손으로 나를 도우사 나로 환란을 벗어나 근심이 없게 하옵소서' 라고 기도를 했는데, 여기서 환란을 당하고 있다는 것은 아직 영적인 싸움이 치열하게 진행되고 있다는 말입니다.

우리가 대개 영적으로 한창 싸울 때에는 우리 안팎에 가시들이 나타납니다. 육체에도 가시가 있고 직장이나 어디를 가든지 우리를 찌르고 우리를 고통스럽게 하는 가시가 있습니다. 그런데 부흥이 계속되면서 하나님의 은혜가 지속적으로 부어지면 이런 가시들이 없어집니다. 병이 낫기도 하고 괴롭히는 사람이 없어지기도 하고 물질적으로도 복을 받기도 합니다.

이런 축복 자체는 위험한 것이 아닙니다. 우리가 교만해져서 죄에 빠지지 않도록 근신하고 감사하면서 이 행복을 잘 누리면 되는 것입니다.

드디어 하나님께서는 야베스의 기도를 들어주셨습니다. 이것은 그의 기도가 하나님의 뜻에 부합했기 때문입니다. 그런데 여기서 우리가 생각해야 할 것은 왜 하필이면 역대기의 저자가 여기서 야베스의 기도를 이렇게 강조하고 있느냐 하는 것입니다.

유다 백성들은 바벨론 포로가 되는 엄청난 사건을 겪고 나서 전부 하나님에 대한 신앙을 저버렸습니다. 유다 백성들은 계속 어려움을 당하고 환란을 당하고 지경이 없으면서도 기도를 하지 않는 것입니다. 그래서 이스라엘의 조상들 중에 이와 비슷한 어려움에 처했을 때 하나님께 기도해서 지경도 찾고 적도 물리치고 평안을 찾은 야베스라는 사람이 있었다고 상기시키기 위해 야베스의 기도를 소개한 것입니다. 따라서 지금 이스라엘에게 가장 필요한 것도 야베스 같은 기도의 정신이라고 일러주는 것입니다. 물론 그들이 궁극적으로 목표하는 것은 다윗의 시대가 다시 오는 것이지만 한 번에 그렇게 되기는 어려우니까 야베스같이 작은 것부터 하나씩 기도하면서 땅도 찾고 환란도 물리치고 근심에서도 벗어나자는 것입니다. 우리는 부흥을 기다리면서 고통과 시험에서 건져달라고 기도할 권리를 가지고 있습니다.

2. 유다의 기술자들

유다 지파에는 믿음의 사람들이 많이 있었습니다. 그 중에서 두드러지는 사람이 여호수아와 함께 가나안 땅을 정탐했던 여분네의 아들 갈렙이었고 또 다른 한 사람은 갈렙의 뒤를 이어서 가나안 땅을 정복했던 옷니엘이 있습니다.

15절, "여분네의 아들 갈렙의 자손은 이루와 엘라와 나암과 엘라의 자손과 그나스요"

우선 갈렙은 유다의 청년 족장으로 뽑혀서 다른 열한 청년 족장들과 함께 가나안 땅을 사십 일 동안 정탐을 했습니다. 모세가 젊은 족장들을 뽑아서 가나안 땅에 보낸 이유는 사십 일 동안 가나안 땅을 돌아다니는 데는 힘이 많이 들었기 때문입니다. 이 열두 명의 정탐꾼들이 가나안 땅에서 발견한 것은 자기들은 아무 것도 아니라는 것이었습니다. 열두 사람의 정탐꾼은 가나안 땅에서 현실의 벽을 느꼈던 것입니다.

이스라엘 백성들은 애굽에서 가지고 나온 것이 별로 없었습니다. 애굽에서 죽으라고 일만 하는 노예였으니 가지고 나올 만한 것도 없었을 것입니다. 그러나 가나안은 아주 수준 높은 문명을 가지고 있었고 굳건한 성과 군사력과 무기가 있었습니다. 그리고 가나안 사람들은 농사를 지었는데 이스라엘 백성들은 상상할 수도 없는 기술이었습니다.

이스라엘 백성들은 자신들이 가지고 있는 실력이나 힘으로 가나안 땅에 있는 사람들을 몰아내고 그 땅을 차지하는 것은 불가능하다고 생각했습니다. 이스라엘과 가나안은 수준 차이가 엄청났습니다. 그래서 이 정탐꾼들이 이 상황을 묘사하기를, 이스라엘은 가나안 앞에서 메뚜기라는 것입니다. 이스라엘이 아무리 퍼더덕거려봐야 가나안 사람들이 한 번 발로 밟아버리면 끝난다는 것입니다. 그런데 오직 '여호수아'와 '갈렙'은 눈에 보이는 현실보다 하나님의 말씀을 더 믿었습니다. 그들이 말하는 것은 전부 사실이지만 그래도 하나님이 이기게 하시면 이길 수 있다고 믿었습니다. 그러면서 여호수아와 갈렙은 가나안이 우리들의 '밥'이라고 말했습니다. 현실적으로 보면 열 명의 정탐꾼들이 한 말이 맞습니다. 그러나 믿음이라고 하는 것은 현실 너머를 보는 것입니다. 믿음은 하나님의 말씀을 가지고 이 세상을 보는 것입니다. 하나님이 하신다고만 하면 우리가 그 과정을 모르더라도 반드시 그대로 이루어집니다. 결국 애굽을 나온 이스라엘 백성들 중에서 가나안 땅에 들어간 자는 바로 여호수아와 갈렙 두 사람 뿐이었습니다.

그리고 갈렙은 85세의 노구에도 불구하고 여호수아의 허락을 받아 옛날에 자기가 정탐했던 헤브론을 공격해서 차지하게 됩니다. 갈렙은 무려 사십오 년을 기다려서 옛날 자기가 젊었을 때 하나님이 주신 약속의 땅을 차지했던 것입니다.

그리고 갈렙의 조카 옷니엘은 두 번 하나님 앞에서 크게 쓰임받습니다.

13절, "그나스의 아들들은 옷니엘과 스라야요 옷니엘의 아들은 하닷이며"

옷니엘은 갈렙이 헤브론을 공격하면서 거기에는 거인이 세 명이나 살고 있었는데 가장 먼저 올라가는 자는 딸 악사를 주겠다고 하니까 가장 먼저 올라가서 헤브론을 차지하고 갈렙의 딸 악사를 아내로 맞이했습니다. 그리고 세월이 많이 흐른 후에 이스라엘 백성들이 메소보다미아왕 구산 리사다임의 지배를 받게 되었을 때 다시 한 번 하나님의 손에 붙들려서 메소보다미아왕 구산 리사다임을 무찌르고 그 후 40년 동안 이스라엘은 평화를 누립니다. 하나님께서 쓰시는 사람들은 열정이 있는 사람입니다. 그리고 젊었을 때 쓰임받았던 사람은 늙어서도 여전히 능력 있게 사용되는 것을 볼 수 있습니다.

한편 그 외 유다 사람들은 많이 생육하고 번창하기는 했지만 평범하게 살았습니다. 그런데 유다 지파 사람들 중에는 기술을 가진 사람들이 많았습니다.

14절, "므오노대는 오브라를 낳았고 스라야는 요압을 낳았으니 요압은 게하라심의 조상이라 저희들은 공장이었더라"

우리나라는 대개 과거에 합격해서 관직에 쓰임 받는 것을 성공했다고 생각하지만 이스라엘 사람들은 기술자가 되는 것을 아주 중요하게 생각했습니다. 그래서 옷니엘이 속한 그 집안 사람들은 대체로 대장장이 일을 많이 했다고 했습니다. 그런데 블레셋 사람들은 이스라엘 백성이 대장장이 일을 못하게 하는 바람에 어려움이 많았습니다. 그러나 유다 지파 사람들 중에는 쇠를 다룰 수 있는 기술자들이 있었습니다.

그리고 유다 지파 사람들 중에는 세상적으로 아주 성공할 사람도 있었습니다.

17-18절 상, "에스라의 아들들은 예델과 메렛과 에벨과 얄론이며 메렛은 미리암과 삼매와 에스드모아의 조상 이스바를 낳았으니 이는 메렛의 취한 바로의 딸 비디아의 아들들이며"

메렛이 누군지는 알 수 없지만 바로의 딸과 결혼할 정도로 대단히 성공한 사람이었습니다. 그런데 오늘 본문에는 바로의 딸과 결혼한 것에 대해서 잘했다든지 못했다든지 하는 말이 일체 없습니다. 단지 바로의 딸과 결혼을 했지만 자식은 많이 낳았고 유다 지파는 번창했다는 데 초점을 맞추고 있습니다.

21절, "유다의 아들 셀라의 자손은 레가의 아비 에르와 마레사의 아비 라아다와 세마포 짜는 자의 집 곧 아스베야의 집 족속과"

여기에 보면 유다 지파 사람들 중에는 세마포를 짜는 기술자들도 있었습니다. 대개 보통 사람들은 세마포를 입지 않고 주로 제사장들이 세마포 옷을 입는데 유다 지파는 아마 그런 옷을 만들었던 것 같습니다.

그리고 유다 지파 사람들 중에는 정치력이 대단한 사람도 있었습니다.

22절, "또 요김과 고세바 사람들과 요아스와 모압을 다스리던 사랍과 야수비네헴이니 이는 다 옛 기록에 의지한 것이라"

모압 사람들은 이스라엘 사람들에게 가시와 같은 존재였습니다. 그리고 한때는 유다보다 더 잘 번창할 때도 있었고 이스라엘을 침공해서 지배를 하던 때도 있었습니다. 그런데 유다 지파 중에서 탁월한 자들이 모압에 가서 모압을 다스리던 시대도 있었습니다. 그러니까 하나님의 백성들이 믿음이 있고 능력을 받으면 무엇이든지 할 수 있다는 뜻입니다. 여기에 옛 기록에 의지했다는 것은 포로 전에 있던 기록을 보고 적은 것이라는 뜻입니다.

그런데 문제가 되는 것이 바로 그 다음입니다.

23절, "이 모든 사람은 옹기장이가 되어 수풀과 산울 가운데 거하는 자로서 거기서 왕과 함께 거하여 왕의 일을 하였더라"

이 부분은 유다 후손들이 바벨론에 포로된 후의 일인 것 같습니다. 이 사람들이 옛날에 가나안 땅에 있을 때에는 공장일도 하고 세마포도 만들고 모압을 다스리기도 하였습니다. 그러다가 바벨론에 포로가 된 후에는 거의 대개 옹기장이가 된 것입니다. 그래서 많은 유다인들이 바벨론의 특정 지역에 있는 수풀이나 산에서 나무를 베어다가 옹기를 굽는 일을 했습니다. 그러니까 유다 사람들의 바벨론 포기생활은 매우 고달팠던 것입니다. 그들은 사회나 다른 사람들로부터 소외가 되어서 아주 천한 일을 했습니다. 그러다가 어떻게 해서 유다의 후손들이 바벨론 왕이나 페르시아 왕에게 인정을 받게 된 것 같습니다. 그래서 많은 유다인들이 그 후에는 산이나 숲에서 내려와서 왕의 일을 하게 되었는데 여기서 왕의 일은 아마도 왕의 정원을 관리하는 일이었던 것 같습니다. 그래서 유다의 후손들이 바벨론이나 페르시아에서 어느 정도 성공을 하고 나니까 그 성공한 재미에 맛이 들어서 유다로 돌아가지도 않고 계속 바벨론이나 페르시아에 눌러 붙어 있는 것입니다. 그래서 역대기 저자는 유다 후손들이 이렇게 하는 것을 잘못되었다고 지적합니다.

바벨론에서 왕에게 인정받고 성공한 것으로 만족하지 말고 우리가 하나님께 기도를 해서 다시 능력 받는 옛 생활로 돌아가야 한다고 말하는 것입니다.

3. 작은 시므온 지파

■

유다의 후손과 가장 가까운 지파는 역시 시므온 지파였습니다. 시므온은 야곱이 죽을 때 예언하면서 작아질 것이라고 했습니다. 그 예언 그대로 시므온 지파는 가나안 땅에 들어가기 전에 숫자를 헤아려보니까 너무 적었습니다. 그래서 시므온 지파는 가나안땅을 정복할 때 유다 지파와 함께 했고 차지한 땅도 유다 지경의 일부였습니다.

하나님께서 시므온 지파를 작게 하신 것은 그 조상 시므온이 혈기로 세겜 사람들을 죽였기 때문에 영원히 겸손하게 살라는 뜻이었습니다. 무조건 크고 유명한 것만이 다 하나님의 뜻은 아닌 것입니다. 하나님께서 야베스의 지경은 넓게 하셨지만 어떤 사람은 작은 것이 더 유익할 때도 있습니다. 너무 야망만 키우다가 일을 저지르는 사람들이 많이 있기 때문입니다. 그러나 시므온 지파라고 해서 다 작은 것은 아니었습니다.

24절, "시므온의 아들들은 느무엘과 야민과 야립과 세라와 사울이요"

그런데 사실 시므온의 자손들은 자식들을 많이 낳지 못했습니다. 거의 한 대에 한명씩만 낳아서 대를 이을 정도였습니다.

25-26절, "사울의 아들은 살룸이요 그 아들은 밉삼이요 그 아들은 미스마요 미스마의 아들은 함무엘이요 그 아들은 삭굴이요 그 아들은 시므이라"

그리고 시므이가 자식을 많이 낳게 됩니다.

27절, "시므이는 아들 열 여섯과 딸 여섯이 있으나 그 형제에게는 자녀가 몇이 못 되니 그 온 족속이 유다 자손처럼 번성하지 못하였더라"

시므이 대에 와서 무려 스물 두 명의 자녀를 두게 됩니다. 그러나 시므이만 자녀가 많았지 다른 형제들은 자녀들이 얼마 없었고 결국 시므온 지파는 유다 지파 같이 번창하지는 못했습니다.

그리고 28절부터 31절까지 시므온 지파가 살았던 중요한 성들 이름이 나옵니다. "시므온 자손의 거한 곳은 브엘세바와 … 사아라임이니 다윗 왕 때까지 이 모든 성읍이 저희에게 속하였으며"

그러면 다윗 다음에 무슨 일이 일어났길래 시므온 지파가 일찍 이 땅들을 잃어버리게 되었을까요? 아마도 르호보암 때 이스라엘이 남북으로 나뉘면서 시므온 지파가 북쪽으로 가버렸던 것 같습니다. 그러니까 그때까지 시므온 지파는 비록 유다보다 작아도 잘 참고 있었는데 다른 열 지파가 유다 지파에 반역을 할 때 더 이상 참지 못하고 야망과 욕심을 따라서 북쪽으로 가버렸던 것입니다. 즉 시므온 지파 사람들은 언제나 유다 지파와 자신들을 비교하면서 자신들은 눌려 지낸다고 생각을 했습니다. 그래서 이스라엘이 분열될 때 많은 시므온 사람들이 성을 버리고 북쪽으로 가버렸습니다. 자신들의 처지에 만족하면 될 텐데 사람의 욕심은 끝이 없는 것입니다. 그래서 결국은 앗수르에 의해서 멸망당하게 됩니다.

그런데 시므온 지파 중에서도 북쪽으로 가지 않고 남아 있었던 사람들이 있었습니다. 이 사람들은 이름이 녹명(錄名)된 자들입니다. 그런데 남아 있었던 사람들은 복을 많이 받았습니다.

38절, "이 위에 녹명된 자는 다 그 본족의 족장이라 그 종족이 더욱 번성한지라"

우리가 흔히 줄을 잘 서야 한다는 말을 합니다. 그래서 다른 사람들이 우르르 간다고 해서 따라갈 것이 아니라 하나님의 말씀이 있는 곳을 잡아야 하는 것입니다. 그래서 북쪽으로 따라가지 않고 남았던 자들은 모두 족장이 되었고 시므온 지파임에도 불구하고 복을 많이 받았습니다.

그런데 남아 있었던 시므온 지파 중에서 얼마나 하나님께서 사랑하셨든지 바벨론 포로로도 끌려가지 않은 사람들이 있었습니다.

39절 이하에 보면 시므온 지파 중에서 양을 치는 사람들이 있었습니다. 그런데 이 사람들은 양을 칠 땅을 구하다가 골짜기 동편 그돌 지방으로 갔습니다. 거기서 시므온 지파가 아름답고 기름진 목장을 발견했는데 그 땅은 원래 함 자손의 땅이었습니다. 이 사람들이 히스기야왕 때에 함 자손들을 다 쳐부수고 거기에 살았는데 이들은 오늘까지 거기에 살고 있다고 했습니다. 즉 이 사람들은 요행히도 바벨론 포로로 끌려가는 것을 피할 수 있었던 것입니다. 그 이유는 예루살렘이 우상으로 더럽혀졌을 때 이 사람들은 골짜기를 건너 있어서 우상숭배에 빠지지 않았던 것입니다.

그리고 또 한 사람들은 아예 세일산으로 들어간 자들이었습니다.

> 42-43절, "또 시므온 자손 중에 오백 명이 이시의 아들 블라댜와 느아랴와 르바야와 웃시엘로 두목을 삼고 세일산으로 가서 피하여 남아 있는 아말렉 사람을 치고 오늘까지 거기 거하였더라"

시므온 자손 중에 오백 명은 아무래도 예루살렘이 너무 부패해지니까 여기에 더 있어서는 안 되겠다고 생각해서 세일 산 즉, 에돔 땅으로 가서 거기에 있는 아말렉 사람들을 쳐부수고 오늘까지 거기 살았다고 말씀하고 있습니다.

양떼를 데리고 골짜기를 건넌 사람들이나 세일로 간 사람들이 얼마나 하나님의 말씀에 순종했는가 하면 철저하게 함의 후손 그리고 아말렉 자손들을 쳐부수었습니다. 그들은 더 이상 욕심을 내지 않고 하나님의 말씀에만 순종했더니 바벨론에 망하지도 않고 포로로 붙들려가지도 않았던 것입니다.

이 세상에는 성공과 출세의 길이 너무 많아서 우리가 하나님만 붙들기가 참 어렵습니다. 그러나 아무리 어려운 시대라 하더라도 하나님을 붙들었던 사람들은 복을 받았고 위기에서 건짐을 받았습니다. 우리도 부흥을 위해서 지속적으로 기도합시다. 그리고 왕에게 인정을 받았다고 해서 바벨론에 눌러 있을 것이 아니라 시므온 같이 작아도, 하나님의 말씀대로 순종하는 성도들이 다 되시기 바랍니다.

CHAPTER 05

요단 동편 지파의 부흥

대상 5:1-26

얼마 전 신문을 보니까 우리나라 삼성전자가 일본의 가장 큰 전자회사, 소니나 파나소닉 같은 회사 세 개를 합친 것의 갑절의 매출을 올렸다는 기사가 있었습니다. 옛날에는 전자회사의 대명사라고 하면 일본 소니였습니다. 그리고 우리나라 전자제품은 일제에 비하면 무엇인가 품질이 떨어진다고 생각할 때가 있었습니다. 그러나 이제는 우리나라 한 개의 전자회사가 일본회사 세 개를 합친 매출보다 갑절이나 많은 매출을 올렸다고 하니 얼마나 놀라운 일인지 모르겠습니다. 지금은 회사가 잘 되느냐 안되느냐 하는 것을 매출액을 가지고 따집니다. 그러나 아주 옛날에는 나라나 지역의 힘을 그 영향력이 미칠 수 있는 지역의 범위를 가지고 따졌습니다.

옛날 우리나라 해상 무역에 있어서 장보고라는 사람은 우리나라와 일본과 중국 일대까지 영향력을 발휘했습니다. 또 옛날 고구려나 발해는 거의 만주 전체를 우리 민족의 영향력 아래 두고 있었습니다. 그래서 지금도 중국 정부는 할 수 있는 한 고구려의 역사나 발해의 역사를 감추어 두려고 애를 쓰고 있습니다.

우리가 역대기를 보는 관점은 어떻게 하면 이스라엘이 다시 부흥을 일으킬 수 있는가 하는 것을 역사적으로 반성해보는 기록이라고 볼 수 있습니다.

우리가 이스라엘 본토에서는 부흥의 역사가 아주 빈번하게 나타났던 것을 볼 수 있습니다. 이스라엘 본토가 하나님의 말씀과 성령의 주무대였기 때문입니다. 여호수아서나 사사기 또는 사무엘이나 다윗의 역사 등등 거의 대부분의 이스라엘 역사는 이스라엘 본토에서 일어나게 됩니다. 거기에 비하여 요단 동편 땅은 부흥과는 약간 거리가 먼 곳이었습니다. 이것이 요단 동편 사람들이 결정적으로 불리한 이유였습니다. 일단 요단 동쪽은 하나님의 말씀이 그렇게 많이 나타나지 않았습니다.

이스라엘 백성들은 일단 하나님의 말씀이 많이 나타나야 하나님의 뜻을 붙들게 되고 기도하고 부르짖으면서 하나님의 능력을 경험할 수 있습니다. 그런데 일단 요단 동편 땅은 하나님의 말씀이 많지 않으니까 큰 부흥이 별로 나타나지 않았습니다. 그런데 오늘 본문 말씀을 보면 요단 동편 족속들에게도 부흥이 없었던 것이 아니라는 사실을 알 수 있습니다. 비록 요단 동편 사람들이라 하더라도 하나님의 말씀을 붙들고 기도할 때에는 큰 승리를 거둘 수 있었고 큰 능력을 나타낼 수 있었습니다. 여기서 우리는 역대기 저자의 의도를 분명히 알 수 있습니다. 장소는 문제가 아니라는 것입니다. 이스라엘 백성들이 하나님의 약속을 붙들지 않아서 그렇지 하나님의 말씀을 붙들고 하나님을 의지하기만 하면 언제 어디서나 하나님의 능력은 나타나게 되는 것입니다. 그래서 요단 동편 사람들도 하나님을 의지했을 때에는 유브라데강까지 지배하기도 하였고 하갈 자손들과 싸웠을 때에는 하갈 자손들을 무려 십만 명이나 포로로 붙잡을 정도로 대승리를 거둔 적도 있었던 것입니다. 그러나 요단 동편의 몰락은 그들이 하나님을 의지하지 않고 그 땅의 우상들을 섬겼기 때문이었습니다.

역대기의 저자는 지금 유다 사람들의 상당한 숫자가 바벨론 포로에서 돌아왔는데도 불구하고 요단 동편 사람들이 더 먼 곳으로 붙들려가서 그 때까지도 돌아오지 못하고 있다고 말합니다. 이것이 바로 우상숭배의 벌입니다.

1. 이스라엘의 장자

요단 동편을 차지한 지파는 르우벤, 갓, 므낫세 이렇게 세 지파였습니다. 그러나 므낫세 지파는 요단강 양쪽으로 걸쳐서 땅을 차지하고 있었기 때문에 엄격하게 말하면 두 지파 반이었습니다. 그런데 여기서 묘한 것이 있습니다. 우선 이스라엘을 혈통으로 본다면 이스라엘의 장자는 르우벤 지파였습니다. 그런데 르우벤 지파는 그들의 조상인 르우벤이 잘못을 저지르는 바람에 장자의 축복을 빼앗기고 말았습니다. 그래서 이스라엘의 장자권은 요셉에게로 돌아갔습니다. 그 요셉의 장자가 바로 므낫세였습니다. 그러니까 요단 동편 땅에는 조상 탓에 장자권을 잃어버린 르우벤 지파와 조상 덕에 장자가 된 므낫세 지파가 함께 있었던 것입니다.

1절, "이스라엘의 장자 르우벤의 아들들은 이러하니라. 르우벤은 장자라도 그 아비의 침상을 더럽게 하였으므로 장자의 명분이 이스라엘의 아들 요셉의 자손에게로 돌아갔으나 족보에는 장자의 명분대로 기록할 것이 아니니라"

우리가 이것을 보면 조상들의 신앙이 자손들에게 얼마나 큰 영향을 미치는지 알 수 있습니다. 르우벤은 야곱의 큰 아들이었고 아주 총기가 있는 아들이었습니다. 야곱도 머리가 좋았지만 르우벤은 아버지보다 머리가 더 좋았던 것 같습니다. 그런데 르우벤은 불같은 성격이었던 것 같습니다. 즉 한순간 충동이 일어나면 그 충동을 잘 참지 못하고 일을 저질러 버리는 것입니다. 르우벤은 어느 날 자기 작은 어머니에 해당되는 빌하와 성관계를 가지게 되었습니다. 그러고는 장자의 자격을 빼앗기고 말았습니다.

그러니까 하나님나라의 축복은 어떤 사람이 얼마나 뛰어나냐 하는 것보다는 얼마나 죄를 참고 이길 수 있느냐 하는 데 달려 있다는 것을 알 수 있습니다. 사실 모든 사람들이 다 죄의 충동에 넘어가게 되어 있습니다. 그럼에도 불구하고 죄를 참고 이길 수 있는 것은 끈질기게 하나님의 말씀을 붙들기 때문입니다.

요셉은 형들의 미움을 받아서 종으로 팔려가게 되었습니다. 그런데 요셉은 종으로 팔려간 애굽 땅에서 여주인이 자기를 유혹할 때 그 유혹에 넘어가지 않고 옷을 벗어 던지고 도망을 쳐버립니다. 지금 하나님의 말씀 때문에 이렇게 고난을 받는다고 생각하는 요셉인데 여기서 죄를 지으면 끝장이 날 거라 생각하는 건 당연했습니다.

요셉은 끝까지 하나님의 말씀을 붙잡았기 때문에 결국 복을 받아서 애굽의 총리가 되었고 가족들을 모두 흉년에서 살리게 됩니다. 야곱은 요셉을 장자로 삼아서 갑절의 복을 받게 하였습니다. 그래서 야곱은 죽기 전에 요셉의 두 아들 에브라임과 므낫세를 자신의 아들로 입양해서 요셉 지파는 가나안 땅에서 두 지파의 몫을 받게 됩니다. 여기서 우리가 알 수 있는 것은 조상들의 신앙은 두고두고 자손들에게 하나의 표지가 된다는 사실입니다.

르우벤은 큰 아들이었지만 자기 정욕을 죽이지 않고 멋대로 행동했을 때 그는 장자의 자격을 잃고 평범한 아들이 되었습니다. 그러나 요셉은 장자가 아니었지만 하나님의 말씀을 붙들고 죄를 짓지 않았을 때 장자의 자격을 얻게 되었습니다.

2절, "유다는 형제보다 뛰어나고 주권자가 유다로 말미암아 났을찌라도 장자의 명분은 요셉에게 있으니라"

여기에 보면 유다 지파에서 왕이 나왔지만 그럼에도 불구하고 이스라엘의 장자는 요셉이라고 말을 하고 있습니다. 여기서 우리가 궁금한 것은 왕은 무엇이고 장자는 무엇인가 하는 것입니다.

옛날에 장자는 형제들보다 갑절을 상속받을 수 있었습니다. 예를 들어서 어느 집에 아들이 둘 밖에 없으면 맏아들은 아버지 재산의 2/3를 상속받고 동생은 1/3을 상속받게 됩니다.

그런데 이스라엘의 장자권은 절대적인 것이 아니었습니다. 예를 들어서 르우벤이 죄를 지어서 장자권을 잃어버렸다는 것은 그 후손들이 스스로 최고라고 생각하지 말라는 경고의 의미가 들어 있는 것입니다. 결국 사람은 교만하기 때문에 죄를 짓게 됩니다. 르우벤이 그렇게 말도 되지 않는 죄에 빠졌던 것도 자기가 똑똑하다고 생각해서 교만했기 때문입니다. 그런 의미에서 본다면 유다의 죄도 결코 만만치 않습니다. 유다는 일치감치 가나안 여자와 결혼했고 본의는 아니라고 했지만 며느리와 관계를 해서 쌍둥이를 낳게 되었습니다. 그러나 유다는 철저하게 회개하고 바른 신앙으로 돌아왔기 때문에 신앙적으로 이스라엘의 장자가 됩니다.

요셉 지파가 물질적인 면에서 장자라면 유다는 신앙적으로 장자가 되었습니다. 또 레위 지파 같은 경우에는 레위도 자기 여동생이 가나안 족장 아들에게 납치당해서 강간을 당했다고 해서 사람들을 다 죽입니다. 그래서 레위도 장자의 자격을 잃었습니다. 그러나 레위 지파는 모세가 시내산에 올라가서 돌비를 받아가지고 내려왔을 때 다른 지파 사람들은 모두 금송아지를 섬기며 술에 취해 있을 때 금송아지를 숭배한 자들을 칼로 쳐 죽임으로 제사장의 사명을 받게 됩니다. 우리가 이것을 볼 때 하나님의 장자의 직분은 하나가 아니라는 것을 알아야 합니다. 물론 '물질적인 복' 은 요셉 지파가 받았지만 '믿음의 축복' 은 유다 지파가 받았고 '기도의 직분' 은 레위 지파가 받았던 것입니다. 그래서 땅을 두 배로 받지 못하면 왕의 직분을 받으면 되는 것이고 왕의 직분이 아니면 제사장의 직분이나 선지자의 직분을 받으면 되는 것입니다.

유다 동편 지파 사람들은 이스라엘 백성들이 가나안 땅에 들어오기 전에, 요단 동편 땅이 양을 치기에 아주 좋은 땅이기 때문에 모세에게 요청하여 그 땅을 얻었습니다. 그러나 요단 동편 사람들에게는 본토 이스라엘 백성들에 대하여 늘 열등감을 가지고 있었습니다. 그들에게는 성전이 없고 그들이 본토에서 벗어나 있었기 때문이었습니다. 그러나 그들이 잘못 생각하고 있었던 것은 부흥이라고 하는 것이 장소에 국한 되는 것이 아니라는 것입니다. 이스라엘 백성은 어느 곳에 있든지 하나님의 말씀을 붙들고 기도하면 부흥이 일어나게 되어 있습니다. 그래서 유다 지파 같은 경우에는 아예 서기관족을 두어서 율법을 베끼는 일을 전적으로 맡겼니다. 그랬더니 유다 지파 안에서는 하나님의 율법책이 많이 읽히게 되었고 결국 부흥이 오래 가게 되었던 것입니다.

2. 르우벤 지파의 명암

르우벤 지파는 아예 본토에 땅이 없었습니다. 그래서 르우벤 지파는 언제나 요단 동편에서만 살았습니다. 그런데 르우벤 지파 자손들 중에는 대조가 되는 사람들이 있었습니다. 한 사람은 브에라라는 사람인데 이 사람은 앗수르에 포로로 붙들려 간 사람이었습니다. 그리고 다른 한 사람은 벨라라는 사람인데 거의 유브라데까지 영향력을 넓히고 르우벤 지파로서는 크게 부흥을 일으킨 사람에 해당이 됩니다. 즉 한 사람은 망해서 포로로 붙들려갔는가 하면 다른 한 사람은 하나님이 약속한 범위 안에서 최대한도로 영향력을 넓혔던 사람이었습니다.

3-4절, "이스라엘의 장자 르우벤의 아들들은 하녹과 발루와 헤스론과 갈미요 요엘의 아들은 스마야요 그 아들은 곡이요 그 아들은 시므이요"

이스라엘의 장자 르우벤이라고 하는 것은 육체적으로 장자라는 뜻입니다. 그러나 육체적인 장자가 자동적으로 영적인 장자가 되는 것은 아닙니다. 오히려 장자가 아니지만 죽도록 하나님의 말씀을 사랑하고 붙듦으로서 축복의 장자가 되는 경우가 많습니다. 야곱 자신이 바로 그런 자였습니다. 야곱은 장자가 아니고 에서에 비하여 많이 부족하고 뒤떨어졌지만 죽자고 하나님의 말씀을 붙들어서 하나님의 축복권을 상속받았습니다.

우리가 알아야 할 것은 이스라엘 안에는 어마어마한 하나님의 복이 상속이 되고 있다는 것입니다. 그런데 이 복을 누구든지 다 가질 수 있는 것이 아닙니다. 오로지 목숨을 걸고 하나님의 말씀을 붙드는 자만이 이 복을 차지할 수가 있는 것입니다. 그런데 르우벤은 장자의 자격만 상실했지 이스라엘의 복을 잃은 것은 아니었습니다. 이것은 르우벤 자손들에게도 얼마든지 부흥의 기회는 있다는 뜻입니다.

그런데 본문을 보면 3절에 르우벤의 네 아들 이름을 적어놓은 후 껑충 뛰어서 누군지도 모르는 요엘이라는 사람부터 족보를 적고 있습니다.

4절, "요엘의 아들은 스마야요 그 아들은 곡이요 그 아들은 시므이요"

이렇게 족보를 적어나가는 이유는 브에라라는 사람의 이름을 나타내기 위해서입니다.

6절, "그 아들은 브에라니 저는 르우벤 자손의 두목으로서 앗수르 왕 디글랏 빌레셀에게 사로잡힌 자라"

아마도 브에라는 앗수르에 망해서 포로로 잡혀가기 전까지는 자기 부족의 두목으로서 상당한 영향력을 발휘하고 살았을 것입니다. 그러나 결국 앗수르에 망해서 아주 먼 땅에 포로로 붙들려가게 됩니다. 하나님을 버리고 우상을 섬겼기 때문입니다. 결국 이스라엘 백성들이 끝까지 하나님을 믿으려면 겸손해야 합니다. 그렇지 않고 자기 자신이 대단하고 사회적으로 똑똑하다고 생각하면 하나님의 말씀으로 만족을 하지 못하는 것입니다.

하나님의 말씀은 케케묵었고 시대에 뒤떨어지는 답답한 것이라고 생각하는 것입니다. 또 사람들에게 잘난 체하고 싶고 유능하다고 인정받으려면 우상을 섬겨야 하는 것입니다. 그래서 하나님의 백성들이 망하지 않으려면 끝까지 잘되든지 못되든지 우직하게 하나님의 말씀 하나만 붙들어야 하는 것입니다. 그러면 우리가 결코 세상의 모든 조건을 다 채우지는 못한다 할지라도 망하지 않습니다. 그리고 우리 가운데 하나님의 부흥이 일어나는 것을 체험하게 됩니다. 그래서 우리는 스스로 생각을 해야 합니다. 즉 세상에서 내가 원하는 것을 다 가지고 행복할 것인가 아니면 세상적으로는 많이 부족하지만 죄를 덜 짓고 하나님의 부흥의 역사를 붙들 것인가 하는 것입니다.

아마도 브에라라는 사람은 세상적인 것을 많이 가진 사람이었던 것 같습니다. 그러나 그는 결국 앗수르 왕 디글랏 빌레셀에서 포로가 되어서 아주 먼 나라로 끌려갔고 지금까지도 그 후손들이 돌아오지 못하고 있는 것입니다.

그런데 브에라와 대조되는 사람이 벨라였습니다.

7-9절, "저의 형제가 종족과 보계대로 족장 된 자는 여이엘과 스가랴와 벨라니 벨라는 아사스의 아들이요 세마의 손자요 요엘의 증손이라 저가 아로엘에 거하여 느보와 바알므온까지 미쳤고 또 동으로 가서 거하여 유브라데강에서부터 광야 지경까지 미쳤으니 이는 길르앗 땅에서 그 생축이 번식함이라"

한 사람은 앗수르에 포로로 붙들려 가는데 비하여 다른 한 사람은 정반대로 거의 앗수르 국경 가까운 유브라데까지 영토를 넓힙니다.

하나님께서 모세에게 이스라엘 백성들의 영토를 정해주실 때 북쪽 경계선은 유브라데강까지라고 하셨습니다. 그런데 이스라엘 백성들은 거의 유브라데강까지 영토를 넓힌 적이 없었습니다. 왜냐하면 이스라엘 북쪽에 있는 두로와 시돈 사람들이 강했고 물자가 풍부했기 때문입니다. 그런데 오히려 요단 동편에 있는 이 벨라라는 사람이 유브라데까지 지경을 넓히게 됩니다. 이들이 복을 너무 많이 받아서 생축이 많이 번식한 것이 그 이유라고 말씀합니다. 그런데 남쪽에 있던 르우벤 지파가 유브라데까지 영토를 넓혔다고 하는 것은 엄청난 성공이었습니다. 우리가 4장에서 야베스의 '주께서 내게 복에 복을 더하사 나의 지경을 넓혀주시고' 라는 기도가 이 벨라라는 사람에게 잘 맞아 떨어지는 것을 볼 수 있습니다.

즉, 우리가 하나님을 믿는다고 해서 반드시 가난해야 하거나 못살아야 하는 것은 아닌 것입니다. 오히려 우리가 하나님을 사랑하고 믿음으로 살 때 하나님께서는 우리의 지경을 넓혀주시고 우리에게 많은 물질적인 복을 주십니다. 그런데 이상한 것은 인간들이 이렇게 많은 복을 받으면 하나님 앞에서 마음이 가난해지지 않고 교만해져서 세상을 더 사랑하게 되는 것입니다.

우리가 생각할 때에 하나님이 우리를 축복하시면 축복하실수록 우리는 하나님을 더 사랑하고 하나님의 말씀을 더 가까이 해야 할 것 같은데 그렇지가 않은 것입니다. 하나님이 돈을 주시면 이제는 그 돈을 가지고 세상에 가서 쓰고 싶은 것입니다. 그러다 보면 결국 신앙 다 팔아먹고 브에라 같이 앗수르 왕에게 모든 것을 다 빼앗겨버리고 포로로 붙들려가게 되는 것입니다.

그래서 르우벤 지파에서는 벨라와 브에라가 비교가 됩니다. 벨라는 하나님이 약속하신 한계까지 지경을 넓힌 사람이고 브에리는 하나님의 말씀에 불순종해서 먼 외국에 포로로 붙들려 간 사람입니다.

10절, "사울왕 때에 저희가 하갈 사람으로 더불어 싸워 쳐 죽이고 길르앗 동편 온 땅에서 장막에 거하였더라"

여기서 하갈 사람이라고 하는 것은 아브라함의 첩 하갈의 후손을 말합니다.

아마도 이스마엘 자손 중에서도 하갈 족이라고 또 따로 있었던 것 같습니다.

그런데 이 하갈 사람들이 르우벤 자손들에게는 언제나 큰 가시 노릇을 했던 것 같습니다. 마치 본토 이스라엘 백성들에게는 블레셋 사람들이나 에돔 사람들이 가시 노릇을 했듯이 르우벤 사람들에게는 하갈족이 큰 가시였던 것입니다. 그런데 사울왕 때 르우벤 지파는 하갈 사람들에게 큰 승리를 거두고 온 길르앗 땅에 장막을 치고 살 정도로 세력을 떨칠 때도 있었습니다. 여기서 들판에 장막을 치고 산다는 것은 주위에 적이 전혀 없다는 뜻입니다. 만약 주위에 적이 있으면 절대로 들판에 장막을 치고 살 수가 없습니다. 한때는 그만큼 르우벤 지파가 대단했던 적이 있었는데 결국은 앗수르에 의해서 망하고 말았습니다. 그 이유가 어디에 있습니까? 이들이 하나님만 섬기지 못했던 것입니다. 르우벤 사람들이 하나님을 섬기는데 금방 복이 오지 않으니까 끝까지 기다리지 못하고 세상을 따라가버립니다. 그 결과는 영원히 부흥이 식어버리고 결국 앗수르에 의해서 망하는 것이었습니다. 그래서 우리는 아무리 하나님의 응답이 더디더라도 말씀을 떠나서는 안 됩니다. 비록 다른 사람들이 세상적인 방법으로 잘 된다 하더라도 절대로 그것을 부러워하거나 따라가서는 안 됩니다. 그러면 르우벤 지파 같이 되어버립니다. 결국 르우벤은 장자의 명분을 빼앗겼고 포로에서 돌아오지도 못했습니다.

2. 갓 지파의 헛된 성공

갓 지파의 역사도 르우벤 지파와 비슷한 것을 볼 수 있습니다. 갓 지파는 르우벤 지파와 마주대하여 그 북쪽에 자리를 잡았습니다.

11절, "갓 자손은 르우벤 사람을 마주 대하여 바산 땅에 거하여 살르가까지 미쳤으니"

바산 땅은 땅이 비옥하기로 유명한 곳이었습니다. 그리고 '바산의 암소'라고 하면 아주 잘 먹어서 털에 윤기가 흐르는 살진 소를 의미했는데 결코 좋은 뜻은 아니었습니다. 즉 세상적으로 배불러 있고 하나님 앞에서는 갈급하지 않은 사람을 의미하는 것입니다.

그런데 갓 족속 중에서는 아비하일의 아들 일곱 명이 두각을 나타내었던 것 같습니다.

13-14절 상, "그 족속 형제에는 미가엘과 므술람과 세바와 요래와 야간과 시아와 에벨 일곱명이니 이는 다 아비하일의 아들이라"

그런데 이 아들들이 다 무엇을 했는지는 알 수 없지만 얼마 후에 이스라엘은 망하고 모두 바벨론에 포로로 붙들려가게 됩니다.

17절, "이상은 유다 왕 요담과 이스라엘 왕 여로보암 때에 족보에 기록되었더라"

이들이 족보에 기록되었다고 하는 것을 보면 다 한자리씩 했던 것 같은데 족보가 기록된 후 얼마 있지 않아서 여로보암 이후에 호세아 때 이스라엘은 망하고 맙니다. 요즘 사람들은 족보 대신에 자신의 전기나 교회의 역사 같은 데 신경을 많이 씁니다. 그래서 어떤 사람들이 이런 훌륭한 일을 했다는 식으로 멋진 기록을 남겨 놓습니다. 갓 지파도 그런 식으로 족보를 잘 정리했는데 얼마 되지 않아서 망하고 맙니다. 그러니까 역사책을 써서 자기 이름을 남기거나 전기나 자서전을 남기는 것이 중요한 것이 아니라 지금 우리 자신이 믿음으로 사는 것이 중요합니다. 설사 조상들이 믿음으로 살지 못했다 하더라도 우리가 믿음으로 살면 복을 받는 것이고 조상들이 믿음으로 살았다 하더라도 우리가 믿음이 없으면 망하기 때문입니다.

사실 갓 지파 땅은 요단 동편에 있고 중요한 땅이 아니기 때문에 굳이 앗수르 왕이 정복할 가치는 없었습니다. 그럼에도 불구하고 앗수르 왕이 요단 동편까지 와서 이들을 잡아갔던 것은 하나님께서 시키셨기 때문이었습니다.

다같이 포로로 붙들려가더라도 다니엘이나 에스겔 같은 사람들은 하나님의 말씀을 붙잡았기 때문에 포로로 붙들려 간 곳에서도 부흥을 일으켰고 유명한 사람들이 되었습니다. 그러나 갓 지파의 일곱 아들들은 족보에만 오르고 그 후에는 아무 존재가 없는 사람들이 되고 만 것입니다. 그래서 자식들이 망하지 않게 하려면 다른 것을 붙잡게 하면 안 되고 하나님의 말씀을 붙잡게 해야 합니다.

갓 지파 사람들은 르우벤 지파가 하는 것은 본받을만하다고 생각한 것 같습니다. 그래서 르우벤 지파가 한 그대로 따라하다가 결국 이들도 앗수르에 포로가 되고 말았습니다. 그래서 나쁜 것은 결코 따라할 필요가 없습니다. 우리는 하나님이 나에게 주신 것을 귀하게 생각하고 지켜야 합니다.

3. 요단 동편의 큰 승리의 체험

■

요단 동편에 살던 세 지파도 하나님의 말씀을 붙들고 기도해서 큰 승리를 거두었던 적이 있었습니다. 그때가 언제인지는 알 수 없지만 요단 동편 역사상 최고의 승리였고 축복이었습니다.

이때 세 지파의 군대 수는 사만 사천 명이 조금 넘었습니다. 거기에 비해서 쳐들어 온 하갈 사람들과 연합 세력은 십만 명이 넘었습니다. 왜냐하면 하갈 사람들 중에서 포로로 붙들린 사람들만 십만 명이었기 때문입니다. 그리고 이 전쟁에서 죽은 적들이 엄청나다고 했습니다. 그러면 아마 도망친 적들까지 다 합치면 이십만 정도 되는 대군이 쳐들어 왔다고 볼 수 있습니다.

18-19절, "르우벤 자손과 갓 사람과 므낫세 반 지파의 나가 싸울만한 용사 곧 능히 방패와 칼을 들며 활을 당기어 싸움에 익숙한 자가 사만 사천 칠백 륙십인이라 저희가 하갈 사람과 여두르와 나비스와 노답과 싸우는 중에"

이것을 보면 하갈 사람들이 요단 동편 이스라엘 백성들에게는 얼마나 가시 같은 존재였는지 알 수 있습니다. 그런데 그저 성가신 가시에 그치지 않고 가시에 찔려 죽을 지경에 이를 때가 있었습니다. 이때는 세 지파 사람들도 열심히 하나님을 찾고 기도를 했던 것 같습니다. 그랬더니 하나님께서 이 무서운 싸움에서 엄청난 승리를 거두게 하셨습니다.

20절, "도우심을 입었으므로 하갈 사람과 그 함께한 자들이 다 저희 손에 패하였으니 이는 저희가 싸울 때에 하나님께 의뢰하고 부르짖음을 하나님이 들으셨음이라"

이것이 바로 원래 이스라엘 백성들의 자세입니다. 이스라엘 백성들이 어떤 위기 가운데서도 하나님을 의지하고 하나님께 부르짖으면 하나님께서 들어주셨습니다. 이것이 이스라엘의 정신이고 이스라엘의 믿음입니다.

이 세 지파가 본토 이스라엘 백성들의 도움은 받지도 않고 하나님만 붙잡았을 때 하나님은 대승리를 주셨습니다. 비록 요단 동편 사람이지만 해낼 수가 있는 것입니다.

21-22절 상, "저희가 대적의 짐승 곧 약대 오만과 양 이십 오만과 나귀 이천을 빼앗으며 사람 십만을 사로잡았고 죽임을 당한 자가 많았으니 이 싸움이 하나님께로 말미암았음이라"

하나님을 의지하면 이런 축복이 옵니다. 낙타를 5만이나 빼앗았다고 하는 것은 낙타를 타고 온 자들이 5만이 넘었다는 것입니다. 양이 25만 마리이니까 얼마나 부자가 되었겠습니까? 그리고 포로로 붙잡은 사람만 10만이니까 도망친 자나 죽은 자를 합치면 20만 명이 된다고 보아야 합니다. 그런 대군을 하나님을 의지해서 4만명이 이긴 것입니다.

그러나 불행하게도 이스라엘 백성은 끝까지 하나님만 의지하지 못했습니다.

25절, "저희가 그 열조의 하나님께 범죄하여 하나님이 저희 앞에서 멸하신 그 땅 백성의 신들을 간음하듯 섬긴지라"

도무지 이해가 되지 않는 것이 왜 이스라엘 백성들은 하나님께서 멸망시키신 가나안 족속들의 신을 믿어서 망했을까 하는 것입니다.

이스라엘 백성들만이 하나님을 섬겼기 때문에 이스라엘은 다른 족속들에게 따돌림을 당했습니다. 그리고 다른 부족들이 섬기는 신과 그들의 문명은 이스라엘 백성들에게 신선하게 다가왔습니다.

예를 들면, 여인들이 더 아름다웠을 수도 있고 문명이나 기술이나 학문이 더 발달되었을 수도 있습니다. 그런데 서로의 신들을 인정하지 않으면 교류가 되지 않으니까 세상 지식이나 문화를 받아들이기 위해서 신들을 섬겼습니다. 그러나 더 중요한 이유는 하나님만 섬기는 것이 이스라엘 백성들에게는 답답했던 것입니다. 왜냐하면 하나님만 섬기면 모든 것을 내 욕심대로 할 수 없기 때문입니다.

여기에 보면 그 땅 백성들의 신을 간음하듯이 섬겼다고 말씀하고 있습니다. 실제로 이방 우상숭배에는 성적으로 타락한 행동들이 있었습니다. 하나님의 백성들은 다른 신을 섬겨서는 안 되는데 성적인 타락까지 일삼았던 것입니다.

요단 동편 지파도 하나님을 의지했을 때에는 큰 축복을 받을 수 있었지만 결국 우상의 유혹을 이기지 못해서 앗수르왕 디글랏빌레셋 3세에 의해서 모두 포로가 되고 맙니다. 그런데 이것은 하나님께서 시키신 것이었습니다.

26절, "그러므로 이스라엘 하나님이 앗수르 왕 불의 마음을 일으키시며 앗수르 왕 디글랏빌레셀의 마음을 일으키시매 곧 르우벤과 갓과 므낫세 반 지파를 사로잡아 할라와 하볼과 하라와 고산 하숫가에 옮긴지라 저희가 오늘날까지 거기 있으니라"

여기서 불과 디글랏빌레셀 3세는 동일 인물입니다. 즉 불은 왕이 되기 전 이름이라면 디글랏빌레셀 3세는 왕이 된 후의 이름입니다. 요단 동편의 두 지파 반은 본토 이스라엘이 망하기 전에 먼저 망해서 아주 먼 곳에 포로로 붙들려가게 됩니다. 여기에 보면 이스라엘 백성들이 포로로 붙들려간 지명들이 나옵니다. 그들은 하나님을 배반했다가 엄청나게 먼 곳까지 강제로 끌려가게 되었고 지금까지도 돌아오지 못하고 있습니다.

요즘도 이란 안에 유대인의 혈통이 남아있다는 말이 있습니다. 요즘 이란 대통령이 이스라엘에 대하여 그렇게 강경한 발언을 하는 이유도 유대인 혈통이기 때문에 그것을 감추기 위해서라는 말이 있습니다. 결국 그때 돌아오지 않았던 이스라엘 자손들이 무슬림이 되어서 남아있는 것입니다.

유다에서 바벨론에 포로 되어간 자들은 이미 돌아왔는데 그보다 200년 전에 끌려갔던 요단 동편의 사람들은 아무도 돌아오지 않고 있었습니다. 그 이유는 이들의 머릿속에 이스라엘에 대한 생각이 다 지워져버렸기 때문입니다. 결국 신앙의 뿌리가 있는 자들은 포로에서 돌아올 수 있지만 뿌리가 없는 자들은 아무리 세월이 많이 흘러도 돌아오지 못하는 것입니다.

우리가 본문에서 볼 수 있는 것은 요단 동편의 세 지파는 처음부터 말씀 때문에 땅을 선택한 것이 아니라 땅을 보고 선택을 한 것이었습니다. 그래서 원래부터 말씀의 주도권에서는 밀리는 선택을 한 자들이었습니다. 그러나 그들도 하나님의 말씀을 붙들고 부흥을 일으킬 책임이 있었습니다. 왜냐하면 모든 이스라엘 백성들은 축복의 자녀들이었기 때문입니다. 그러나 그들이 본토에서 멀다는 핑계로 말씀을 멀리했을 때 사실은 별 볼일 없는 초라한 역사를 가질 수밖에 없었습니다. 그들은 위기 때 하나님께 부르짖어서 큰 축복을 받기도 하고 약속의 땅까지 차지하기도 했지만 결국 우상의 유혹을 벗어나지 못했습니다.

하나님의 백성들은 축복의 백성들이기 때문에 망하고 싶어도 망할 수 없는 자들입니다. 그럼에도 불구하고 그들이 망한 것은 무엇인가 이유가 있습니다. 가장 중요한 이유는 역시 우상숭배였습니다. 이스라엘 백성들이 우상만 섬기지 않았아도 망하지는 않았을 것입니다. 그러나 끝까지 하나님만 믿을 자신이 없어서 우상을 섬겼다가 영원히 먼 곳에 포로로 가서 수백 년이 지난 지금도 돌아오지 못하고 있습니다. 우리는 끝까지 하나님 붙들고 부흥의 불을 잃지 않는 성도들이 돼야겠습니다.

CHAPTER 06

레위 지파의 사명

대상 6:1-81

우리나라에서는 남자가 군대에 입영 통지를 받게 되면 그때부터 그 사람은 국가의 소유가 되게 됩니다. 그래서 입영 통지를 받은 남자는 반드시 군에 입대를 해야 하며 군대에서 훈련을 받고 군복을 입고 군 복무를 해야 합니다. 군인은 자기가 군인 노릇을 하기 싫다고 해서 그만 둘 수가 없습니다. 그리고 만나고 싶은 사람이 있어도 부대를 이탈해서 마음대로 돌아다닐 수 없습니다. 왜냐하면 군인들은 국가가 나라를 지키기 위해서 특별히 구별해서 소유한 사람들이기 때문입니다.

이스라엘 백성들 중에서 레위인들은 이런 의미에서 아주 특별한 사람들이었습니다. 하나님께서는 레위인들을 다른 이스라엘 백성들로부터 완전히 구별하셔서 아예 이스라엘 백성의 숫자에 넣지도 못하게 하셨습니다. 하나님께서는 레위 지파를 완전히 이스라엘에서 빼버려서 에브라임과 므낫세가 그 나라를 차지하게 하셨습니다.

여기에는 아주 중요한 이유가 있습니다. 이스라엘 백성들이 경험한 하나님은 어마어마한 분이셨습니다. 하나님은 원자 폭탄의 수천만 배 되는 힘을 가진 분이셨습니다. 그러나 하나님께서는 이스라엘 백성들과 함께 계셔서 이스라엘 백성들에게도 복을 주시고 세상 사람들에게도 복을 주시기를 원하셨습니다. 만약 이스라엘 백성들이 하나님을 감당하기만 하면 이스라엘은 전 세계에서 가장 축복된 나라가 될 수 있을 것입니다. 그러나 만일 이스라엘 백성들이 하나님을 모시는 데 실패한다면 그 결과는 전멸이 될 수밖에 없습니다. 그래서 이스라엘 백성들의 선택은 둘 중 하나였습니다. 즉 하나님의 능력을 받느냐 아니면 전멸이냐 하는 것입니다.

하나님께서는 이스라엘 백성들이 하나님을 모실 수 있도록 말씀을 주시고 성전을 주셨으며 그리고 하나님께 제사 드리는 일에만 전념하는 레위 지파를 구별하셨습니다. 그래서 레위 지파는 이 세상에서 다른 일은 일체 할 수가 없었습니다. 레위 지파가 하는 일은 오직 하나님께 제사 드리고 기도드리는 것이었습니다. 왜냐하면 모든 복은 하나님으로부터 오기 때문이었습니다.

역대상 6장은 레위 지파의 족보입니다. 물론 6장에 나오는 족보는 레위 지파 전체의 족보가 아닙니다. 우리가 본문을 유심히 살펴보면 크게 세 가지를 볼 수 있는데 하나는 '대제사장의 족보' 입니다. 즉 아론에서부터 시작해서 바벨론에 포로로 붙들려가기까지 대제사장의 족보가 나옵니다. 그리고 다른 하나는 '찬양 인도자의 족보' 입니다. 그런데 놀라운 것은 다윗 때 찬양을 인도했던 세 사람이 있었는데 한 사람은 헤만이고 다른 한 사람은 아삽이고 그리고 또 한 사람은 에단이었습니다. 그런데 이 세 사람이 모두 레위 지파를 대표하는 고핫 자손과 게르손 자손과 므라리 자손을 대표하는 자손들인 것입니다. 그리고 세 번째는 레위인들이 이스라엘 전체에 제비를 뽑아서 흩어져 살면서 '율법을 가르치는 일'을 한 것입니다.

여기서 우리는 이스라엘 백성들이 출애굽하고 난 후에 광야에 있을 때와 가나안 땅에 들어오고 난 후에 레위인의 역할이 변한 것을 알 수 있습니다. 이스라엘 백성들이 광야에 있을 때에는 늘 성막이 움직여야 했기 때문에 레위인들이 하는 일은 성막을 설치하거나 해체하고 이동시키는 일이었습니다. 그러나 이스라엘 백성들이 가나안 땅에 정착하고 더욱이 언약궤가 예루살렘에 정착하고 난 후에는 레위인들이 성막을 옮길 일이 없게 되었습니다. 이때 레위인들은 자신들의 역할을 크게 바꾸게 되는데 역시 가장 중요한 일이 하나님 앞에 분향하고 제사를 수종 드리는 일이었고 그 다음에 찬양하는 일이었습니다. 그리고 세 번째는 성전 문지기 역할을 하는 것이었습니다. 우리는 결코 성전 문지기의 역할이 가볍다고 생각해서는 안 됩니다. 왜냐하면 성전 문지기들이 거룩하지 못한 자들이 성전이 들어오는 것을 막을 뿐 아니라 성전의 모든 제사가 질서 있게 진행될 수 있도록 안내하는 일을 하기 때문입니다. 좌우간 역대상 6장은 이런 레위인들의 족보와 변화된 역할을 한 눈에 보여주고 있습니다.

1. 레위 지파의 역사

레위 지파는 하나님 앞에서 특별하게 택함을 받은 지파였습니다. 그런데 레위 지파도 처음에는 대단히 좋지 않게 시작을 했습니다. 원래 레위는 야곱의 셋째 아들이었습니다. 레위도 혈기가 많아서 자기 여동생이 세겜 추장 아들에게 강간을 당했을 때 시므온과 함께 짜고 세겜 족속이 할례를 받으면 동생과 결혼하게 해 주겠다고 속여서 결국 세겜 족속들이 할례 받고 고통스러워 할 때 시므온과 함께 쳐들어가서 모든 남자들을 다 죽이고 여자와 아이들을 약탈하고 가축들을 빼앗았습니다. 그래서 레위는 거짓말쟁이였고 살인자였고 도둑이었습니다. 그런데 놀라운 것은 이런 사람이 변화되어서 이스라엘의 족장이 되었을 뿐 아니라 그 후손들이 복을 받아서 하나님의 제사장으로 섬기게 되는 것입니다.

레위 지파는 이스라엘 백성들이 출애굽할 때까지 전혀 두각을 나타내지 못했습니다. 단지 이스라엘 백성들을 애굽에서 이끌어내었던 모세가 레위인 출신이었을 뿐이었습니다. 그러나 레위족이 하나님의 제사장으로 택함을 받는 결정적인 사건이 있었습니다. 모세가 하나님의 돌판을 받기 위하여 시내산에 올라갔을 때였습니다. 이때 모세가 40일 동안 산에서 내려오지 않자 이스라엘 족장들은 모두 모세가 죽었다고 해서 금송아지를 만들어 절을 하고 춤을 추었습니다. 그런데 이스라엘 백성들이 금송아지 앞에서 춤을 추면서 거의 몸을 가누지 못했던 것을 보면 아마도 술에 많이 취했던 것 같습니다. 이때 모세는 산에서 내려와서 이스라엘 백성들이 금송아지를 만들어서 절을 하고 춤을 추는 것을 보고 돌판을 던져서 깨트려 버립니다. 그리고 여호와 편에 선 자들은 칼을 차고 나와서 우상숭배로 정신을 차리지 못하는 자기 동족을 치라고 명령을 했습니다. 이때 금송아지 제사에 빠지지 않고 끝까지 정신을 차리고 있던 자들이 레위 지파였습니다.

레위인들은 모두 똑똑한 정신으로 칼을 차고 나와서 자기 동족을 칼로 쳐 죽였습니다. 이것은 하나님에 대한 열정이 자기 형제나 동족에 대한 사랑보다 더 강한 것을 의미합니다. 레위인들은 하나님의 말씀에 대한 열정이 형제나 동족에 대한 사랑보다 더 뜨거웠습니다. 하나님께서는 레위족속들의 이런 모습을 보시고 레위 자손들을 영원히 하나님의 제사장 족속으로 선택을 하셨습니다. 그래서 누구든지 하나님의 종으로 사용이 되려면 자기 형제나 친척들보다 하나님의 일을 더 뜨겁게 사랑해야 하는 것입니다.

그런데 이스라엘 백성들에게 이런 불행한 일이 한 번 더 일어나게 되었습니다. 즉 이스라엘 백성들이 광야 40년 생활을 다 마치고 가나안으로 들어가기 직전에 모압 왕은 모압 여인들을 이스라엘 백성들이 지나가는 곳에 풀어 놓고 유혹을 했습니다. 이때 많은 이스라엘 백성들이 육체의 정욕을 이기지 못해서 모압 여인과 성관계를 가졌습니다. 그러고 나서 많은 이스라엘 백성들이 염병으로 죽었습니다. 그런데도 불구하고 어떤 이스라엘 족장이 모압 여자를 이스라엘 진중까지 끌고 와서 장막 안에서 성관계를 가지려고 하는데 아론의 손자 비느하스가 창을 가지고 장막 안에 따라 들어가서 두 사람을 창으로 찔러 죽였을 때 하나님의 진노가 그치게 되었습니다. 그리고 이때부터 비느하스의 열정이라는 말이 생기게 되었습니다. 하나님께서는 다시 한 번 레위인을 통해서 죄인들을 용서하시겠다는 평화의 언약을 재확인하셨습니다.

그래서 레위인들의 사명은 누구든지 죄인들이 하나님 앞에 나와서 죄를 용서받을 수 있도록 하는 일을 담당했습니다. 그뿐만 아니라 레위인들은 죄와 싸우는 사명이 있었습니다. 아무리 자기 형제이고 친척이고 심지어는 이스라엘의 왕이라 할지라도 하나님의 말씀을 어기고 죄를 지을 때에는 싸워서 막아야만 했습니다. 바로 이런 거룩한 열정 때문에 레위족은 죄인이었지만 다른 죄인들을 하나님과 화해시키는 위대한 일을 담당하게 된 것입니다.

물론 레위인들도 하나님 앞에 설 수 없는 죄인이었습니다. 그러나 하나님의 언약이 있었기 때문에 제사를 감당할 수 있었고 다른 많은 사람들도 죄 용서를 받게 할 수 있었습니다. 즉 우리가 하나님께 예배를 드리고 죄 용서받고 기도 응답을 받는 것은 우리 한 사람 한 사람이 흠이 없거나 잘해서 그런 것이 아닙니다. 우리에게는 하나님의 언약이 있기 때문에 하나님의 말씀대로 하기만 하면 하나님이 우리의 허물을 덮으셔서 은혜가 나타나게 하시는 것입니다.

2. 대제사장의 족보

하나님께서는 이스라엘의 제사장은 반드시 레위 지파에서 아론의 후손으로 한다고 못을 박으셨습니다. 그래서 아론의 후손이 아닌 레위인들은 제사장이 되고 싶어도 안 되는 것입니다. 반드시 아론의 후손이어야만 했습니다. 그러나 그들은 성전에서 다른 일을 얼마든지 기쁨으로 감당했습니다.

1-2절, "레위의 아들들은 게르손과 그핫과 므라리요 그핫의 아들들은 아므람과 이스할과 헤브론과 웃시엘이요"

레위 지파의 모든 일은 레위의 세 아들 게르손과 그핫과 므라리의 세 집안이 나눠가졌습니다. 물론 본인들은 하나님께서 자신들의 후손에게 이런 위대한 일을 맡기실 줄 전혀 알지 못하고 있었습니다. 이 중에서도 성전 안에 있는 기구를 만지거나 언약궤를 옮기는 일은 고핫 자손들이 맡아야만 했습니다. 그핫(또는 고핫)의 아들 중에 아므람이 있었는데 이 사람이 바로 모세의 아버지입니다. 아므람에게서 모세와 아론과 미리암이 태어나게 됩니다.

그런데 오늘 본문과 가장 대조되는 말씀이 민수기 4장입니다. 민수기 4장에는 하나님께서 레위 자손들에게 성전에서 해야 할 일을 맡기시는 내용이 나옵니다. 그 중에서 고핫 자손들은 성전 안에 있는 모든 기구를 싸서 운반하는 일을 맡았습니다. 특히 그들이 맡았던 가장 중요한 일은 하나님의 언약궤를 어깨에 메고 운반하는 일입니다.

다윗은 이 말씀을 지키지 않고 자기 생각대로 더 멋있게 옮기려고 소가 끄는 수레로 옮기다가 소가 뛰는 바람에 언약궤를 잡았던 웃사가 죽게 됩니다. 고핫 자손들이 해야 할 일은 성전 안에 있는 모든 기구들을 보자기에 싸서 채에 꿰어서 어깨에 메고 이동하는 것이었습니다. 그래서 하나님께서는 모세와 아론에게 고핫 자손은 대가 끊어지게 해서는 안 된다고 말씀을 하셨습니다. 왜냐하면 고핫 자손이 적어도 네 명은 살아 있어야 언약궤를 옮길 수 있기 때문입니다.

거기에 비해서 게르손 자손들이 맡은 것은 성막을 옮길 때 성막의 휘장을 맡아서 옮기는 것이었습니다. 성전은 장막으로 되어 있었기 때문에 천이 많았습니다. 또 휘장들도 많이 있었습니다. 그리고 성막도 한 개의 텐트로 되어 있는 것이 아니라 여러 겹으로 되어 있기 때문에 천이나 휘장이 굉장히 많았습니다. 게르손 자손들이 맡은 것은 그 천들을 전부 질서 있게 접어서 어깨에 메는 것이었습니다. 그리고 므라리 족속들은 성전을 치는 데 사용되는 널판이나 띠나 기둥과 받침들을 맡아서 이동하는 사명을 맡았습니다.

왜냐하면 이때는 성전이 이동하는 것이 중요했기 때문에 레위인들이 성전 장막을 치고 그 안에 있는 기구들을 설치하고 또 때로는 해체를 해서 짊어지고 다녀야 했던 것입니다.

그래서 원래 하나님의 성전의 개념은 움직이는 개념이었습니다. 즉 한 곳에 고정되어 있는 성전이 아니라 이스라엘 백성들이 어디를 가든지 함께 움직이는 구조였습니다. 솔로몬이 대리석과 백향목으로 된 성전을 짓겠다고 했을 때 하나님께서 썩 기뻐하시지 않으신 이유가 있습니다. 왜냐하면 일단 성전이 대리석과 백향목으로 되어 있으면 보기는 좋지만 이스라엘 백성들의 마음속에 하나님은 그 장소에 고정되어 계신다고 생각할 수 있었기 때문입니다. 즉 하나님은 우리가 어디에 있든지 우리와 함께 계시는 것이 아니라 우리가 찾아가야 만날 수 있는 하나님으로 고정되어버리는 것입니다.

이것을 하나님께서는 성전 개념이 후퇴하는 것으로 생각하셨습니다. 그래서 하나님께서는 솔로몬에게 어디까지나 이 집은 하나님의 이름으로 칭하는 것이지 하나님이 이 안에만 계시는 것이 아니라는 것을 많이 강조하셨습니다.

예를 들어서 학생들이 지도교수를 만나려면 교수 연구실로 찾아가야 합니다. 그러나 그렇다고 해서 교수가 반드시 연구실 안에만 있어야 하는 것은 아닌 것입니다. 다시 말해서 성전도 이스라엘 백성들이 하나님을 찾아와서 만나게 하기 위한 것이지 하나님이 성전 안에만 계시는 것은 아닌 것입니다.

아므람의 자녀는 아론과 모세와 미리암이었는데 하나님께서는 이스라엘 제사장으로 모세의 집안을 택하지 않으셨습니다. 정말 모세는 하나님 앞에서 충성된 종이었고 형인 아론보다 훨씬 뛰어난 사람이었습니다. 그러나 하나님은 이스라엘 제사장 집안으로 허물이 많은 아론의 집을 택하셨습니다. 왜냐하면 이스라엘의 제사장은 똑똑하거나 충성스럽다고 되는 것이 아니라 오직 하나님의 은혜로 되기 때문입니다.

아론에게는 네 아들이 있었지만 나답과 아비후는 제사장이 되자마자 죽었습니다.

3절, "아므람의 자녀는 아론과 모세와 미리암이요 아론의 아들들은 나답과 아비후와 엘르아살과 이다말이며"

제사장이 하는 중요한 역할이 성소에서 하나님 앞에 분향하는 것이었습니다. 그 분향하는 불은 반드시 번제단의 불을 사용해야만 했습니다. 그러나 나답과 아비후는 하나님의 말씀을 무시하고 다른 불로 향을 피웠다가 하나님의 진노로 즉사하고 맙니다. 이것은 우리가 하나님께 예배드리는 일이 얼마나 두려운 일인가 하는 것을 보여주는 것입니다.

우리는 마치 방사능이 나오는 원자로 안에 들어가서 예배드리는 것과 같습니다. 조금이라도 하나님의 말씀과 맞지 않으면 죽는 것입니다. 그러나 우리가 하나님의 말씀대로 예배드리면 우리는 결코 죽지 않을뿐더러 엄청난 힘과 능력과 복을 얻게 됩니다.

4절에 엘르아살이 비느하스를 낳았는데 이 비느하스가 대단히 뜨거운 열정으로 하나님을 섬긴 사람이었습니다. 그래서 이스라엘 백성들이 모압 평지에서 우상에게 절을 하고 여인들과 성관계를 해서 하나님께서 염병을 내리셨을 때 비느하스가 간음을 하는 이스라엘 족장과 모압 여인의 등을 창으로 찔러 죽임으로 염병이 그치게 하였습니다. 그리고 그 후에 고핫 자손의 제사장 족보를 기록해가고 있습니다. 그 중에 사독이라는 사람이 나오는데(8절) 사독 때부터 대제사장의 직무를 고핫 자손이 맡게 됩니다. 엘리의 아들들이 하나님의 제사를 더럽혔기 때문에 하나님께서 그 가족을 저주하셨습니다. 사무엘 때 제사장이었던 엘리는 족보가 분명치 않은데 이다말 후손으로 생각됩니다. 그리고 사독의 아들 아히마아스는 다윗이 압살롬의 반역으로 도망칠 때 연락병 역할을 하게 됩니다.

그리고 10절에 아사랴라는 사람이 나오는데 이 사람은 솔로몬이 세운 성전에서 제사장 역할을 감당한 사람이었습니다. 그러니까 어떤 의미에서 새 시대의 제사장 역할을 감당한 사람이었습니다. 그런데 아사랴에게 대단했던 것은 웃시야 왕이 교만해서 자기가 하나님께 분향하겠다고 했을 때 막았던 대제사장이었습니다. 웃시야 왕은 화를 냈고 그때 웃시야 왕에게 나병이 생겼습니다. 아사랴는 즉시 웃시야를 성전에서 쫓아내고 웃시야 왕은 죽을 때까지 별궁에서 나병 환자로 지내다가 죽게 됩니다.

그리고 13절에 힐기야라는 대제사장이 나오는데 이 사람은 요시야 왕 때 성전을 대대적으로 수리하다가 두루마리 율법책을 발견하게 됩니다. 학자들은 대개 그 두루마리 율법책이 신명기였을 것이라고 생각합니다. 요시야 왕은 그 두루마리 율법책을 읽고 자기 옷을 찢습니다. 왜냐하면 지금까지 유다 백성들이 해 온 것이 망할 짓만 했기 때문입니다. 그래서 혹시 용서를 해 주시지 않을까 하나님께 물었을 때 하나님은 너무 늦어서 안 된다고 말씀을 하셨습니다. 그러나 하나님께서는 요시야가 살아있는 동안은 유다를 지켜주시겠다고 약속하십니다. 그러면 좌우간 건강하게 오래 살면서 후손들에게 하나님 앞에 겸손과 회개를 물려주어야 합니다. 그러면 유다의 역사는 더 이어질 수 있는데 요시야는 너무 빨리 죽고 예루살렘은 우상숭배로 바벨론에게 망하고 맙니다. 그때 제사장이 여호사닥이었습니다.

여호사닥은 바벨론으로 포로가 되어 끌려간 대제사장이었습니다. 우리가 이것을 보면 대제사장의 역사가 이스라엘의 부흥과 실패의 역사와 정확하게 일치하는 것을 볼 수 있습니다. 이스라엘 백성들이 하나님 앞에서 가장 영광스럽고 가장 많이 부흥되었을 때에는 제사장의 직분도 영화로웠는데 제사가 오염되고 나라가 우상으로 망하게 되니까 제사장들도 죽임을 당하든지 포로로 끌려가고 말았습니다.

16절부터 19절까지는 레위의 세 아들들의 아들들을 다시 기록을 하고 있습니다. 그리고 다시 고핫 자손의 족보를 더 기록하고 있습니다.

22절에 보면 고핫 자손 중에 고라가 있었습니다. 고라는 광야에서 모세의 지도력에 반발한 사람이었습니다. 왜 모세 혼자만 이스라엘의 최고 지도자가 되어야 하느냐, 돌아가면서 하자는 것이었습니다. 그때 땅이 갈라지면서 고라와 그 일당들은 모두 땅 속에 들어가 죽어버렸습니다. 그런데 고라는 모세를 대적했지만 고라의 아들들은 그렇지 않았던 것입니다. 그런데 나중에 보면 바벨론 포로에서 돌아온 자들 중에서 고라의 자손들이 있습니다. 이것을 보면 고라의 자손들은 아주 충성된 자들이었습니다.

결국 고라의 자손 중에서 이스라엘의 위대한 선지자 사무엘이 나오게 됩니다.

27-28절, “그 아들은 엘리압이요 그 아들은 여로함이요 그 아들은 엘가나며 사무엘의 아들들은 맏아들 요엘이요 다음은 아비야며”

자식은 아버지를 따라갈 가능성이 아주 많습니다. 그럼에도 불구하고 자식이 아버지의 잘못을 반복하지 않으려고 하면 아무리 아버지의 말씀이라 하더라도 하나님의 말씀이 아니면 순종하지 말아야 하는 것입니다.

이것이야말로 진정한 레위인의 정신이었던 것입니다.

사무엘은 사사 시대를 끝내고 이스라엘 왕정으로 넘어가는 과도기의 인물입니다. 그런데 사무엘이 있었기 때문에 이스라엘의 왕은 말씀에 따라 이스라엘을 다스리게 되는 것입니다. 결국 사무엘은 사울과 다윗 두 사람의 왕의 머리에 기름을 붓습니다. 사무엘은 깨끗하고 부정을 모르는 자였지만 사무엘의 두 아들은 그렇지가 않았습니다. 사무엘의 두 아들 요엘과 아비야는 이스라엘 백성들의 신뢰를 받지 못해서 이스라엘 백성들이 사무엘에게 왕을 요구하게 됩니다. 그래서 사울이 왕으로 뽑힙니다. 그러나 그는 결코 하나님의 말씀에 헌신된 종이 아니었습니다. 결국 사울이 왕이 된 것은 본인에게도 불행이었고 이스라엘 나라 전체를 봐서도 불행이었습니다.

하나님께서는 다윗을 보았을 때 '내 마음에 합한 자' 라고 말씀하셨습니다. 그 이유는 다윗은 결코 이스라엘을 자기 나라로 생각하지 않았고 철저하게 하나님의 말씀으로 나라를 부흥시켰기 때문입니다. 그런데 감사한 것은 사무엘의 두 아들은 신실하지 못했지만 거기에서 난 손자는 아주 헌신된 사람이었는데 이 사람이 바로 성전에서 찬양을 이끄는 헤만이라는 사람이었습니다.

3. 바뀐 레위인의 역할

레위인들이 광야에 있을 때에는 성전이 계속 이동을 하니까 성전을 분해하고 결합하고 짐을 싸고 풀어서 배치하는 일을 해야만 했습니다. 그러나 이스라엘 백성이 가나안 땅에 들어가고 나니까 그들이 더 이상 성전에서 할일이 없어지게 되었습니다. 이때 다윗은 레위인들이 성전에서 할 일이 없다고 빈둥거릴 것이 아니라 찬양대를 조직해서 하나님을 열심히 찬양하는 일을 하게 했습니다.

그래서 예전에는 성전에서 짐을 싸고 옮기던 그들이 이제는 찬양하고 제물을 관리하며 성전 문지기 역할을 하고 또 많은 이스라엘 백성들 중에 흩어져서 말씀을 가지고 상담하는 일을 했던 것입니다. 그래서 레위인들의 역할이 크게 바뀌게 되었습니다. 이것이야말로 어떤 의미에서는 큰 개혁이었습니다. 성전이 한 곳에 고정되면서 더 이상 움직이지 않게 되었을 때 레위인들은 하나님께 드리는 찬양을 더 조직적으로 하였고 더 많은 시편을 쓰게 되었고 성전을 더 철저하게 지키는 일을 했던 것입니다. 그래서 우리는 한 가지 사명이 끝나게 되었을 때 더 이상 할 일이 없다고 생각해서 놀기만 할 것이 아니라 새로운 일을 찾아서 해야 하는 것입니다.

그 중에서 중요한 사람이 헤만이었습니다.

31-32절, "언약궤가 평안한 곳을 얻은 후에 다윗이 이 아래의 무리를 세워 여호와의 집에서 찬송하는 일을 맡게 하매 솔로몬이 예루살렘에서 여호와의 전을 세울 때까지 저희가 회막 앞에서 찬송하는 일을 행하되 그 반열대로 직무를 행하였더라"

즉, 찬양이 본격적으로 이루어졌던 것은 다윗의 찬양대부터였는데 다윗의 찬양대는 모두 레위족들이었습니다. 즉 레위족이 아닌 사람은 찬양대에 들어갈 수가 없었습니다. 그리고 찬양대는 하나가 아니었습니다. 여러 개의 찬양대가 있어서 반열대로 하나님을 찬양했습니다. 이것을 통해서 우리가 알 수 있는 것이 다윗 때 하나님에 대한 찬양이 엄청나게 발전하게 되었다는 것입니다. 노래나 규모나 오케스트라나 모든 부분이 출중하게 발전하게 되었던 것입니다. 우리가 부흥이 일어날 때 가장 먼저 느끼게 되는 것이 기도가 달라지고 찬양이 달라지는 것입니다.

마틴 루터가 종교개혁을 일으키고 난 후에 달라진 것이 찬송이었습니다. 그 전에는 라틴어로 장송곡 같은 미사곡을 불렀는데 그 후에는 자국어로 된 살아있는 찬송을 부르게 되었습니다. 지금도 우리가 많이 부르는 찬송 중에 18세기 찬송이 많은데 그 이유는 그때 엄청난 부흥이 있었고 찬송에 특별한 은사를 가진 사람들이 많이 나타났기 때문입니다. 그리고 지금도 엄청난 찬송이 만들어지고 있습니다. 그런데 고전적인 찬송보다는 복음송이나 CCM 같은 곡들이 더 많이 만들어지고 있습니다. 그러나 이것도 부흥의 소중한 열매인 것입니다. 일단 하나님의 말씀이 권세 있게 선포되고 성령이 부어지면 기도가 터져 나오고 찬송이 뜨거워지게 되어 있습니다.

그런데 다윗 때 찬양을 인도하는 사람 중에 가장 중요한 사람이 '헤만'이었습니다.

33절, "직무를 행하는 자와 그 아들들이 이러하니 그핫의 자손 중에 헤만은 찬송하는 자라 저는 요엘의 아들이요 요엘은 사무엘의 아들이요"

그러면서 쭉 조상까지 올라가는데 하나님께 반역하다가 땅에 빠져 죽은 고라의 자손인 것입니다. 헤만의 아버지는 하나님의 말씀에 성실하지 못한 사람이었습니다. 그런데 헤만은 아버지를 따라가지 아니하고 할아버지 사무엘의 신앙을 따라갔습니다. 그래서 예배에 있어서 다윗의 부흥운동을 더 불붙게 하는 인물이 되었습니다. 참으로 찬양하는 사람 중에 이렇게 헌신된 사람을 찾는 것은 쉬운 일이 아닙니다. 왜냐하면 찬양을 부르고 인도하다보면 흥분이 되면서 자꾸 자기가 영광을 받으려고 하고 최고가 되려고 하는 경향이 있기 때문입니다.

그리고 헤만과 함께 찬양의 일을 감당한 사람은 '아삽' 이었습니다.

39절, "헤만의 형제 아삽은 헤만의 우편에서 직무를 행하였으니 저는 베레갸의 아들이요 베레갸는 시므아의 아들이요"

그러고 나서 이 족보는 게르손까지 올라가게 됩니다. 그것을 보면 아삽은 결코 헤만의 형제가 아니었던 것입니다. 그러나 하나님의 일을 하는데 있어서 친형제 같이 서로 협력해서 하나님을 찬양하는 일을 잘 감당했습니다.

아삽이라는 사람은 시편에도 많은 시를 남기고 있습니다. 그러니까 시도 쓰고 작곡도 하고 레위인들의 찬양도 훈련시키고 또 실제로 찬양을 지휘하기도 했던 것입니다. 요즘으로 치면 리드 싱어 역할도 했던 것입니다.

그리고 세 번째 사람이 '에단' 이었습니다.

44절, "저희의 형제 므라리의 자손 중 그 좌편에서 직무를 행하는 자는 에단이라 에단은 기시의 아들이요 기시는 압디의 아들이요 압디는 말룩의 아들이요" 그리고 족보는 므라리 까지 올라가게 됩니다.

광야에 있을 때 고핫, 게르손, 므라리 세 자손들은 성전에서 서로 다른 일을 맡아서 했습니다. 그러나 이들이 다시 성전에서 하나님을 찬양하는 일로 만나게 되었습니다. 그래서 하나님을 찬양할 때 성가대 앞에 헤만이 가운데 서고 그 우편에 아삽이 서고 왼편에 에단이 서서 모든 성가대를 다 이끌었던 것입니다. 사실 하나님을 찬양하는 일은 군대 이상으로 훈련이 되어 있어야 합니다. 자기가 하고 싶으면 하고 하기 싫으면 빠져서는 안 됩니다.

지금 역대기 기자가 레위인의 역할 중에서 대제사장의 족보와 특히 찬양 인도자의 족보를 기록하고 있는 이유가 무엇일까요? 지금 바벨론 포로에서 돌아온 후에 레위인들이 해야 할 것은 찬양을 회복하는 일이라고 생각하고 있는 것입니다. 물론 옛날 이 위대한 레위인들이 있었을 때같이 할 수는 없지만 우리도 하나님께 드리는 위대한 예배와 찬양을 회복하자는 것입니다.

그러나 그들이 했던 것은 찬양하는 일만이 아니었습니다.

48절, "저희의 형제 레위 사람들은 하나님의 집 장막의 모든 일을 맡았더라"

레위인들은 짐승을 잡아서 죽이고 태우는 일을 해야만 했습니다. 사실 사람이나 짐승의 피를 보는 일은 결코 쉬운 일이 아닙니다. 옛날에는 누구든지 의사가 되려고 하면 피를 볼 수 있어야 한다고 했습니다. 특히 레위인들은 이런 일을 한다고 해서 누가 돈을 더 주는 것도 아니고 알아주는 것도 아니었습니다. 그러나 그들은 묵묵히 짐승을 죽이는 이 도살의 일을 해왔던 것입니다.

그리고 역대기 기자는 다시 제사장의 사명과 그 족보를 기록하고 있습니다.

49절, "아론과 그 자손들은 번제단과 향단 위에 분향하며 제사를 드리며 지성소의 모든 일을 하여 하나님의 종 모세의 모든 명대로 이스라엘을 위하여 속죄하니"

이스라엘의 사명은 전 세계에서 군사적인 강대국이 되는 것도 아니고 부자 나라가 되는 것도 아니었습니다. 심지어는 정치적으로 독립하는 것도 대단한 일이 아니었습니다. 이스라엘의 가장 중요한 사명은 하나님의 말씀에 맞게 바른 제사를 드림으로 사람의 죄를 속죄 받게 하는 것입니다. 사람들의 죄가 용서되면 새로운 축복의 시대가 오게 됩니다. 결국 제사장의 사명은 시대를 바꾸는 일이었습니다. 비참한 억압의 시대는 가고 축복의 새 시대가 오게 하는 것이 성전 제사장 레위인들의 사명이었습니다.

4. 흩어진 레위인들

■

오늘 본문 후반부는 레위인들이 결코 예루살렘에만 모여 있은 것이 아니라 이스라엘 각 지파 속으로 제비를 뽑아서 흩어져 들어갔던 것을 보여주고 있습니다.

54절, "저희의 거한 곳은 사방 지경 안에 있으니 그 향리는 아래와 같으니라 아론 자손 곧 그핫 족속이 먼저 제비 뽑았으므로"

즉, 하나님은 레위인들에게 땅을 주시지 않으셨습니다. 그래서 레위족들은 자신들의 땅이 없었습니다. 그 대신에 이스라엘 열두 지파가 모두 자기들의 성과 그 부근의 밭이나 땅을 주어서 레위인들이 들어와 살게 했습니다.

그래서 고핫 자손은 유다 지파의 땅 중에서 열 세 개의 성을 제비뽑아 그곳에 들어가 살았습니다. 그리고 고핫 자손 중에서 이 열 세 개의 성으로 모자르는 자들은 므낫세 반 지파의 열개 성을 제비뽑아 들어가서 살았습니다.

또 므라리 자손들은 제비를 뽑았는데 르우벤 지파와 스블론 지파와 갓 지파에서 열두 개의 성을 제비뽑아 살았습니다. 그리고 게르손 지파는 잇사갈, 아셀, 납달리, 바산에 있는 므낫세 반 지파에서 열 세 개 성을 제비 뽑아서 살았습니다.

그리고 그 자세한 설명을 66절부터 끝까지 하고 있습니다.

여기서 우리가 알 수 있는 것은 레위인은 자기 땅이 없었다는 것입니다. 하나님의 일을 하는 것이 그들의 일이었기 때문입니다. 그리고 그들은 자기가 갈 곳을 마음대로 정할 수가 없었습니다. 모든 레위인들이 예루살렘에 몰려서 살 수 없었습니다. 그들은 이스라엘 전체에 흩어져야 했고 또 자기가 갈 곳은 제비를 뽑아서 정하게 되었습니다. 그런데 어떤 레위인이고 자기가 제비를 뽑은 곳이 에브라임 산지이든지 아니면 요단 동편 골란 고원이든지 가지 않겠다고 할 수 없었습니다. 그들은 무조건 제비를 뽑으면 하나님의 뜻인 줄 알고 당장 짐을 꾸려서 거기에 가서 살아야만 했던 것입니다. 그러면 왜 레위인들은 예루살렘에 모여서 제사 드리는 일을 하지 않고 이스라엘 속에 흩어져서 살아야만 했을까요? 그것은 죄를 씻는 것보다 더 중요한 것이 예방이기 때문입니다. 즉 청소년들이 탈선을 했을 때 관심을 가져주고 또 상담을 해주어서 바른길 가게 하는 것은 아주 중요합니다. 그러나 더 중요한 것은 탈선을 하기 전에 말씀으로 바른길을 가게 하는 것이 훨씬 더 효과적입니다. 레위인들은 자신들의 직업이나 고향을 포기하고 하나님께서 가라고 하신 곳에 가서 이스라엘 백성들에게 하나님의 말씀을 가지고 가르치고 상담하면서 살다가 죽는 것이 그들의 사명이었습니다. 레위인들에게는 두 가지 사명이 있었습니다.

하나는 예루살렘 성전에서 온 마음과 뜻을 다하여 하나님께 예배드림으로 이스라엘 백성들의 죄를 용서받고 축복을 받는 사명이 있고 또 이스라엘 전 지역에 흩어져 들어가서 백성들에게 하나님의 말씀대로 순종하게 하고 또 말씀을 생활 가운데 적용시키는 사명이 있었던 것입니다. 이것을 위해서 레위인들은 과감하게 자신들을 개혁을 했습니다. 즉 성전의 짐을 이사하던 역할에서 하나님을 찬양하며 또 백성들 속에 파고 들어가서 말씀을 가르쳐서 죄를 예방하는 일을 했던 것입니다.

오늘 우리가 하나님의 말씀을 듣고 기도하는 것이 결코 작은 일이 아닙니다. 이것이 바로 되어야 우리가 나라가 복을 받을 수 있습니다. 그리고 죄의 길로 끝까지 가서 울고불고 하기 전에 미리 말씀으로 은혜 받는 것이 시간이나 물질이나 많은 것을 절약하는 방법인 것입니다.

이스라엘 백성들이 바벨론 포로에서 돌아와서 생각을 해보니까 가장 아쉬웠던 것이 레위인들이 처음 가졌던 그 전투적인 자세만 가지고 이스라엘의 죄와 싸웠더라도 포로나 멸망은 피할 수 있었겠다는 것입니다. 즉 이스라엘 자손들이 시내산 밑에서 금송아지를 만들어놓고 춤을 출 때 칼로 자기 형제들이나 친척들을 치고 비느하스가 음행을 저지르는 족장을 창으로 찌르는 열정만 있었더라도 예루살렘의 멸망은 막을 수 있었을 것이라고 생각하는 것입니다. 다시 우리 안에 죄에 대한 전투적인 자세가 살아나고 레위인의 열정이 다시 회복되기를 바랍니다.

이 세상 어느 곳에 가든지 젊은이들이 있는 곳에는 꿈이 있고 미래가 있습니다.

왜냐하면 젊은이들에게는 그만한 힘과 의욕이 있기 때문입니다.

그런데 잇사갈 지파의 문제는 그 많던 청년들이 모두 다 없어지고 만 것입니다.

그 이유가 어디에 있습니까? 젊은이들은 인간적으로는 많이 낳아서 잘 키웠는데

문제는 그들의 정신을 신앙으로 채워주지 못한 것입니다.

그래서 아무리 청년들이 많고 이들이 전부 잘 생기고 머리가 좋아도

그들의 마음속에 뜨거운 신앙이 없고 부흥이 없으면

결국 아무 것도 남지 않게 되는 것입니다.

그래서 중요한 것은 자녀들을 인간적으로 잘 키우는 것도 중요하지만

더 중요한 것은 철저한 신앙의 사람으로 만들어야 하는 것입니다.

CHAPTER 07

없어진 지파들

대상 7:1-9:44

오늘 다루고자 하는 내용은 역대기 7장에서 9장까지에 이르는 긴 내용입니다. 이 부분에서 성경이 주로 다루고 있는 내용은 이스라엘 북쪽 지파에 대한 족보입니다. 이스라엘은 르호보암 때 여로보암이 반역을 하여 북쪽에 있는 열 지파를 떼가서 두 나라로 갈라지게 됩니다. 그때 남쪽 유다에 남은 지파는 유다 지파와 베냐민 지파였고 또 북쪽에서 내려온 레위인들 정도였습니다. 그리고 나머지 열 지파가 이스라엘 왕국으로 독립을 해버렸습니다.

우리가 성경을 보면 북쪽 이스라엘은 언제나 악했고 전쟁만 많았을 것 같은 생각이 듭니다. 그러나 우리가 알아야 할 것은 성경의 역사는 언제나 선지자의 눈으로 평가된 역사라는 사실입니다. 북쪽 이스라엘은 실제로는 굉장히 성공적인 나라가 되었습니다. 북쪽 이스라엘은 금송아지 신앙을 섬기면서 남쪽 유다 보다 훨씬 강한 나라였고 큰 나라로 성공을 했습니다. 그러나 이런 인간적인 성공의 가장 약한 부분이 부패를 막을 수 없다는 점입니다. 북쪽 이스라엘은 인간적으로는 잘 살았고 인구도 많았고 물질적으로 부강했지만 앗수르의 침략을 받아서 나라가 멸망을 해버립니다. 그때 많은 사람들이 죽고 나머지는 앗수르의 포로로 붙들려 갔습니다.

지금 역대기 기자가 바벨론 포로에서 돌아온 후에 생각을 해보니까 옛날 이스라엘이 그렇게 잘 살고 행복했던 시절이 너무나도 그리운 것입니다. 옛날에는 이스라엘 열두 지파가 하나가 되어서 모든 어려움들을 다 이겨내고 참 행복했는데 바벨론 포로라는 엄청난 일을 겪고 난 후에 결산을 해보니까 북쪽 지파들에게는 남은 것이 하나도 없었습니다. 지금 북쪽에 남아있는 족보들을 기록하고 있지만 사실 거의 대개가 끊어진 족보들이고 심지어는 어떤 지파는 아예 지파 전체의 족보조차도 찾을 수 없었습니다.

예를 들어서, 스불론 지파라든지 단 지파 같은 경우에는 아예 지파 전체의 족보 자체도 남아있지 않았습니다. 지금 바벨론 포로에서 돌아와서 보니까 지금 남아있는 자들은 제사장 자손 일부, 그리고 레위인들, 느디님이라고 해서 성전에서 일을 하던 이방 노예들, 그리고 유다 후손들 일부였습니다. 그리고 지금 돌아온 자들 중에서 가장 활기가 있는 자들은 성전 문지기들이었습니다. 성경을 기록한 사람은 과연 이것으로 이스라엘의 옛 영광을 회복할 수 있을까라는 생각을 하고 있습니다. 이스라엘의 잘나고 훌륭했던 사람들은 다 없어져버리고 지금 남은 자들은 겨우 성전에서 잡역을 하던 사람들과 문지기들인데 이 사람들을 통해서 이스라엘이 다시 옛날처럼 살아날 수 있을까요?

마가렛 미첼이 쓴 『바람과 함께 사라지다』라는 소설을 보면 남북 전쟁이 일어나기 전에 남부가 얼마나 잘 살았는지 알 수 있습니다. 남부에서는 친척들이 한 번 놀러오면 최소한 1년에서 2년 정도는 있다가 가는 것이 예사였습니다.

예를 들어서, 가을에 인사하러 오면 그 다음에 봄에 돌아간다든지 아이를 배어서 놀러오면 아이를 낳고 돌아가는 것이 보통이었던 것입니다. 왜냐하면 먹을 것이 풍족했고 다들 큰 농장들을 가지고 있었기 때문에 그런 것은 문제가 아니었습니다. 그리고 남부에서는 집집마다 돌아가면서 거의 매주 파티가 있었습니다. 남자들은 다 잘생겼고 예의가 있었습니다. 이 남자들은 모두 주인공인 스칼렛에게 청혼을 하려고 난리를 쳤습니다. 그런데 남북 전쟁이 끝난 후에 보니까 남쪽 농장들은 모두 불타거나 망했고 그 잘생긴 남자들은 거의 다 전쟁에 나가서 죽어버렸습니다. 이제 남부는 가난과 비참함과 죽음만 남아 있었습니다. 그래서 그 책 제목이 『바람과 함께 사라지다』인 것입니다. 남부의 풍요로움과 자부심이나 행복은 모두 다 사라졌다는 뜻입니다. 이것은 비단 남북전쟁만 그런 것이 아닙니다. 어느 나라든지 전쟁이 터지면 거의 모든 남자들은 전쟁에 나가서 죽고 집은 다 불타 없어지고 폐허만 남게 됩니다. 그런데 우리나라의 놀라운 점은 우리도 한국 전쟁을 겪고 완전히 나라 전체가 폐허가 되었는데도 엄청난 경제 대국으로 발전할 수 있었던 점입니다. 이것은 하나님의 축복이 아니고서는 불가능한 일입니다.

하나님은 우리나라에 먼저 영적인 부흥이 일어나게 하시고 그것과 동시에 국가적 부흥이 일어나게 하셨습니다. 우리는 현재 아무리 어려워도 옛날 잘 살았던 것만 생각하면서 살아서는 안 됩니다. 과연 무엇이 우리를 이렇게 가난하게 만들었고 비참하게 만들었는지 그 원인을 찾아서 다시 영적인 부흥을 일으키기만 하면 얼마든지 더 큰 하나님의 축복을 받을 수 있는 것입니다.

우리에게 중요한 것은 지금 잘사느냐 못사느냐 지금 성공했느냐 실패했느냐하는 것이 아니라 우리의 정신이 살아 있느냐 우리 안에 뜨거운 열정이 있느냐 하는 것이 더 중요한 것입니다.

1. 이스라엘의 없어진 지파들

역대상 7장을 보면 잇사갈 지파와 베냐민 지파와 납달리 지파의 족보가 나옵니다. 그러나 이 족보들은 대단히 어렵고 복잡하며 또 전체적인 족보도 아닙니다. 단지 지극히 일부만 자료를 찾아서 기록하고 있는 것을 알 수 있습니다. 맨 처음에는 잇사갈 지파가 나오는데 잇사갈의 큰 아들 이름이 돌라인데 그 후손들이 다 체격이 크고 힘이 세었던 것 같습니다. 또 돌라의 후손들은 정책적으로 자식을 많이 낳기로 한 것 같습니다. 그래서 모든 집안이 여러 명의 부인들을 두어서 아주 많은 용사들이 있게 되었습니다. 그래서 다윗 왕 때에는 돌라의 자손들만 숫자가 이만이 천육백명이 될 정도였습니다. 이 정도면 돌라의 집안은 대단히 성공한 집안이었고 어느 민족이나 나라에 내어놓아도 손색이 없을 정도의 집안이었습니다. 이 집은 나중에는 군대에 나갈 청년만 3만 6,000명이 될 정도로 부흥이 되었습니다.

이 세상 어느 곳에 가든지 젊은이들이 있는 곳에는 꿈이 있고 미래가 있습니다. 왜냐하면 젊은이들에게는 그만한 힘과 의욕이 있기 때문입니다. 그런데 잇사갈 지파의 문제는 그 많던 청년들이 모두 다 없어지고 만 것입니다. 그 이유가 어디에 있습니까? 젊은이들은 인간적으로는 많이 낳아서 잘 키웠는데 문제는 그들의 정신을 신앙으로 채워주지 못한 것입니다. 그래서 아무리 청년들이 많고 이들이 전부 잘 생기고 머리가 좋아도 그들의 마음속에 뜨거운 신앙이 없고 부흥이 없으면 결국 아무 것도 남지 않게 되는 것입니다. 그래서 중요한 것은 자녀들을 인간적으로 잘 키우는 것도 중요하지만 더 중요한 것은 철저한 신앙의 사람으로 만들어야 하는 것입니다. 즉 이들의 외적인 조건보다 정신이 더 중요한 것입니다. 이것은 교회도 마찬가지입니다. 교회가 얼마나 젊은이들이 많고 그들이 똑똑하고 잘생겼는가 하는 것이 중요한 것이 아니라 철저한 신앙의 인물로 키워야 나중에 망하지 않고 끝까지 성공하게 되는 것입니다.

이점에 있어서는 베냐민 지파도 똑같았습니다. 베냐민에게는 벨라와 베겔과 여디아엘이 있었는데 그 집들이 전부 다 복을 받아서 부흥이 되었습니다. 벨라 집에도 청년들이 아주 많았는데 숫자가 2만 2,034명이었습니다. 그리고 베겔의 자손들도 엄청 부흥했는데 그 숫자는 2만 200명이었고 여디아엘도 많이 부흥이 되어서 자손이 1만 7,200명이 되었습니다.

베냐민은 이 비극을 먼저 경험했습니다. 즉 사사기 때 많은 베냐민 젊은이들이 가나안 사람들을 따라서 방탕한 생활을 배웠습니다. 그래서 그들 중에 동성연애자들이 있었던 것입니다. 결국 이 동성연애자들이 자기 동네에 들어온 한 레위인의 첩을 겁탈해서 죽이는 바람에 전쟁이 나서 베냐민 지파 남자는 도망친 600명을 제외하고는 다 죽었습니다. 그것이 죄의 무서운 결과인 것입니다. 그래서 아마도 베냐민 지파는 남북이 갈라질 때 북쪽을 따라가지 않고 남쪽에 붙은 것 같습니다. 그 이유는 우리가 아무리 잘났다고 까불어도 부패하는 것은 막을 수 없다는 것입니다. 베냐민 지파는 우리가 썩지 않고 끝까지 남으려면 하나님의 말씀을 붙들어야 한다고 해서 유다에 붙었던 것입니다. 그리고 실제로 베냐민 지파는 바벨론 포로에서 돌아오게 됩니다. 즉 베냐민 지파는 엄청난 고통을 먼저 겪었기 때문에 그나마 정신을 차리고 있었던 것입니다.

이스라엘 지파 중에서 납달리 지파는 한 줄로 기록을 하고 있습니다.

> 7장 13절, "납달리의 아들들은 야시엘과 구니와 예셀과 살룸이니 이는 빌하의 손자더라"

납달리 지파의 족보가 한 절 밖에 안 되는 이유는 모든 자료들이 없어져버렸기 때문입니다. 즉 앗수르와 전쟁을 하면서 모든 자료들은 불에 타서 없어지고 사람들도 다 없어져버렸기 때문입니다. 어떤 사람이 분명히 이 세상에 살다가 죽었는데 그에 대한 아무 기록이나 흔적이 남아 있지 않는다면 참으로 허전할 것입니다. 그러나 이 세상에 살다가 죽은 사람들이 거의 대개 납달리 지파 같은 운명을 가지고 있는 것입니다. 즉 분명히 납달리 지파의 후예들도 많은 사람이 태어나서 돈을 벌기도 하고 자식을 낳기도 하고 나름대로는 열심히 살았는데 나중에 이런 사람들이 이 세상에 살아서 무엇을 했다고 하는 기록이 전혀 없는 것입니다. 아예 이름조차도 남아 있지 않는 것입니다. 이것은 그들의 삶이 하나님 앞에서 그만큼 보잘것 없었다는 것을 보여주는 것입니다.

그래서 로마의 형벌 중에서 가장 무서운 형벌이 '기록말살 형' 입니다. 이것은 그 사람의 이름을 완전히 지워버리는 것입니다. 그의 이름이 들어 있는 비석도 파내어버리고 그 사람의 동상도 부수고 그 사람이 쓴 책도 불살라버려서 아예 그 사람이 이 세상에 산 것 자체를 지워버리는 것입니다. 결국 납달리 지파에게 남겨진 것은 이 세상에서 그 모든 자손들의 이름이 지워지는 벌이었습니다.

그리고 므낫세 지파가 나옵니다. 므낫세 지파는 아버지 요셉의 복을 받아서 이스라엘의 열 두 지파 중 하나가 됩니다. 므낫세 지파는 크게 번성해서 요단강을 중심으로 해서 요단 동쪽과 서쪽의 땅을 차지하게 됩니다. 그런데 요단 동쪽은 주로 마길이라는 사람의 후손에 의해서 차지하게 됩니다. 그리고 요단 서쪽은 슬로보핫의 딸들이 차지하게 됩니다.

7장 14-15절, "므낫세의 아들들 그 처의 소생은 아스리엘이요 그 첩 아람 여인의 소생은 길르앗의 아비 마길이니 마길은 훕빔과 숩빔의 누이 마아가라 하는 이에게 장가들었더라 므낫세의 둘째 아들의 이름은 슬로브핫이니 슬로브핫은 딸들만 낳았으며"

아마도 므낫세가 이방 여인 첩에게서 낳았던 아들 마길은 현실적인 인물이었던 것 같습니다. 그래서 자신은 이방 여인의 아들이었지만 자기 자신은 베냐민 족속의 딸과 결혼해서 이스라엘의 피를 더 진하게 했습니다. 그러나 우리가 이미 살펴본 대로 므낫세 반 지파는 신앙을 생각지 않고 땅만 보고 기업을 선택한 결과 아무 것도 남지 않게 됩니다. 이들은 앗수르에 포로로 붙들려가서 남쪽 사람들이 바벨론에서 돌아올 때까지 돌아오지 못하고 있었습니다.

2. 에브라임의 비극과 승리

이스라엘 여러 지파 중에서 초반에 가장 비참했는데 나중에 가장 성공한 지파가 있었습니다. 그 지파가 바로 에브라임 지파였습니다. 에브라임은 므낫세의 동생인데 형보다 더 크게 될 것이라고 해서 야곱이 손을 교차시켜 오른손을 에브라임의 머리에 얹어서 축복을 했습니다.

그런데 실제로 에브라임 가족은 초반기에 엄청난 비극을 겪습니다. 그것은 아들들이 가드 토인들의 가축을 빼앗으러 갔다가 거의 다 죽임을 당하게 되는 것이었습니다. 에브라임이 자기 아들들의 죽음을 엄청나게 비통해할 때 형제들이 와서 에브라임을 위로했습니다.

7장 20-21절, "에브라임의 아들은 수델라요 그 아들은 베렛이요 그 아들은 다핫이요 그 아들은 엘르아다요 그 아들은 다핫이요 그 아들은 사밧이요 그 아들은 수델라며 저가 또 에셀과 엘르앗을 낳았더니 저희가 가드 토인에게 죽임을 당하였으니 이는 저희가 내려가서 가드 사람의 짐승을 빼앗고자 하였음이라"

에브라임 자손들도 처음에는 다른 집안처럼 평안하게 자식들을 잘 낳고 번창하는 것 같았습니다. 그런데 무슨 바람이 불었는지 출애굽이 일어나기도 전에 에브라임 자손들이 가나안 땅 블레셋에 있는 가드족을 쳐들어 간 것입니다. 왜 에브라임 자손들이 출애굽할 때도 멀었는데 가드족을 쳐들어갔을까 하는 것에 대해서는 우리가 아는 바가 없습니다. 어떤 사람들은 에브라임 지파가 지금이 우리가 가나안을 차지해야 할 때가 아닌가 생각하고 가나안 땅을 정복하려고 쳐들어갔다고 생각합니다. 여기서 보면 에브라임 자손이 가드 사람들의 짐승을 빼앗으러 갔다고 했는데 아마도 도둑질하러 간 것은 아닐 것입니다. 아마 자기들 나름대로는 가나안 정복의 꿈을 안고 하나님의 말씀도 없이 쳐들어 간 것 같습니다. 그러나 가드 사람들은 골리앗 같은 거인들이 많았기 때문에 에브라임 자손들은 모두 다 패배해서 죽임을 당했습니다. 이때 에브라임이 살아있을 때여서 에브라임은 자기 자손들이 다 죽은 것에 대해서 너무 비통해서 여러 날 슬퍼했다고 말을 하고 있습니다. 그 후에 에브라임이 다시 결혼을 해서 아들을 낳았는데 아들 이름을 브리아라고 했는데 이것은 '재앙'이라는 뜻입니다.

우리가 참으로 이해가 되지 않는 것은 하나님께서는 에브라임 지파가 잘 될 것이라고 해서 야곱이 에브라임에게 오른손을 얹어서 축복을 했는데 에브라임 자손은 복을 받기는커녕 전멸을 당하고 말았던 것입니다. 그러나 우리는 당장 눈앞에 하나님의 축복이 이루어지지 않는다고 낙심하지 말아야 합니다. 왜냐하면 우리는 하나님이 하시는 일들을 우리 머리로 다 이해할 수 없기 때문입니다. 우리는 어려움이 오고 절망스러운 순간이 오더라도 끝까지 하나님의 말씀을 믿고 최선을 다하는 수밖에 없습니다. 에브라임은 자식들이 다 죽었을 때 혼자서 슬피 운 후에 다시 결혼을 해서 또 아들을 낳았습니다. 그 아들의 이름이 '재앙' 인데 그 '재앙' 의 후손으로 눈의 아들 여호수아가 태어나게 됩니다.

7장 27절, "그 아들은 눈이요 그 아들은 여호수아더라"

여호수아의 조상들은 가드의 토인들을 잘못 건드리는 바람에 모두 다 죽임을 당했지만 여호수아는 하나님의 말씀을 붙들고 가서 가나안의 삼십 개가 넘는 모든 성의 왕들을 다 죽이고 정복을 하게 됩니다. 여호수아는 모세의 뒤를 이어서 이스라엘 백성들을 이끌고 가나안 땅을 정복했습니다.

여호수아가 하나님의 말씀만 붙들고 나갈 때 요단강이 마르고 여리고 성이 무너졌으며 태양과 달이 기브온 골짜기에 머무는 기적이 나타났습니다. 우리가 이것을 보면 우리의 짧은 생각으로는 하나님의 축복이 부도가 난 것 같고 오히려 축복 받은 자들이 실패하는 것 같지만 사실 하나님께서는 그들을 훈련시키시고 준비시키시는 과정인 것입니다. 이들이 하나님의 손에 붙들리지 않았을 때에는 전적으로 실패할 수밖에 없었지만 일단 하나님의 손에 한 번 붙들린 후에는 도저히 세상이 감당할 수 없는 능력의 종이 되는 것입니다.

3. 베냐민의 주목할 사람들

우리가 베냐민 지파에서 가장 중요한 사람이라면 역시 사울 왕을 생각하게 될 것입니다. 그러나 실제로 사울 왕은 이스라엘 역사에서 별로 중요한 사람이 되지 못합니다. 오히려 이스라엘 역사에서 중요한 사람은 평소에는 전혀 주목을 받지 못하던 사람들이었습니다.

저자는 8장에서 다시 베냐민 지파에 대한 더 상세한 설명을 하고 있습니다. 그 이유는 베냐민 지파는 다른 이스라엘 지파와 다른 점이 있었기 때문입니다. 가장 중요한 이유가 앞에서도 말씀을 드린 것처럼 베냐민 지파는 한 번 죽었다가 살아난 지파였습니다. 그래서 베냐민 지파는 인간의 부패가 무서운 것을 알고 있었던 것입니다.

즉, 아무리 자기 자손들이 체격이 크고 인물이 잘생기고 숫자가 많다 하더라도 일단 죄에 오염되면 다 죽는다는 것을 안 사람들이었습니다. 사실 베냐민 지파는 사울파였기 때문에 다윗을 싫어했습니다. 아마 이스라엘 열두 지파 중에서 유다 지파를 가장 싫어할 지파가 있었다면 그것은 바로 베냐민 지파였습니다. 그럼에도 불구하고 그들은 여로보암을 따라가지 아니하고 다윗의 집안에 붙었습니다. 그 이유는 자기들이 망하지 않는 길은 오직 하나님의 말씀을 붙드는 것 밖에 없다는 것을 알았기 때문입니다. 그래서 베냐민 지파는 망하지 않고 바벨론 포로에서도 돌아오게 됩니다. 신약의 가장 유명한 사도 바울도 베냐민 지파 자손이었고 그것에 대하여 엄청난 자부심을 가지고 있었습니다.

역대상 8장에 베냐민 지파의 여러 사람들의 이름이 나오지만 그 중에서 주목할 만한 사람은 두 사람인 것 같습니다.

한 사람이 6-7절에 나오는 에훗입니다.

8장 6-7절, "에훗의 아들들은 이러하니라 저희는 게바 거민의 족장으로서 사로잡아 마나핫으로 가되 곧 나아만과 아히야와 게라를 사로잡아 갔고 그가 또 웃사와 아히훗을 낳았으며"

에훗은 사사시대 사람인데 그때 이스라엘은 모압왕 에글론의 지배를 받고 있었습니다. 이때 모압왕 에글론은 아주 비만한 자였고 덩치가 큰 거인이었습니다. 거기에 비하여 에훗은 왼손잡이였는데 오른손에 장애가 있었기 때문입니다. 그래서 이스라엘 백성들은 에훗에게 중요한 일을 시키지 않고 모압왕에게 조공을 바치는 굴욕적인 일을 하게 했습니다. 대개 집안에 여러 형제가 있을 때 궂은일은 형이나 잘생긴 아들이나 공부 잘하는 아들은 시키지 않고 주로 공부도 못하고 잘생기지도 못한 막내가 그런 일을 하게 되는 것과 비슷합니다. 그러나 에훗은 철저한 신앙의 사람이었고 성령의 사람이었습니다. 그래서 에훗은 때가 될 때까지 철저하게 낮아져서 이 굴욕적인 일을 잘 감당하고 견디었습니다. 그러면서 에훗은 모압 왕으로부터 상당한 신임을 얻었던 것 같습니다. 그러다가 하나님께서 에훗에게 특별 지시를 내리시자 에훗은 옷 안에 칼을 감추고 들어가서 에글론을 죽이고 이스라엘 백성들에게 나팔을 불어서 모압 사람들을 전부 죽이게 했습니다.

에훗에게 대단한 것은 자신의 신체적인 장애를 불평하지 않고 굴욕적인 취급을 잘 견디었던 것입니다. 그리고 하나님이 주신 능력으로 정상인들은 해내지 못하는 일을 해내어서 이스라엘을 구원했습니다. 그래서 에훗에게 배울 것은 인내인 것입니다. 에훗은 하나님의 때가 되기까지 이스라엘의 굴욕과 모압의 굴욕을 다 참으면서 굴욕적인 것을 감당을 했습니다.

그런데 오늘 본문에서 에훗의 세 아들이 어떤 사람을 사로잡아서 마나핫으로 갔고 또 거기서 어떻게 아이를 낳았는지 잘 알 수가 없습니다. 또 자신들이 다른 사람들을 사로잡아 갔는지 아니면 자신들이 사로잡혀간 것인지도 분명치가 않습니다. 아마도 에훗의 세 아들은 아버지만큼 분명한 사람이 아니었던 것 같습니다.

8장 8절, "사하라임은 두 아내 후심과 바아라를 내어보낸 후에 모압 땅에서 자녀를 낳았으니"

사하라임은 에훗의 아들이나 손자라는 생각이 듭니다. 그는 부인이 두 명이 있었는데 무슨 이유인지는 모르지만 이혼을 하고 모압으로 가서 거기서 자녀를 낳아서 살았습니다. 사하라임이 이혼을 했는데 왜 모압으로 가서 살았는지는 전혀 알 수가 없습니다. 아마도 추측컨대 사하라임이 룻기에 나오는 엘리멜렉 같이 세상적으로 성공하려고 모압에 가지 않았던 부인들과 이혼을 하고 모압으로 가지 않았을까 하는 생각을 하게 됩니다. 이것을 보면 에훗은 철저하게 신앙적이었지만 그의 아들들이나 자손들은 별로 신앙적이지 않았던 것 같습니다. 그런데 이것은 사람의 힘으로는 잘 되지 않습니다. 결국 신앙적인 자녀들도 하나님이 주시는 가장 큰 복인 것입니다.

그리고 중간에 많은 베냐민 자손들의 이름이 나오지만 그들은 별로 중요한 것 같지 않습니다. 중요한 것은 8장 후반에 나오는 요나단의 자손들입니다.

8장 33절, "넬은 기스를 낳았고 기스는 사울을 낳았고 사울은 요나단과 말기수아와 아비나답과 에스바알을 낳았으며 "

사울 왕은 이스라엘 초대 왕으로 하나님께 충성할 기회를 받았습니다. 그러나 그는 그 기회를 자기 욕심을 위해서 쓰는 바람에 비참한 최후를 맞이하게 됩니다. 하나님께서는 사울의 후손들의 씨를 말리셨습니다. 그래서 길보아 산에서 사울과 세 왕자가 같이 죽음을 당하게 됩니다. 그 이유는 그가 하나님을 두려워하지 않고 자기 욕심을 위하여 제사장 85명을 죽였기 때문입니다. 왕은 제사장을 지켜주어야 하고 선지자의 말씀에 따라야 하는데 사울은 이스라엘을 세상 나라처럼 만들기 위해서 이스라엘 안에서 말씀을 죽이고 성령의 역사를 죽이고 기도를 죽였던 것입니다. 그 결과 사울은 자기 자신이 정신적으로도 병이 들어서 고통을 받았고 결국 자신과 자식들이 모두 비참한 죽임을 당하고 말았습니다.

그런데 사울의 아들들 중에서 돌연변이가 요나단이었습니다. 요나단은 다윗에게서 성령의 능력이 나타나는 것을 굉장히 사모하고 사랑했습니다. 그래서 요나단과 다윗은 서로 언약을 맺습니다. 다윗은 왕이 되고 나서 상당한 기간이 지난 후에 요나단의 후손을 찾았습니다. 요나단의 아들 중에서 양다리가 불구인 므비보셋이라는 아들이 살아 있었습니다. 요즘으로 치면 휠체어를 타고 다니는 장애인인 것입니다. 그런데 다윗은 므비보셋을 사랑해서 사울 집의 모든 땅과 재산을 다 므비보셋에게 주게 했습니다. 그래서 므비보셋의 자손들이 살아남게 됩니다. 그 후손들 중에 마지막 사람이 울람인데 그 아들들이 다 용사이고 아들 손자가 150인인데 모두 활을 쏘는 자들이라고 했습니다.

사울의 집안은 저주를 받아서 씨가 말랐는데 어떻게 요나단의 자손들은 복을 받았을까요? 그것은 그가 성령의 능력을 시기하지 않고 사랑하고 인정했기 때문입니다. 우리가 보통 하나님의 일을 한다고 하면서도 시기심이 날 때가 많습니다. 다른 사람이 나보다 더 유명해지거나 다른 종이 더 큰 일을 하게 되면 시기를 하게 됩니다. 그러나 성령의 역사를 시기하면 안 됩니다. 그것을 기뻐하고 축복해야 복을 받는 것입니다.

그런데 요나단의 아들 므비보셋(본문에는 므립바알이라고 함)도 아버지같이 성격이 충성된 자였습니다. 므비보셋이 두 발 장애인이었는데 그의 종이 시기해서 모함을 했을 때 그는 다윗이 돌아올 때까지 수염을 깎지 않고 얼굴을 씻지 않았습니다. 또한 다윗이 고통받는 동안 자기 자신도 완전히 노숙자같이 지냈기 때문에 오해를 벗게 되고 끝까지 다윗의 신임을 받게 됩니다. 이것을 보면 끝까지 복을 받는 자는 한두 번 잘 한하고 되는 것이 아니라 끝까지 겸손해야 하는 것을 알 수 있습니다.

4. 바벨론 포로에서 돌아온 자

■

이스라엘은 이 세상에서 가장 복 받은 나라였고 가장 아름다운 나라였습니다. 옛날 사람들은 누구든지 예루살렘에 오기만 하면 하나님의 말씀으로 자기 인생을 고칠 수 있었습니다. 그러나 이스라엘 백성들이 하나님의 말씀을 버리고 세상을 따라갔을 때 그들은 세상에서 더 잘 살고 더 행복할 수 있을 것 같았습니다. 그러나 결국 남은 것은 오직 폐허뿐인 예루살렘이었습니다.

9장 1-2절, "온 이스라엘이 그 계보대로 계수되고 이스라엘 열왕기에 기록되니라 유다가 범죄함을 인하여 바벨론으로 사로잡혀 갔더니 먼저 그 본성으로 돌아와서 그 기업에 거한 자는 이스라엘 제사장들과 레위 사람과 느디님 사람들이라"

이스라엘 백성들은 다윗의 전성기 때 무려 젊은 청년들만 150만명이 넘을 정도로 엄청난 꿈과 힘의 잠재력을 가진 나라였습니다. 그러나 그들이 바른 말씀을 버리고 세상을 따라간 결과는 모든 것의 철저한 파멸이었습니다.

그 아름다웠던 문화나 뛰어난 사람들의 노래나 작품들이나 건물들이 다 없어지고 이제는 거의 그 자취조차도 찾아 볼 수 없게 되었습니다. 바로 그것이 이스라엘이 하나님의 말씀을 버린 결과였습니다.

오직 지금 남아있는 자들은 제사장들과 레위인들과 느디님 사람들이 전부였습니다. 여기에 보면 제사장이나 레위인들이 하나님의 말씀을 가까이 하는 자들이었기 때문에 하나님 나라에 대한 소망이 가장 강하였던 것을 볼 수 있습니다. 그래서 결국 바벨론 포로 후기에는 레위인들과 제사장들에 의해서 부흥이 일어나고 또 이스라엘 역사가 유지됩니다.

그런데 여기에 나오는 느디님 사람들이 누구인가 하는 것이 문제입니다. 이 사람들은 성전에서 잡역을 하던 이방인들이었습니다. 즉 성전에서 제사용 나무를 패기도 하고 물을 긷기도 하고 여러 가지 일을 하던 사람들이었습니다. 그런데 놀라운 것은 이들이 성전이 멸망하고 바벨론에 포로로 붙들려 간 후에도 남아 있었던 것입니다. 아마 이 사람들은 처음에는 자신들이 성전에서 가장 천한 일을 해야 한다는 사실이 불만이었을지도 모릅니다. 그러나 그들은 성전의 노예들이었기 때문에 성전에 가까이 할 수 있었고 그 결과 이들은 자동적으로 죄를 멀리하게 되었습니다. 그리고 하나님께서 이들에게 진정한 신앙을 주시고 나중에는 이들의 가정과 자녀들에게도 복을 주셨습니다.

그래서 이 이방인들이 끝까지 하나님의 성전을 버리지 않고 그 일을 자신들의 천직으로 생각하고 포로에서 돌아갈 날을 기다리고 있었던 것입니다.

그런데 요엘 선지자는 놀라운 예언을 했습니다.

요엘 2장 29절, "그때에 내가 또 내 신으로 남종과 여종에게 부어 줄 것이며"

결국 성전에서 가장 천한 일을 하던 이들이 성령을 받고 능력을 받게 되는 것입니다. 우리는 사실 바로 이 남종과 여종들입니다. 우리는 성전에서 가장 천한 일을 하던 이방인들보다도 못한 자들이었습니다. 왜냐하면 우리는 하나님도 모르고 세상 죄에 빠져 있었으니까요. 그러나 하나님은 우리를 참 이스라엘 백성으로 삼으셨습니다.

바벨론 포로에서 돌아온 대표적인 지파는 유다와 베냐민이었습니다.

유다 지파에는 9장 4절에 '우대' 라는 사람이 대표적인 사람이었는데 690명이 있었습니다. 그리고 베냐민 지파에는 몇몇 사람들이 중심이 되었는데 956명이 있었습니다.

옛날에 한 가족만 해도 2만 명 3만 명 하던 이스라엘 백성들은 다 없어져버리고 겨우 1,000명이 채 안 되는 자들이 남아서 돌아왔던 것입니다.

제사장 중에는 9장 11절에 "하나님의 전을 맡은 자 아사랴"인데 대제사장 힐기야의 아들이었습니다. 힐기야는 요시야 때 성전을 수리하다가 두루마리 성경을 발견한 제사장이었습니다. 결국은 하나님의 말씀을 붙잡은 자의 후손이 주역이 되었습니다. 제사장의 집안에는 돌아온 자가 많았는데 9장13절에 보면 1,760명이었습니다.

그리고 중요한 사람들이 성전 문지기였습니다. 그래서 9장 17절 이하에는 성전 문지기가 한 일에 대하여 기록을 하고 있습니다.

9장 17절, "문지기는 살룸과 악굽과 달몬과 아히만과 그 형제들이니 살룸은 그 두목이라"

성전 문지기는 이방인들이나 성전에 들어와서는 안 되는 자들이 들어오는 것을 막아서 성전의 거룩함을 지키는 역할을 맡은 자들이었습니다. 왜 성전에 문지기가 필요한가 하면 인간의 죄성이 하나님의 거룩함을 더럽히고 훼손시킬 수 있기 때문입니다. 결국 유다가 멸망할 수밖에 없었던 것은 성전 문지기들이 사명을 제대로 감당하지 못했기 때문입니다. 즉 유다의 귀족들과 왕족들이 성전 안에 우상을 가지고 들어오는 것을 방치했기 때문에 성전이 더렵혀져서 그 기능이 죽게 된 것입니다. 그래서 성전 문지기들은 굉장히 자부심이 강했습니다.

옛날에 누가 성전 문지기 대장이었느냐 하면 대제사장 엘르아살의 아들 비느하스였습니다. 그는 이스라엘 어느 족장이 모압 여인을 이스라엘 진 안으로 끌고 들어와서 성행위를 하려고 했을 때 창으로 둘 다 찔러 죽였습니다. 그래서 이스라엘에 염병이 확산되는 것을 막은 사람이 비느하스였습니다.

교회 안에 술 취한 사람이나 정신 이상 자가 들어와서 다른 사람을 공격하거나 예배를 방해하게 해서는 안 됩니다. 또 교회 안에 장사 하는 자들이 들어와서 물건을 팔게 해서도 안 되고 정치인들이 들어와서 자신을 선전하는 것을 내버려두어서도 안 됩니다. 또 성전 안에 도적이 들어와서 헌금을 훔쳐 가는 것을 내버려두어서도 안 됩니다. 사무엘서를 보면 사무엘의 어머니가 사무엘을 낳기 전에 울면서 기도를 하는데 기도가 너무 간절해서 꼭 술 취한 것 같으니까 제사장 엘리가 와서 술을 마시고 와서 주정하면 안 된다고 야단을 칩니다.

교회 안에 함부로 이상한 사람이 와서 간증을 하거나 건강 강좌를 하는 것을 내버려두어서는 안 됩니다. 그래서 오늘 성전 문지기의 책임자는 담임 목사입니다. 그리고 모든 교역자들이고 중직자들이고 직원들입니다. 결코 세상의 풍조가 교회를 더럽히지 못하도록 막아야 하는 것입니다. 그런데 교인들 중에는 좀 알 만한 사람들이 그런 것을 더 부추기고 다니면서 교회가 폐쇄적이며 사랑이 없다고 불평을 하는 것을 볼 수 있습니다. 그것은 용납이 되지 않습니다.

성전 문지기는 제사나 예배에 쓰는 그릇들을 관리하는 일을 맡았습니다. 성전에 쓰이는 포도주나 향품을 만드는 일을 맡았습니다. 그리고 성전의 진설병을 굽는 일도 맡아서 했고 31절에 보면 고라 자손의 장자가 남비에 지지는 일을 맡아서 했습니다. 그러나 그들은 이것을 전혀 천하다고 생각하지 않았습니다.

그리고 찬양을 맡은 자들은 레위 족장들이었는데 아예 골방에 기거하면서 밖으로 나오지 않았습니다. 그래서 이들은 일체 다른 일은 하지 않고 하나님을 예배하는 일만 했는데 이들이 족장들이었고 으뜸이 되는 사람들이었습니다.

우리가 알 수 있는 것은 아무리 세상에서 똑똑하고 성공을 해도 하나님의 말씀이 없으면 부패를 막지 못하고 죄를 막지 못해서 결국 썩어서 버림을 당하는 것입니다. 결국 남은 자는 겸손한 자들이었고 하나님의 말씀을 붙드는 자들이었습니다. 이제 모든 이스라엘 백성들은 다 없어지고 이제 몇 천 명만 남았습니다. 그래도 소망이 있는 것은 이들이 모두 하나님의 말씀과 성전을 중심으로 하나가 되어 있기 때문입니다. 그들은 이제 성전의 문을 지키고 찬양하고 예배하는 일부터 새로 시작하려고 했습니다. 먼 길을 날아가려고 하지 않고 한 걸음부터 떼려는 것입니다. 우리도 철저한 신앙의 사람이 되어서 부패를 이기고 죄를 이기고 큰 부흥을 일으킬 수 있기를 바랍니다.

우리가 이것을 볼 때 당연히 머릿속에 떠오르는 생각은

왜 사울은 실패했고 다윗은 하나님의 축복을 받았을까 하는 것입니다.

즉 사울이 실패했던 원인과 다윗이 축복을 받은 원인을 생각해보자는 것입니다.

사울 왕이 실패할 수밖에 없었던 가장 큰 이유는

이스라엘이라는 나라 자체를 제대로 이해하지 못했기 때문이었습니다.

사울이 실패하고 망할 수밖에 없었던 이유는

이스라엘을 세상 나라 같이 부흥시키려고 했기 때문입니다.

CHAPTER 08

사울이 실패한 원인

대상 10:1-14

우리 주위에 어떤 사람은 처음에는 아주 기가 막히게 성공하다가 나중에 아주 비참하게 되는 사람이 있는가 하면 어떤 사람은 처음에는 죽으라고 고생을 하다가 끝이 아주 영광스러운 사람도 있습니다. 많은 사람은 그것이 운 때문이라고 이야기를 합니다. 즉 운이 따라주는 사람은 끝까지 잘 되는 법이고 운이 따라주지 않는 사람은 끝이 비참하게 된다고 생각을 합니다. 그러나 성경은 모든 사람들이 자신의 길을 가고 있으며 길을 잘못 선택했을 때 결말이 나쁘게 나오게 된다고 말씀합니다.

역대상은 처음 1장부터 9장까지는 이스라엘의 족보가 기록이 되어 있습니다. 그런데 그 족보도 이스라엘의 완전한 족보가 아니고 대단히 불완전한 족보입니다. 예를 들어서, 어느 사람이 책을 불에 태우다가 끄집어냈을 때 책은 일부분만 남아있게 되는 것처럼 우리가 역대기의 족보를 읽으면 이 족보책은 완전히 불타는 가운데서 끄집어낸 단편적인 족보라는 것을 알 수 있습니다. 그럼에도 불구하고 이 족보에는 대단히 충격적이고 인상적인 내용들이 많이 있습니다. 그 중에서 가장 인상적인 것이 첫 페이지 족보를 아담에서 시작하는 것입니다. 이스라엘 자손들이 바벨론 포로에서 돌아왔을 때에는 이미 이스라엘 백성들은 바벨론의 신화나 페르시아의 미신에 젖은 상태였습니다. 그럼에도 불구하고 역대상은 '아담, 셋, 에노스…' 하는 식으로 족보를 시작합니다. 이것은 우리는 다른 어떤 사상도 거부하고 오직 성경적 진리만 믿는다는 선포입니다. 아마 오늘 시대에도 그 많은 사상과 종교 가운데서 오직 성경 진리만 믿는다고 선포하면 사람들은 모두 너무 폐쇄적이라고 하면서 경멸할 것입니다. 그러나 부흥은 오직 성경 진리만 붙들 때 일어나게 됩니다.

우리가 역대상 1장의 족보를 보면 참 신앙의 자손은 너무 드물게 생기고 불신앙의 뿌리는 너무 빨리 퍼지는 것을 볼 수 있습니다. '아담, 셋, 에노스…' 하는 믿음의 자손들은 거의 100년에 한 명이 날까 말까합니다. 그러나 불신앙의 가라지는 너무 빨리 자라는데 그것도 아무 믿음이 좋은 사람들의 자식들이 가라지였습니다. 노아의 자손들 중에서 함의 자손들이 가라지였고 아브라함의 아들 중에서는 이스마엘 자손이 가라지였고 이삭의 아들들 중에서는 에서의 자손들이 가라지였습니다. 그래서 우리가 순수한 성경적 신앙을 가지로 부흥의 꽃을 피우는 것은 기적 중의 기적인 것입니다.

이스라엘 자손 중에서 가장 중요한 자손은 유다 자손입니다. 유다의 자손은 처음에는 유다가 세상으로 나가는 바람에 참 비참하게 시작이 된 지파였는데 확실한 신앙으로 돌아오니까 베레스의 아들 헤스론 대에서 많이 번창하게 되었습니다. 그 중에서 야베스는 기도로 그 이름이 남아 있게 되어 있는데 '하나님께서 내게 복에 복을 더하사 지경을 넓혀주시고 환란을 벗어나 근심이 없게 하소서' 라는 기도였습니다. 결국 야베스의 기도는 어려운 때에 부흥을 구하는 기도였고 하나님께서 그 기도를 들어주셨습니다. 그러고 나서 여러 이스라엘 지파의 족보가 나오는데 그들이 믿음에 굳게 서서 하나님의 말씀대로 나가면 생각지도 못한 놀라운 결과를 얻기도 했지만 세상을 따라갈 때에는 결국 멸망을 면하지 못했고 포로에서 돌아오지도 못하는 처지가 되고 말았습니다.

이스라엘 족보 중에서 특이한 것이 레위족의 족보인데 레위 지파는 고핫과 게르손과 므라리로 되어 있어서 이들은 과거에 성막이 이동할 때에 각각 역할을 나누어서 했습니다. 즉 고핫 자손들은 언약궤와 성전 기물들을 날랐고 게르손 자손은 성전의 장막들 그리고 므라리 자손들은 기둥들이나 널빤지 같은 것들을 날랐습니다. 그러나 예루살렘에 언약궤가 고정된 후로는 이들은 모두 세 개의 찬양대가 되어서 헤만과 아삽과 에단의 지휘를 받으며 하나님을 찬양하는 일을 했습니다. 특히 사무엘의 아들들은 사무엘 같이 신실하지 못했지만 그 손자 헤만은 성전에서 찬양하는 자들의 중심이 되었습니다. 또 고라 같은 경우에도 모세를 대적해서 땅이 갈라져서 죽지만 고라의 자손들은 모두 신실한 신앙의 사람으로 남게 됩니다. 사무엘도 고라 자손 중의 하나였습니다.

사실 이스라엘 자손들이 바벨론 포로에서 돌아오는데 주역은 레위인들이었습니다. 이들은 우리가 다시 성전을 중심으로 부흥의 불길을 일으키기만 하면 하나님의 뜻은 나타나게 된다고 믿었습니다. 그래서 바벨론 포로에서 돌아온 지금 거의 태반의 이스라엘 백성들은 없어지고 말았지만 성전을 중심으로 다시 말씀과 기도의 부흥이 일어나면 새 이스라엘이 만들어질 수 있다고 생각하는 것입니다.

역대상은 10장부터 이스라엘 역사를 기록하고 있습니다. 그런데 역대상은 사무엘서처럼 사무엘의 출생이나 사울 왕이 부름을 받거나 혹은 다윗이 기름 부음을 받는 데서부터 시작하지 않고 사울 왕이 블레셋과의 전쟁에서 패배해서 비참하게 죽는 데서부터 시작합니다.

우리가 이것을 볼 때 당연히 머릿속에 떠오르는 생각은 왜 사울은 실패했고 다윗은 하나님의 축복을 받았을까 하는 것입니다. 즉 사울이 실패했던 원인과 다윗이 축복을 받은 원인을 생각해보자는 것입니다. 사울 왕이 실패할 수밖에 없었던 가장 큰 이유는 이스라엘이라는 나라 자체를 제대로 이해하지 못했기 때문이었습니다. 사울이 실패하고 망할 수밖에 없었던 이유는 이스라엘을 세상 나라 같이 부흥시키려고 했기 때문입니다.

1. 이스라엘 나라의 특성

이스라엘 나라는 전 세계에서 유일한 하나님의 나라였습니다. 그래서 이스라엘의 왕은 사람이 아니라 하나님이셨습니다. 하나님이 이스라엘의 왕이시라는 사상은 기드온의 말에서 잘 나타납니다. 기드온이 미디안 군대를 물리치고 이스라엘을 다시 되찾았을 때 이스라엘 백성들은 기드온을 찾아와서 대대로 기드온과 그의 후손들이 이스라엘을 다스리게 해 달라고 부탁을 했습니다. 이때 기드온은 자신은 물론이고 자기 아들이나 후손들이 이스라엘을 다스리지 않을 것이라고 말했습니다. 그 이유는 하나님이 이스라엘의 왕이시기 때문입니다.(삿 8:23) 그러면 하나님은 이스라엘을 어떻게 다스리실까요? 바로 하나님의 말씀으로 다스리십니다.

여기서 하나님의 말씀으로 이스라엘을 다스린다고 하는 것은 하나님께서 하나님의 말씀을 가지고 이스라엘 백성들에게 복종을 강요한다는 뜻이 아닙니다. 이스라엘 지도자들이 이스라엘 백성들에게 하나님의 말씀을 잘 가르치면 이스라엘 백성들이 하나님의 말씀을 스스로 깨닫고 그 말씀대로 사는 것을 말합니다. 이스라엘 백성들이 하나님의 말씀을 깨닫고 말씀에 순종해서 살면 반드시 이스라엘에 부흥이 오고 축복이 오게 되어 있습니다. 그러면 이스라엘 왕은 도대체 무엇을 하는 사람일까요? 이스라엘 왕은 이스라엘 백성들이 하나님의 말씀대로 살도록 지도력을 발휘하는 사람이었습니다. 이론적으로 이스라엘 백성들은 하나님의 말씀을 들으면 잘 순종할 것 같지만 실제로 인간들은 말씀에 잘 순종하게 되어 있지 않습니다.

예를 들어서, 사거리에서 교통 신호가 꺼지게 되었을 때 차들은 순서대로 가면 될 텐데 실제로는 자기가 조금이라도 먼저 가려고 하는 바람에 차들이 엉켜서 교통이 막히게 됩니다. 그때 교통경찰이 수신호를 해서 차들을 보내면 교통이 원활하게 소통될 것입니다. 마찬가지로 이스라엘 백성들이 머리로는 하나님의 말씀대로 순종해야 한다는 것을 알지만 실제로는 그것이 잘 되지 않습니다.

이사야가 말했듯이 '우리는 다 양 같아서 각기 제 길로 가는 것'(사 53:6)입니다. 그래서 이스라엘 왕은 백성들이 다른 길로 가지 못하도록 지키고 설득을 하는 사람이었습니다. 그런데 사람은 이상하게도 혼자서는 하나님의 말씀에 순종하는 것이 어려워도 지도자가 바른 방향을 제시하고 그 쪽으로 유도하면 또 다 따라가게 되어 있습니다. 그래서 이스라엘 백성들이 복 받는 방법은 양들이 복 받는 것과 비슷했습니다. 양들이 복을 받는 길은 목자가 양들에게 억지로 먹이를 먹이거나 살찌우는 것이 아니라, 푸른 풀이 있고 맑은 시내가 있는 곳으로 데리고 가면 그것을 먹고 저절로 살이 찌고 새끼를 많이 낳게 되어 있는 것입니다. 마찬가지로 이스라엘이 부흥되고 복을 받는 비결은 왕이 많은 전쟁을 해서 땅을 빼앗거나 혹은 무역을 많이 해서 장사를 해서 돈을 많이 버는 것이 아니었습니다. 왕이 할 일은 이스라엘 백성들에게 하나님의 말씀을 많이 전해서 말씀을 깨닫고 말씀대로 살도록 인도하는 것이었습니다. 그래서 이스라엘 왕은 세상 왕과는 완전히 달라야 했습니다. 즉 세상 왕은 나라가 자기 것이나 마찬가지이기 때문에 모든 것을 왕이 마음대로 할 수 있습니다. 그리고 전쟁을 많이 하거나 장사를 많이 해서 돈을 많이 버는 것이 잘하는 것이었습니다. 그러나 이스라엘 왕은 나라가 자기 나라가 아니었습니다. 오직 하나님이 하시고자 하는 것을 대리로 하는 것뿐이었습니다. 그래서 이스라엘 왕은 백성들에게 하나님의 말씀을 많이 가르치고 자기 자신도 하나님의 말씀을 언제나 가까이 해야만 했습니다. 그리고 하나님의 말씀에 따라서 백성들을 인도해야만 했습니다.

즉, 백성들을 꾸짖고 때리는 것이 아니라 격려하고 칭찬하는 방식으로 믿음대로 살도록 격려해야 하는 것입니다. 그러나 이것이 말은 쉬워도 실제로 이대로 하기에는 너무나도 어려운 일이었습니다. 왜냐하면 일단 왕이 세상 방식으로 백성들 위에 군림하고 인간적으로 다스려야 백성들이 왕이 두려워해서 통치가 안정이 될 수 있습니다. 그리고 일단 위엄이 있기 때문에 주위 나라들도 우습게 여기지 못합니다. 그러나 왕이 하나님의 말씀만 가지고 백성들이 알아서 복종하기를 바라면 일단 백성들 자신이 왕을 우습게 알고 기어오르게 됩니다. 그리고 주위 나라에서도 왕을 바보로 알고 쉽게 침공하려고 합니다. 그런데 이상한 것은 왕이 인간적으로 이스라엘을 다스리면 처음에는 굉장히 효과적이고 좋은 것 같은데 하나님의 능력이 잘 나타나지 않습니다. 그래서 왕도 그렇고 이스라엘도 그렇고 자꾸 시간이 갈수록 나라가 힘이 없어지게 됩니다. 그런데 반대로 왕이 하나님의 말씀만 가지고 나라를 다스리면 처음에는 백성들도 우습게 알아서 대들기도 하고 이방 나라도 계속 공격을 해서 괴롭히는데 이상한 것은 자꾸 부흥이 일어나고 하나님의 기적적인 능력이 나타나는 것입니다.

그래서 이스라엘 왕이 제대로 이스라엘을 다스리려고 하면 자기 자신이 철저한 말씀의 체험이 있어야 합니다. 즉 다른 사람들이 아무리 세상적인 방법으로 성공하고 유명하게 되어도 자기 자신은 죽었으면 죽었지 하나님의 말씀만 붙드는 결단이 있어야 하는 것입니다.

2. 사울의 장점과 실패

■

하나님께서 처음 사울을 왕으로 택하셨을 때 사울은 참으로 장점이 많은 사람이었습니다.

우선 하나님께서는 이스라엘의 첫 왕으로 베냐민 지파에서 사울을 택하셨습니다. 우리가 사사기를 보면 베냐민 지파는 동성연애자 깡패들을 두둔해서 이스라엘 전체와 전쟁을 하는 바람에 도망친 600명 외에는 모든 남자와 여자와 아이들까지 같은 이스라엘 백성들에 의해서 죽임을 당합니다. 그러고는 이스라엘 나머지 지파가 이 600명을 억지로 짝을 맞추어서 겨우 베냐민 지파가 살아남게 되었습니다. 그런데 하나님께서는 이스라엘 초대 왕을 이런 식으로 가장 비참한 환란을 당한 지파에서 택하셨습니다.

하나님께서 이스라엘 초대 왕을 베냐민 지파에서 택하신 것은 베냐민 지파가 그런 자격이 있어서 그런 것이 아니었습니다. 단지 하나님께서 가능성 하나만 보시고 불쌍히 여기셔서 기회를 주신 것이었습니다. 만약 이때 사울 왕이 죽을 각오를 하고 하나님의 말씀만 붙들고 이스라엘의 부흥을 일으켰더라면 상당한 기간 베냐민 지파에서 왕이 나왔을 것입니다. 아니면 베냐민 지파와 유다 지파가 협력해서 이스라엘의 부흥을 일으켰을 수도 있습니다.

그러나 사울 왕은 죽을 각오를 하고 말씀을 붙들 만한 믿음은 가지지 못했습니다. 그래도 사울 왕에게는 장점이 있었습니다. 그 중 하나가 그가 겸손하고 신중한 사람이었다는 사실입니다.

사울은 사무엘을 만나고 기름 부음을 받은 후에도 일체 다른 사람들에게 떠벌리고 다니지 않았습니다. 그리고 제비를 뽑아서 사울이 이스라엘의 왕이 되었을 때에도 부끄러워서 짐 사이에 숨어 있었습니다. 그만큼 사울은 겸손한 사람이었습니다. 그리고 사울은 성령의 체험도 몇 번씩 있었습니다. 즉 사울이 처음 사무엘을 만나고 집으로 돌아갈 때 사무엘이 예언한 대로 블레셋 영문 앞에서 찬송하며 연주하는 선지자들의 무리를 만났을 때 성령이 임했습니다. 그래서 사울은 엑스터시 상태에서 아예 옷을 벗고 있었습니다. 그리고 그 후에도 이런 체험이 있었습니다.

사울은 성령이 임하시면 완전히 다른 사람으로 변했습니다. 그리고 사울이 시원찮은 지파 출신으로서 왕으로 뽑혔을 때 깡패 같은 사람들이 사울을 조롱하면서 인정치 않았습니다. 그런데도 불구하고 사울은 그 사람들에게 보복하지 않고 참았습니다. 또 사울이 왕이 되고 얼마 있지 않아서 길르앗 야베스 사람들이 암몬 족속의 침략을 받아서 한쪽 눈알이 다 뽑히게 되었을 때 사울은 자기가 농사를 짓던 소를 조각을 내어 전 이스라엘에 보내어 이스라엘을 소집하고 암몬을 기습적으로 공격해서 길르앗 야베스 사람들을 구원하였습니다. 사울 왕은 아말렉과도 싸워서 크게 이겼고 그래서 사울 때 이스라엘 백성들이 물질적으로 상당히 여유 있게 잘살았던 것을 알 수 있습니다. 그리고 사울은 사명감이 있어서 블레셋과 한평생에 걸쳐서 전쟁을 했고 나중에는 결국 전사까지 했습니다.

사울은 중간에 두 번 다윗이 자기를 죽일 수 있었지만 자기를 살려 주었을 때 울면서 회개를 할 정도로 솔직한 사람이었습니다. 그리고 사울은 정신을 차리게 되면 다윗에게 다윗이 자기보다 훌륭하며 결국 이스라엘의 왕이 될 것이라고 말을 하기도 했습니다.

그러나 사울은 이스라엘 왕으로서 결정적인 핸디캡이 있었습니다. 사울은 죽는 한이 있어도 하나님의 말씀을 붙들고 나가면 이스라엘에 부흥이 일어난다는 믿음이 없었습니다. 그래서 사울 왕은 이스라엘의 왕이 되자 다른 나라 왕들처럼 용병들을 뽑아서 자기 주위에 두기 시작했습니다. 그러나 이 용병들은 결국 돈을 받고 일을 하는 사람들이기 때문에 사울은 하나님의 말씀에 순종할 수가 없었습니다. 하나님께서는 사울 왕에게 아말렉을 치고 난 후 모든 짐승들을 다 죽이라고 명령하셨습니다. 그러나 사울 왕은 용병들에게 월급을 줘야 했기 때문에 다 죽일 수가 없었습니다.

사울과 하나님의 관계가 근본적으로 틀어지게 된 것은 사울 왕이 아말렉을 치면서 하나님의 말씀대로 하지 않고 자기 멋대로 한 것이었습니다. 이때 사무엘의 유명한 말이 나옵니다. 즉 '제사보다 순종이 낫다'(삼상 15:22)는 것입니다. 이때 하나님께서는 사울이라는 사람이 결국 하나님의 말씀대로 나가지 않을 것을 아시고 마음속으로 사울을 버리셨습니다. 그리고 하나님은 다윗을 찾아내셨습니다.

특히 사울은 다윗이 골리앗을 죽여서 인기를 끌게 되었을 때부터 다윗을 시기하기 시작했습니다. 물론 우리도 인간이기 때문에 나보다 다른 사람이 더 인기를 끌고 유명해지면 배가 아파질 수 있습니다. 즉 시기심이 생기고 질투하는 마음이 생길 수도 있습니다. 그러나 우리는 결코 그런 마음을 오래 품고 있어서는 안 됩니다. 오히려 그런 성령의 사람이 있어서 얼마나 하나님의 축복이 임하고 부흥이 일어나는지를 생각하고 기뻐해야 하는 것입니다. 사울의 아들 요나단는 그렇게 했습니다.

요나단은 하나님의 성령의 역사가 다윗에게서 나타나는 것을 보고 다윗을 너무나도 좋아했습니다. 그러나 사울 왕은 다윗을 자신의 경쟁상대로 생각해서 어떻게 해서든지 죽이려고 했습니다. 하나님의 나라는 경쟁상대라는 것이 없습니다. 왜냐하면 하나님의 은사는 무궁무진하며 또 사람을 세우시는 분도 하나님이시기 때문에 우리는 거기에 복종하기만 하면 되는 것입니다.

사울의 정신병은 불안에서 왔고 더 근본적으로 말하면 왕위에 대한 불안에서 왔던 것입니다. 그런데 이것을 포기하지 않고 끝까지 인간적으로 붙들려고 하니까 이 병이 점점 더 깊어져서 결국 다윗을 죽이려고 하는 시도까지 하게 되었습니다. 사울에게 있어서 두 번째로 결정적인 죄는 다윗에 대한 시기심 때문에 성전에서 기도하는 제사장들을 85명이나 한꺼번에 죽인 것입니다. 다윗은 도망치다가 놉 땅에 있는 성전에 가서 제사장의 도움을 받았습니다. 이때 다윗은 너무 배가 고프니까 성전에 있는 거룩한 떡을 먹고 자기가 죽인 골리앗의 칼을 받았습니다.

사울 왕은 이 보고를 듣고 제사장들이 다윗을 도왔다고 오해를 해서 아무 죄 없는 제사장 85명을 죽이게 합니다. 결국 제사장이라는 사람들이 왕과 이스라엘을 위해서 기도하는 사람들인데 기도하는 사람들을 다 죽여버리니까 이스라엘을 위해서 기도할 사람들이 없어져버렸습니다.

즉 이스라엘을 위해서 계속 기도를 해서 부흥의 불길이 타오를 수 있는데 기도하는 사람들을 다 죽여버리니까 이스라엘에는 부흥의 불이 꺼지게 되었습니다. 결국 이것이 사울이 비참하게 망할 수밖에 없었던 결정적인 이유였습니다. 즉 이스라엘은 기도의 불길이 한 순간도 꺼지지 않고 계속 불타올라야 하나님의 능력이 계속 부어지고 부흥이 일어나게 되는데 사울이 이스라엘을 위해서 기도하는 제사장들을 죽인 것이 결정적으로 이스라엘의 부흥이 꺼지게 되는 이유였습니다.

세 번째로 사울 왕의 결정적인 죄는 이스라엘 안에 부흥이 죽으니까 사울 왕이 어디에 가더라도 하나님의 말씀을 들을 수가 없었고 성경적인 상담을 받을 수가 없었습니다. 그래서 결국 사울 왕은 그 답답함을 참을 수가 없어서 엔돌의 무당을 찾아가서 죽은 사무엘을 불러 올려서 사무엘의 이야기를 듣습니다. 물론 이 죽은 사무엘은 사무엘일 리가 없습니다. 악령이 자기가 사무엘인 것처럼 흉내를 내는 것이었습니다. 하나님께서 가장 싫어하시는 것이 무당에게 가거나 점을 치는 것인데 한때는 성령을 체험했던 사울 왕이 그 짓을 했습니다. 결국 사울은 블레셋과의 전투에서 크게 패해서 길보아 산에서 왕 자신과 세 아들과 많은 이스라엘 백성들이 죽게 되었습니다.

역대상 10장에서 여기서부터 기록된 이유는 우리가 과거의 부흥을 잃어버린 이유를 철저하게 찾아보자는 것입니다. 즉 이스라엘 초대 왕이라고 해서 봐주거나 하지 말고 왜 그가 그렇게 비참하게 죽어야 했는지 찾아보자는 것입니다.

즉, 이스라엘은 하나님의 기름밭과 같습니다. 이스라엘은 오직 성령의 불로 강해지게 되어 있습니다. 그래서 이스라엘이 뜨겁게 타오르려고 하면 하나님의 말씀이 온 이스라엘에 질편해야 하는 것입니다. 그리고 왕과 모든 백성들이 하나님의 말씀에 목숨을 걸어야 합니다. 다른 사람들은 아무리 세상적인 방법으로 성공하고 유명하게 되어도 우리는 오직 하나님의 말씀으로 부흥한다는 믿음이 있어야 하는 것입니다. 그런데 사울에게는 하나님의 말씀에 대한 확신이 없었습니다. 그러니까 결국 성령의 기름부음이 다른 사람에게 나타나니까 시기하고 질투하게 됩니다.

우리가 알아야 할 것은 이스라엘이나 교회는 개인의 것이 아니고 하나님의 것입니다. 그러니까 누구를 통해서든지 부흥이 일어나는 것은 참으로 감사한 일입니다.

결국 하나님의 백성들을 가장 고통스럽게 하는 것이 성경적인 방법이 아니라 세상적인 방법으로 부흥시키려고 하는 것입니다. 그러면 하나님의 백성들은 굉장히 정신적인 혼동이 오면서 너무나도 가슴이 답답해지게 됩니다.

결국 사울 왕은 이스라엘 나라를 자기 것으로 만들기 위해서 기도하는 제사장들을 다 죽여버리고 이스라엘의 부흥의 불길을 꺼버렸습니다. 결국 이것이 성령을 훼방한 죄였고 사울과 그 집안은 가장 비참하게 멸망하고 말았습니다. 이와 비슷한 예가 엘리 제사장의 집안이었습니다. 엘리의 두 아들 홉니와 비느하스는 제사장이었지만 신앙이 없었습니다. 그래서 하나님의 성전을 이방인 신전같이 생각했습니다. 그 당시 이방인 신전에 있는 여자들은 창녀들이었습니다. 그리고 제물은 제사장들이 자기 멋대로 처분을 했습니다. 그들은 성전에 수종드는 여인과 간음을 행하고 하나님께 바치는 제물을 강탈을 했습니다. 그때 하나님께서는 어린 사무엘을 통해서 경고하셨지만 엘리 제사장은 하나님보다 자식을 더 끔찍하게 좋아했습니다. 결국 전쟁터에서 이스라엘은 블레셋에 패하여 많은 이스라엘 백성들이 죽고 홉니와 비느하스는 같은 날 죽고 하나님의 언약궤는 빼앗겼습니다. 그리고 두 아들이 죽었다는 소식을 듣고 엘리 제사장은 의자에서 뒤로 넘어지면서 목이 부러져서 죽고 그 며느리는 아이를 낳다가 죽습니다. 하나님의 성령을 훼방했다가 완전히 한 가족 전체가 떼죽음을 당하고 말았습니다.

3. 사울 왕의 비참한 최후

사울 왕이 이스라엘의 왕이 된 것은 무슨 자격이 있어서 된 것이 아니었습니다. 사울이 왕으로 처신하는데 두 가지 방법이 있을 것입니다. 하나는 사울이 다른 사람들로부터 미쳤다는 소리를 들을 각오를 하고 모든 것을 철저하게 말씀대로 믿음대로 하는 것입니다. 이미 사울은 처음 왕이 되었을 때 건방진 사람들로부터 무시를 당한 적이 있었습니다. 그런데 놀라운 것은 사울이 욕을 먹고 무시를 당했지만 하나님의 능력이 나타나서 전쟁에서 이겼습니다. 그리고 다른 하나가 인간적인 방법으로 다른 왕들처럼 왕위를 유지하는 것입니다. 즉 군대를 세우고 조직을 만들고 인간적으로 이스라엘을 경영해나가는 것입니다. 그러면 일단 사울은 인정은 받고 나라는 일시적으로 잘살게 되지만 성령의 역사가 없어지는 것입니다.

우리가 조심해야 하는 것이 세상적으로 성공한 후에 죄를 짓기 쉽다는 것입니다. 사람이 고지를 향하여 달려갈 때에는 일단 달성해야 할 목표도 있고 또 최고의 자리에 오르지도 못했기 때문에 겸손하기도 하고 열심히 할 일이 있습니다. 그러나 일단 최고의 자리에 오르고 나면 그때는 더 이상 올라갈 데도 없고 할 일도 없고 같이 어울릴 사람도 없게 되는 것입니다. 그래서 높은 산에 등산하는 산악가들은 산 정상에 올라가는 것이 목표가 되어서는 안 된다고 합니다. 왜냐하면 정상에 올라가는 것이 목표가 되면 정상에 오르느라고 너무 기운을 소진을 하는 바람에 내려오다가 사고가 나서 죽기가 쉽기 때문입니다. 그래서 등산하는 사람은 반드시 산에 올라갔다가 내려오는 것까지 생각을 해야 하는 것입니다. 사람들은 누구나 최고의 자리에 오르고 싶어 하지만 최고의 자리는 고독하고 미끄러우며 죄짓기 쉬운 자리입니다.

그래서 현명한 하나님의 백성들은 결코 높은 자리에 오르는 것이 목표가 되어서는 안 됩니다. 오히려 하나님의 말씀을 붙들고 살아가다가 높은 자리에 오를 수도 있고 낮은 자리에 내려갈 수도 있는 것입니다. 즉 하나님의 말씀을 붙드는 것 자체가 목표가 되어야 하는 것입니다.

그런데 사울은 겁도 없이 이스라엘 최고의 자리에 올라가고 말았습니다. 그러고 나서는 자리가 불안하니까 군인들을 뽑아서 부하를 삼고 그리고 인간적으로 나라를 경영을 했습니다. 거기서 사울에게 가장 힘들었던 것은 옛날 평범한 시절에 느꼈던 성령의 감동이 없는 것이었습니다. 그리고 성령의 감동이 없으니까 사울에게 찾아오는 것은 우울증과 정신분열증과 다른 사람에 대한 의심이었습니다.

사울은 자리만 왕이었지 그의 내면은 너무나도 비참하게 황폐해지고 말았습니다. 아마 이것이 지금도 유명한 사람들의 비슷한 형편일 것입니다. 너무 돈이 많고 유명하니까 아무하고나 어울릴 수가 없고 아무 데나 갈 수도 없고 할 일도 없는 것입니다.

이번에 미국의 유명한 흑인 골프 선수가 바람을 피웠다고 해서 신문에서 떠들썩합니다. 그런데 그는 스킨 스쿠버 다이빙을 미친 듯이 하는데 그 이유는 물속에는 사람들이 자기를 안 본다는 것입니다. 이미 이 사람은 정신병을 앓고 있는 것입니다. 지난번에 죽었던 가수 마이클 잭슨도 아동 성추행으로 돈을 다 날려버렸습니다. 겉으로는 수백억을 벌고 세계에서 가장 인기 있는 가수이지만 그의 속은 이미 병들대로 병들어 있었던 것입니다.

결국 우리 속사람을 하나님의 말씀으로 채우지 않으면 이 세상의 부귀와 영화 속에 그 정신이 병들어가고 미쳐가게 되는 것입니다. 사울 왕은 무당을 찾아가서 죽은 귀신에게 위로를 받으려고 했는데 결국 이것이 그가 비참하게 망하는 결정적인 이유가 되었습니다. 그러나 사울은 너무나도 답답하니까 무당을 찾아가지 않을 수가 없었습니다.

삼손 같은 경우에는 나귀 턱뼈로 블레셋 사람 1,000명을 죽인 후에 가사의 기생집에 나타났다가 들통이 나서 포위가 되었습니다. 왜냐하면 결국 인간은 하나님의 은혜만으로 안 되기 때문입니다. 인간은 인간인 것입니다. 인간은 역시 평범한 것으로 안정감을 누리고 다른 사람과 어울리면서 사는 맛을 누리게 되어 있습니다. 그런데 너무 유명해져버리고 너무 높아져버리니까 그 고독과 허무감을 이기지 못해서 결국 죄에 빠지게 되는 것입니다.

본문 말씀을 보면 이스라엘 백성과 블레셋이 길보아 산 부근에게 대 결전을 벌이게 되는데 이스라엘이 블레셋 사람들에게서 대패를 당합니다.

그래서 길보아 산에서 사울 왕과 세 아들 요나단, 아비나답, 밀기수아가 전사를 합니다. 사울에게는 네 아들이 있었는데 세 명이 아버지와 같이 길보아 산에서 죽습니다. 이것은 하나님께서 사울과 그 가족을 그만큼 무가치하게 보시는 것입니다. 이스라엘의 지도자들은 한 사람 한 사람이 부흥을 일으킬 능력을 가진 자들인데 한꺼번에 떼죽음을 당하는 이유는 아무 가치가 없다는 뜻입니다. 특히 사울 왕은 자살이라는 비참한 방법으로 죽습니다.

사울은 활을 가진 자가 뒤에 따라오면서 활을 몇 번 쏘아서 맞추었는데 살아서 도망칠 수가 없었습니다. 그렇다고 해서 산채로 붙잡히면 블레셋 사람들이 사울을 가장 비참한 방식으로 죽일 것입니다. 그래서 사울은 자기 부관에게 칼로 나를 찔러 죽이라고 했습니다. 그래도 부관이 왕을 죽일 수는 없는 일입니다. 그래서 결국 사울은 자기 칼을 세워놓고 그 위에 엎드러져 죽는 자살의 방법으로 죽었습니다. 그리고 부관도 왕을 지키지 못했기 때문에 결국 왕과 같은 방법으로 죽었습니다. 그리고 그 산에서 너무나도 많은 이스라엘 남자들이 죽었기 때문에 이스라엘은 거의 재기가 불가능할 정도였습니다.

나중에 블레셋 사람들이 와서 전리품을 챙기다가 사울의 시체를 발견하고 머리를 잘라서 자기들의 다곤 신전에 두고 시체를 성벽에 박아두었습니다.

이것은 블레셋 사람들이 사울의 시체에 대해서도 가장 심한 굴욕을 주는 것입니다. 하나님의 백성들은 사는 것도 중요하지만 죽는 것도 중요합니다. 즉 어떻게 죽느냐 하는 것이 살아온 것 못지않게 하나님의 영광에 관계가 됩니다. 그래서 잘 죽는 것도 점수가 아주 큽니다. 어떤 분은 죽으면서 성경책을 읽다가 죽었는데 너무나도 귀한 죽음이지요. 어떤 분은 기도하다가 죽기도 하고요. 우리는 잘 죽는 것이 참 중요합니다. 어떤 사람은 죽으면서 살았을 때 점수를 다 까먹는 분도 있습니다.

사울은 살아있는 때에도 비참했는데 죽을 때 더 비참했고 죽고 난 후에 더욱 더 비참했습니다. 또한 사울이 왕노릇을 잘 못하니까 자기 개인에게도 불행이었고 자기 가족에게도 큰 불행이었고 이스라엘 전체에도 큰 불행이었습니다. 이것이 바로 하나님의 일을 우습게 생각한 결과인 것입니다.

본문 13-14절, "사울의 죽은 것은 여호와께 범죄하였음이라 저가 여호와의 말씀을 지키지 아니하고 또 신접한 자에게 가르치기를 청하고 여호와께 묻지 아니하였으므로 여호와께서 저를 죽이시고 그 나라를 이새의 아들 다윗에게 돌리셨더라"

사울의 비참한 것을 그나마 그만두게 한 사람들은 사울이 처음 왕 되면서 눈이 뽑힐 뻔한 데서 건져주었던 길르앗 야베스 사람들이었습니다. 이 사람들은 사울의 시체가 성벽에 박혀 있는 것을 알고는 밤새 가서 시신을 성벽에서 떼어다가 가지고 와서 야베스의 상수리나무 아래에 묻었습니다. 이것은 왕으로서는 아주 초라한 것이었습니다. 왜냐하면 사울은 직책이 높았지만 이스라엘에게 넘겨줄 정신적인 유산은 초라했기 때문입니다.

우리는 하나님의 일을 할 때 두려운 마음으로 해야 합니다. 이것은 나의 열정이나 나의 의욕으로 할 일이 아닙니다. 그리고 하나님이 기회를 주셨을 때 아무리 사람들이 우습게 알고 못살게 굴어도 목숨 걸고 말씀으로 부흥을 일으켜서 하나님의 뜻을 이루어드리는 성도들이 다 되시기를 바랍니다.

다윗은 언제나 자신을 하나님 앞에서 인도받아야 할 한 마리의 양으로 생각했습니다.

그리고 다윗은 이스라엘이 부흥하고 축복받는 비결이

왕이 무슨 정치를 잘 하거나 무역을 잘 해서 되는 것이 아니고

백성들을 말씀의 초장으로 데리고 가서 하나님의 말씀을 잘 먹게 하는 것이

나라가 부흥되고 복 받는 비결이라고 믿었습니다.

그래서 다윗은 무엇보다 먼저 자기 자신이 하나님의 말씀을 붙들었고

하나님의 말씀에 철저하게 헌신했습니다.

그랬더니 이스라엘은 부흥되었습니다.

CHAPTER 09

다윗의 기초

대상 11:1-47

영국 복음주의 목회자들은 설교를 하면서 "우리는 18세기로 돌아가야 한다."는 말을 자주 합니다. 그 이유는 18세기 때 영국에서 복음이 가장 능력 있게 전파되었고 교회가 가장 교회다웠기 때문입니다. 이때 조지 휫필드와 존 웨슬리는 영국 전역을 다니면서 설교를 했는데 설교 할 때마다 수만 명의 사람들이 모여서 은혜를 받았으며 영국 사회 자체가 무지와 빈곤에서 벗어나게 되었습니다. 그러나 그 후에 영국 교회는 세상 지식의 공격을 많이 받아서 침체되었고 사람들은 거의 교회를 떠나게 되었습니다.

이스라엘 사람들은 늘 언제나 자신들은 다윗과 솔로몬 때로 돌아가야 한다고 말을 합니다. 특히 그 중에서도 신앙적으로 볼 때에는 솔로몬 때보다는 다윗이 다스릴 때로 돌아가야 한다고 합니다. 그 이유는 다윗 때 이스라엘이 가장 이스라엘다웠기 때문입니다. 사람들은 다윗을 보았을 때, 다윗이 하나님이 보내신 메시아가 아닐까 생각될 정도로 다윗은 정의로웠고 말씀과 능력이 충만하였고 성령의 부흥을 일으키에 충분했습니다. 그러나 다윗은 결코 하나님이 보내신 메시아는 아니었습니다. 그는 신하의 아내와 범죄를 저질렀고 피를 많이 흘렸기 때문에 성전을 짓지 못했습니다. 그럼에도 불구하고 다윗의 통치는 이스라엘 백성들 모두에게 엄청난 자신감을 주었고 세계 다른 많은 나라 사람들에게도 큰 희망이 되었습니다.

우리에게 궁금한 것은 다윗이 어떻게 해서 그렇게 능력 있는 통치를 할 수 있었을까 하는 것입니다. 다윗의 통치 철학이 가장 잘 나타나고 있는 시가 시편 23편이라고 볼 수 있습니다.

다윗은 시편 23편에서 '여호와는 나의 목자시니 내가 부족함이 없으리로다. 그가 나를 푸른 초장에 누이시며 쉴만한 물가으로 인도하시는도다' (시 23:1,2)라고 노래하고 있는데 이것이야말로 다윗의 신앙과 통치 철학을 가장 잘 보여주고 있다고 말할 수 있습니다. 즉 다윗은 절대로 자기 자신을 왕으로 생각하지 않았습니다.

다윗은 언제나 자신을 하나님 앞에서 인도받아야 할 한 마리의 양으로 생각했습니다. 그리고 다윗은 이스라엘이 부흥하고 축복받는 비결이 왕이 무슨 정치를 잘 하거나 무역을 잘 해서 되는 것이 아니고 백성들을 말씀의 초장으로 데리고 가서 하나님의 말씀을 잘 먹게 하는 것이 나라가 부흥되고 복 받는 비결이라고 믿었습니다. 그래서 다윗은 무엇보다 먼저 자기 자신이 하나님의 말씀을 붙들었고 하나님의 말씀에 철저하게 헌신했습니다. 그랬더니 이스라엘은 부흥되었습니다.

역대상 11장은 다윗이 이스라엘의 전체 장로들의 청빙을 받아서 이스라엘 왕이 되고 예루살렘을 정복해서 수도를 삼았던 일과 다윗을 도왔던 많은 용사들의 이름을 기록해 놓고 있습니다. 그러나 이것만 가지고는 절대로 다윗의 통치 전체를 볼 수 없습니다. 왜냐하면 본문이 보여주는 것은 다윗의 통치의 지극히 작은 일부분이기 때문입니다.

1. 다윗의 비천한 출발

다윗이 처음 등장했을 때 다윗은 전혀 다른 사람들 앞에서 두각을 나타내지도 못하는 전혀 별 볼일이 없는 지극히 평범한 소년이었습니다. 하나님께서 사무엘을 베들레헴에 보내어서 사울 다음에 왕 될 사람에게 기름을 붓게 하셨을 때에도 다윗은 아예 사무엘을 만나는 자리에 끼지도 못했습니다. 형들은 모두 사무엘 앞에 멋있게 차려 입고 나타나서 사무엘로부터 기름 부음을 받을 뻔 했을 정도로 잘 생기고 당당했는데 그 시간에 다윗은 혼자 들판에 나가서 양을 치고 있었습니다. 그만큼 다윗은 아버지나 형들이나 가족들로부터도 인정을 받지 못하는 평범한 소년이었습니다.

다윗이 어렸을 때 똑똑한 사람들은 모두 뽑혀서 군인이 되었습니다. 그래서 다윗의 형들은 군인으로 뽑혀서 나갔는데 다윗은 군인으로 뽑히지도 못했습니다. 당시 소년이 양을 친다고 하는 것은 가장 별 볼일 없는 아이들이 하는 것이었습니다.

그런데 다윗은 이 비천한 가운데서 무엇인가 특별한 체험이 있었습니다. 그것은 살아계신 하나님을 체험하는 일이 있었던 것입니다. 즉 다윗은 두 가지를 체험하게 되었습니다. 그 하나는 자기 자신이 하나님 앞에서 절대적으로 부족하다는 것이었습니다. 그리고 다른 하나는 하나님의 율법의 말씀 속에 들어있는 엄청난 축복을 알게 된 것입니다. 다윗이 어떻게 해서 이런 은혜를 체험하게 되었는지는 알 수 없습니다. 아마 우리가 짐작하기에는 하나님께서 다윗을 사랑하셔서 은혜로 찾아오신 것 같습니다. 다윗이 너무 불쌍하고 보잘것없으니까 하나님께서 다윗에게 말씀의 은혜를 주신 것 같습니다. 그래서 다윗은 하나님의 말씀을 통해서 하나님이 얼마나 위대하시고 크신 분이시며 그 하나님 앞에서 우리 인간은 얼마나 보잘 것 없는 존재인지 그리고 다윗은 하나님의 말씀 속에 들어 있는 엄청난 축복을 알게 되었습니다.

다윗이 하나님의 말씀을 얼마나 좋아했는지는 시편 119편을 보면 알 수 있습니다. 시편119편은 176절로 되어 있는데 그 전부가 하나님의 율법을 찬양하는 내용입니다.

그러니까 다윗은 어렸을 때부터 인생의 밑바닥을 경험하게 되었고 그 인생의 비참한 밑바닥에서 하나님의 말씀을 붙잡게 되었습니다. 다윗이 인생의 가장 비참한 밑바닥에서 하나님의 말씀만 붙잡게 되었을 때 다윗은 희한한 능력을 가지게 되었습니다. 그것은 바로 하나님의 능력을 자신에게로 끌고 올 수 있는 능력이었습니다.

우선 다윗은 양을 치면서 하나님의 능력을 경험하게 되었습니다. 그것은 양을 잡아먹기 위해서 곰이나 사자가 왔을 때였습니다. 보통 목자들 같으면 곰이나 사자가 나타나면 양들을 버려두고 도망을 쳤을 것입니다. 그런데 이상하게도 다윗은 곰이나 사자가 겁이 나지 않았습니다. 왜냐하면 하나님께서 자기 자신과 함께 하신다는 자신감이 있었기 때문입니다. 그래서 다윗은 오히려 곰이나 사자가 양을 물고 가면 싸워서 그 입에서 양을 빼내어 왔습니다. 그런데 이상하게도 곰이나 사자가 다윗을 이길 수 없었습니다. 왜냐하면 하나님께서 그때마다 곰이나 사자를 이길 수 있는 힘과 용기를 주셨기 때문입니다. 그 중의 하나가 돌팔매질이었습니다. 다윗의 돌팔매질은 틀림이 없었고 아무리 곰이나 사자가 강해도 다윗의 돌팔매에 머리를 한 번 맞으면 양을 포기하고 도망을 가야만 했습니다.

그런데 아무래도 다윗에게 있어서 큰 은혜의 체험은 사무엘이 다윗의 머리에 기름을 부은 것이었습니다. 다윗은 원래 하나님의 말씀을 너무 좋아했기 때문에 사무엘 선지자가 오는 제사에 꼭 가서 축복 기도를 받고 싶었습니다. 그러나 다윗은 형들에게 서열이 밀려서 그렇게 존경하던 사무엘의 제사에 참석할 수가 없었습니다. 그런데 놀라운 것은 사무엘이 자기를 찾아서 들판까지 온 것이었습니다. 사무엘은 그 똑똑하고 잘 생긴 다윗의 형들을 다 제쳐두고 아무 볼품없는 소년 다윗을 찾아서 들판까지 와서 다윗의 머리에 기름을 부은 것입니다. 이것은 다윗에게 너무나도 중요한 체험이었습니다. 즉 '내가 아무리 보잘 것이 없고 사람들이 알아주지 않는다 하더라도 하나님은 나를 찾아내셨고 내 머리에 기름을 바르셨다' 는 것입니다. 우리의 신앙에 있어서 하나님께서 나를 알아주시는 체험은 엄청난 것입니다. 사람들이 아무리 알아주고 칭찬을 한다고 해도 하나님이 알아주시지 않으면 아무 소용이 없습니다. 그런데 다윗은 사무엘이 머리에 기름을 붓고 난 후부터 성령의 능력이 나타나기 시작했습니다. 이것은 다윗의 생각이나 믿음이나 능력이 옛날과 비교할 수 없을 정도로 커지고 강하여 진 것을 의미합니다.

다윗의 인생을 송두리째 바꾼 것은 전쟁터에 나간 형들에게 물건을 전달하기 위해서 아버지의 심부름을 갔을 때였습니다. 이때도 아버지는 다윗을 믿지 못해서 다윗이 겁이 나서 안가고서 갔다고 거짓말을 할까봐 가서 형들과 상관을 만났다는 증표를 가지고 오라고 했습니다. 그런데 다윗은, 무려 40일 동안 이스라엘 백성들 앞에 나와서 하나님과 이스라엘을 저주하고 욕하는 골리앗을 보고서도 하나도 겁이 나지 않았습니다.

다윗은 오히려 자기가 골리앗과 싸울 의사가 있다는 것을 떠들고 다녔습니다. 이 바람에 다윗은 형들에게 엄청나게 야단을 맞았습니다. 결국 사울 왕은 이 소년에게 관심을 가지고 자기에게 데리고 오라고 부하들에게 명했습니다. 그런데 사울이 만난 다윗은 너무나도 초라했고 보잘것없었습니다. 그래서 사울은 다윗을 포기시키려고 하는데 다윗이 끝까지 우겨서 결국 다윗은 골리앗과 싸우게 되었습니다. 이때 골리앗도 다윗을 보고 너무 실망을 해서 '네가 나를 아예 개로 생각해서 막대기를 들고 나오느냐' 라고 하면서 '너 시체를 공중의 새와 들짐승이 먹게 하겠다' 고 큰 소리를 쳤습니다. 그때 다윗은 이 유명한 말을 남기게 됩니다. "너는 칼과 창과 단창으로 내게 나아오지만 나는 만군의 하나님 여호와의 이름으로 네게 나아가노라." 그리고 다윗이 힘껏 물맷돌을 던졌을 때 물맷돌은 골리앗의 이마에 박혔습니다.

다윗은 골리앗을 발로 밟고 그의 칼을 꺼내어서 골리앗의 머리를 베었습니다. 그리고 이스라엘은 블레셋에 크게 승리했고 다윗은 이스라엘의 영웅이 되었습니다. 이것이 바로 다윗의 생애를 바꾼 사건이었습니다. 그리고 이 후에도 다윗에게는 계속 하나님의 지혜와 능력이 나타났는데 사울의 아들 요나단은 이것을 굉장히 사랑했습니다. 왜냐하면 성령의 능력은 너무나도 아름답고 깨끗하고 능력이 있기 때문입니다. 그러나 이것만으로 다윗이 이스라엘의 왕이 될 수는 없었습니다. 왜냐하면 이때 다윗은 너무 순진했기 때문에 세상의 악이라는 것을 이해하지 못했습니다. 다윗은 모든 사람들의 마음이 다 자기 마음 같이 좋은 줄 알았습니다. 그러나 사울의 신하 거의 대부분은 다윗을 시기하고 있었고 이스라엘의 방백들 대부분은 다윗처럼 하나님의 말씀을 믿지 않고 있었으며 특히 이스라엘 왕이었던 사울 자신이 하나님의 말씀에 헌신되어 있지 않았습니다. 그래서 다윗은 잘 나가는 것 같더니 이번에는 어렸을 때보다 더 비참한 인생 밑바닥으로 굴러 떨어지고 말았습니다. 즉 다윗은 사울 왕의 사위까지 되었지만 사울 왕의 시기를 받아서 직책을 잃고 가정을 잃고 반역자가 되어서 쫓기는 신세가 되었습니다.

2. 다윗이 발견한 이스라엘

다윗이 소년 때 목동으로 있다가 골리앗을 죽이고 이스라엘의 영웅이 되기까지 다윗은 개인적으로 하나님을 의지하고 능력을 체험하는 훈련을 받았습니다. 그러나 다윗은 사울 왕에게 쫓기면서 이제는 자기 개인이 아니라 이스라엘 전체를 이해할 수 있는 경험을 하게 되었습니다.

우선 다윗이 사울 왕의 미움을 받아서 도망치는 신세가 되었을 때 억울한 일을 당한 많은 사람들이 다윗을 찾아왔습니다. 사울은 이스라엘을 하나님의 말씀으로 다스리지 않고 세상적인 방법으로 다스렸습니다. 즉 사울은 신앙이 전혀 없는 관리들을 많이 세웠고 그 관리들은 백성들을 못살게 굴었습니다. 그래서 억울한 일을 당하고 의지할 곳이 없는 사람들이 400명씩이나 다윗을 찾아와서 어려움을 호소했습니다. 다윗을 찾아온 이 400명은 하나님의 은혜를 사모하는 사람들이었고 다른 데 갈 곳이 없는 사람들이었습니다. 물론 다윗은 자기 자신도 하루하루 살아가기가 어려운 형편이었습니다. 그런데 하나님의 기름 부음을 받은 사람의 특징이 고난당하는 하나님의 백성들을 배척하지 못하는 것입니다. 다윗이 자기도 맨손으로 도망을 쳤기 때문에 돈이나 양식이 전혀 없는데 무슨 재주로 이 400명의 사람들을 책임지겠습니까? 그래서 다윗이 이들을 위해서 할 수 있는 것은 하나님의 말씀을 가지고 설교하는 것 밖에 없었던 것입니다. 그런데 놀라운 것은 다윗이 아무 것도 먹을 것이 없고 병들고 가난한 자들에게 하나님의 말씀을 전할 때 그들이 상한 마음이 위로를 받으며 병이 치료되고 먹을 것이 채워지기 시작했습니다. 그리고 놀라운 것이 사울 왕이 그렇게 그들을 죽이려고 눈에 불을 켜고 추격을 했음에도 불구하고 그들의 머리털 하나 상하게 하지 못한 것입니다. 그들의 기도는 응답이 되기 시작했고 그들의 마음속에는 부흥이 일어나고 이스라엘에 대한 소망이 생기기 시작했습니다. 이때 다윗은 분명히 깨닫게 되었습니다. 즉 이스라엘은 다른 나라와 다르다는 것입니다. 이스라엘은 하나님이 목자가 되시며 그 백성들이 하나님의 말씀만 붙들고 따라가면 하나님께서 필요한 것을 채워주시고 부흥을 일으켜주신다는 것이었습니다.

다윗이 이런 시각을 가지고 이스라엘 백성들을 보니까 이스라엘 백성들은 모두 양이었습니다. 양의 특징이 다른 목자의 말은 듣지 않는 것입니다. 양은 자기 목자가 아닌 다른 목자가 끌고 가려고 하면 말을 듣지 않습니다. 즉 양들은 다른 목자에 대해서는 굉장히 고집스럽습니다. 그러나 양들은 자기 목자가 소리를 내면서 가면 너무 순하게 잘 따라오는 것입니다. 바로 이것이 하나님의 백성들의 특징입니다. 하나님의 백성들은 세상적인 방법으로 끌고 가려고 하면 말을 잘 듣지 않고 엄청나게 고집을 부립니다. 그 대신에 하나님의 백성들에게 말씀을 잘 먹이면 너무나도 말을 잘 알아듣고 자기가 해야 할 일에 충성을 다하게 되는 것입니다. 그래서 다윗은 사울 왕에게 쫓겨 다니면서 오히려 이스라엘의 특성을 잘 깨닫게 되었습니다. 즉 이스라엘은 하나님이 목자가 되어야 하며 왕이나 백성들 모두가 하나님의 말씀을 따라갈 때 하나님께서 그들을 지켜주시고 축복해주신다는 것이었습니다.

그래서 무엇보다 먼저 다윗 자신이 하나님의 양이 되었습니다. 다윗은 절대로 하나님을 앞서지 않고 철저하게 하나님이 이끄시는 것을 기다렸습니다. 그랬더니 다윗은 이스라엘의 왕이 되었습니다. 다윗은 이스라엘의 왕이 된 후에도 이 원리를 바꾸지 않았습니다. 이것이 다윗에게는 놀라운 점이었습니다. 보통 사람들 같으면 떠돌아다닐 때에는 하나님의 말씀을 붙잡는다 하더라도 일단 성공하고 나면 사람들의 기대나 비위를 맞추는 쪽으로 나아가게 되어 있습니다. 또 다윗이 적은 무리들에게 했던 방법이 큰 나라를 다스리는 데도 그대로 적용될 수 있다고 보기는 어려웠습니다. 그럼에도 불구하고 다윗은 400명에게 했던 원리 그대로 이스라엘을 통치했습니다. 이것은 다윗이 하나님의 말씀에 대하여 그만큼 확신을 가지고 있었고 하나님의 말씀 외에 다른 것은 일체 받아들이지 않기로 결심을 한 것입니다.

다윗은 비록 사람들에게는 인정을 받지 못하고 무시를 당한다 할지라도 끝까지 하나님의 말씀에 충성하기로 결심을 했습니다. 그래서 다윗은 가장 먼저 자기 자신이 하나님의 말씀을 붙들고 모든 것을 하나님이 먼저 하시게 했습니다. 그랬더니 다윗은 모든 전쟁에서 이겼고 이스라엘 전체에 부흥이 오게 되었습니다. 다윗이 가장 중요하게 생각했던 것은 자기가 말이나 병거의 힘을 믿지 않는 것이었습니다. 그래서 다윗은 전쟁에 이겼을 때에도 병거는 다 불 태우고 말의 발 뒤 힘줄을 끊었습니다. 이것은 오직 하나님의 능력만 의지하기 위한 것입니다. 그리고 다윗은 다른 사람에게 설교하기 이전에 자기 자신에게 먼저 설교를 했습니다. 그것이 바로 다윗의 시였습니다.

다윗이 인간관계로 일하지 않고 하나님만 붙들었을 때 사람들은 다윗을 업신여겼고 그를 많이 괴롭혔지만 이상하게 다윗은 점점 더 강하여져 가고 다윗의 대적들은 약해져 갔습니다.

사울 왕이 사람의 힘을 의지하고 군사력을 의지했을 때 블레셋에서 져서 자기와 세 아들이 한꺼번에 길보아 산에서 죽고 많은 이스라엘 백성들도 죽었지만 다윗은 사람을 의지하지도 않고 군사력도 의지하지 않았는데 모든 전쟁에서 다 이겼습니다. 그리고 물질적으로도 엄청나게 부요하게 되었고 정치적으로도 안정이 되었고 많은 인재들이 생겨나게 되었습니다. 그래서 다윗은 40년 동안 이스라엘을 본격적으로 부흥시키는 일을 하게 됩니다. 솔로몬이 다윗의 부흥을 물려받아서 또 40년의 부흥이 일어나게 되는데 그것은 다윗의 부흥이 계속된 것이었습니다.

이스라엘은 이 당시에만 해도 아주 작은 나라였습니다. 다윗의 통치 초기만 해도 블레셋은 이스라엘을 독립된 나라로 인정하지 않을 정도였습니다. 그런데 다윗 때 이스라엘은 세계적으로 가장 영향력이 있는 나라가 되었습니다. 솔로몬 때에는 그 영향력이 더 커지게 되었습니다. 그래서 전 세계에서 왕들이 조공을 바치게 되었습니다. 더 좋았던 것은 이스라엘은 다른 나라에 희망을 주는 나라가 되었습니다. 즉 이 세상에 이런 정의로운 나라도 있을 수 있구나 그리고 사람들이 하나님을 믿으면 놀랍게 변화 받을 수 있구나 하는 희망을 주었습니다.

3. 하나님이 다윗에게 주신 복

오늘 본문 말씀은 하나님께서 다윗에게 주신 복이 아주 조금 기록되어 있습니다. 그러나 이것이 이스라엘을 구성하는 뼈대가 되었습니다.

우선 첫째로 하나님께서는 사무엘이 말한 대로 다윗이 드디어 이스라엘 왕이 되게 하셨습니다.

1-2절, "온 이스라엘이 헤브론에 모여 다윗을 보고 가로되 우리는 왕의 골육이니이다 전일 곧 사울이 왕이 되었을 때에도 이스라엘을 거느려 출입하게 한 자가 왕이시었고 왕의 하나님 여호와께서도 왕에게 말씀하시기를 네가 내 백성 이스라엘의 목자가 되며 내 백성 이스라엘의 주권자가 되리라 하셨나이다 하니라"

다윗은 결코 자기 스스로 이스라엘의 왕이 되려고 하지 않았습니다. 원래 다윗은 자기 자신이 비천한 출신이었기 때문에 이스라엘 왕이 된다는 것은 생각조차도 할 수 없었습니다. 그런데 어느 날 갑자기 사무엘 선지가 들판에 있는 다윗을 찾아와서 머리에 기름을 부으면서 '네가 앞으로 이스라엘 왕이 될 것이다' 라고 약속을 했습니다. 그런데 현실적으로 다윗이 이스라엘 왕이 될 가능성이 없었습니다. 왜냐하면 다윗은 사울 왕의 미움을 받아서 도망치고 있는 처지였고 사울에게는 아들이 네 명이나 있었기 때문입니다. 그래서 인간적인 머리로는 다윗은 도저히 이스라엘의 왕이 될 수가 없었습니다. 그런데 전혀 생각지도 못하게 사울과 세 아들이 길보아 산에서 모두 전사해버리고 이스라엘 장로들의 마음은 드디어 다윗에게로 돌아서게 되었습니다. 그래서 다윗은 그들을 찾아가서 나를 왕 시켜 달라고 일체 부탁하지 않았는데 이스라엘 장로들이 자기 발로 찾아와서 당신은 전에도 이스라엘을 위해서 싸웠고 하나님께서도 당신이 이스라엘의 목자가 될 것이라고 하셨기 때문에 왕이 되어야 한다고 말을 하는 것입니다. 하나님께서 이스라엘 장로들의 마음을 움직이셨기 때문입니다.

그래서 우리는 다른 사람들이 나를 알아주지 않고 나를 인정해주지 않는다고 원망하거나 불평할 필요가 없습니다. 왜냐하면 아직 하나님의 때가 되지 않았고 훈련을 더 받아야 하기 때문입니다. 다윗은 하나님만 믿고 가만히 있는데 하나님께서 사람들의 마음을 움직이셔서 이스라엘의 왕이 되게 하셨습니다.

다윗은 자기가 굳이 이스라엘의 왕이 되어야 한다고 생각하지 않았는데 하나님은 다윗을 높이셔서 이스라엘 최고의 통치자가 되게 하셨습니다. 아마도 다윗은 사울 왕에게 쫓겨나지 않았더라면 사울 왕의 군대 장관이나 하고 사울의 사위인 것으로 충분히 만족했을 것입니다. 그런데 하나님은 다윗을 인생 밑바닥에서 끌어 올리셔서 이스라엘 최고의 통치자가 되게 하셨고 이스라엘 역사에 최고로 훌륭한 왕이 되게 하셨습니다. 하나님의 말씀을 붙잡는 것이 사람을 이렇게 위대하게 하는 것입니다. 그 이유는 하나님이 위대하시고 하나님의 말씀이 능력이 있기 때문입니다.

두 번째로 하나님께서는 다윗에게 예루살렘을 수도로 주셨습니다.

4절, "다윗이 온 이스라엘로 더불어 예루살렘 곧 여브스에 이르니 여브스 토인이 거기 거하였더라"

아마도 사울 왕이나 다른 이스라엘 지도자들은 예루살렘의 지정학적인 가치를 모르고 있었던 것 같습니다. 그래서 여호수아가 예루살렘을 정복하고 난 후에도 이스라엘 백성들이 예루살렘을 차지하지 못하는 바람에 예루살렘은 여전히 여부스족들의 차지하고 있었습니다. 그래서 이

때까지만 해도 사람들은 예루살렘을 여부스라고 불렀습니다. 예루살렘은 이스라엘 남북을 연결하는 중심에 있고 난공불락의 성이었습니다. 예루살렘은 물이 귀해서 그렇지 외부에서 공격을 해서는 쉽게 함락이 되지 않는 곳이었습니다.

하나님께서는 다윗에게 예루살렘의 가치를 깨닫게 하셔서 다윗은 왕이 되자마자 예루살렘부터 차지하려고 했습니다. 그러나 여부스인들은 자기들의 성만 믿고 다윗을 조롱하면서 너희들은 이 성에 들어오지 못한다고 했습니다. 그러나 다윗은 수로를 알아내어서 군대를 이끌고 성 안에 들어가서 여부스 족속들을 몰아내고 예루살렘을 수도로 삼게 됩니다. 어떻게 보면 예루살렘은 내륙 지방으로 깊이 들어와 있어서 수도로서는 부적합했는지도 모릅니다. 그러나 하나님께서는 많은 외적들의 침략에 대비해서 가장 안전한 곳을 다윗 성으로 주셨습니다. 그래서 나라가 오래 가려면 수도를 잘 정해야 합니다. 그런데 이런 지혜를 하나님께서 주시는 것입니다.

9절, "만군의 여호와께서 함께 계시니 다윗이 점점 강성하여 가니라"

하나님께서 함께 하시는 사람은 처음은 시원찮은 것 같은데 점점 강해집니다. 그 이유가 무엇입니까? 하나님의 은혜가 계속 공급이 되기 때문입니다. 그러나 인간적으로 통치하는 사람은 처음에는 대단한 것 같은데 시간이 갈수록 점점 쇠약해져갑니다. 그 이유는 인간의 능력에는 한계가 있기 때문입니다. 사울은 나중에 정신병자가 되어버리고 맙니다. 그리고 하나님은 사울의 씨를 아주 말려버리십니다. 그 이유는 하나님의 말씀을 업신여기는 교만의 씨들이기 때문입니다. 하나님께서는 약속하시기를

'나를 사랑하고 내 계명을 지키는 자는 자손 천대까지 복을 주신다' 고 약속하셨습니다.

중요한 것은 인간의 힘이 아니라 하나님의 능력을 공급받는 것입니다.

그리고 세 번째는 다윗을 도운 많은 인재들이 있었습니다.

하나님나라 일은 결코 한 사람이 영웅적으로 일을 잘 한다고 되는 일이 아닙니다. 그런데 지도자가 하나님의 말씀을 붙들고 나가면 부흥이 일어나게 되는데 이 부흥을 보고 많은 유능한 사람들이 와서 헌신을 하게 됩니다. 왜냐하면 가장 똑똑하고 유능한 사람일수록 자신의 재능이나 인생을 가장 가치 있는 곳에 사용하려고 합니다. 그런데 하나님의 부흥이 일어날 때 대개 이런 사람들은 자신의 가치를 되찾게 되고 그 감동으로 죽을 때까지 헌신을 하게 되는 것입니다.

다윗에게는 헤만이나 아삽 같이 찬양으로 다윗을 도와서 예배의 부흥을 일으켰던 사람도 있었지만 전쟁에 능한 용사들도 많이 있었습니다. 이들이 바로 다윗의 용사 30명이었습니다. 그러나 다윗의 용사들은 사울의 용사들과 중요한 차이가 있었습니다. 사울의 용사들은 돈을 받고 전쟁을 하는 용병이었습니다. 그래서 이 사람들은 돈을 받는 것이 목적이었고 신앙은 거의 없었습니다. 그런데 다윗의 용사들은 다윗의 말씀을 듣고 은혜를 받은 자들이었습니다. 그래서 이 사람들에게는 돈이 중요하지 않았습니다.

다윗의 용사들은 하나님의 은혜가 중요했고 하나님의 축복이 중요했습니다. 그래서 다윗의 용사들은 하나님의 축복이 다윗을 통해서 온다는 것을 알았기 때문에 목숨을 걸고 다윗을 지켰습니다. 그래서 다윗은 이 용사들 때문에 여러 번 위기에서 목숨을 건지게 됩니다. 그러나 사울의 용사들은 돈을 주지 않으면 달아나버리기 때문에 결국 사울과 세 아들이 블레셋 사람들에게 죽게 되었습니다. 결국은 은혜를 받았기 때문에 끝까지 가는 것입니다.

다윗에게는 30명의 유명한 용사들이 있었는데 오늘 본문을 보면 30명이 넘습니다. 그 이유는 이미 죽은 자들의 이름도 이 30명 안에 포함이 되어 있기 때문입니다. 본문에는 48명 정도의 이름이 기록되어 있습니다. 이 사람들이 바로 다윗을 통해서 하나님의 은혜를 체험해서 이스라엘에 충성한 용사들이었습니다. 그러니까 결국 하나님께서는 말씀을 붙드는 자에게 용사들도 주시는 것입니다.

다윗의 용사 30명 중에는 처음 세 명의 용사들이 있었습니다.

> 11-12절, "다윗에게 있는 용사의 수효가 이러하니라 학몬 사람의 아들 야소브암은 삼십인의 두목이라 저가 창을 들어 한 때에 삼백인을 죽였고 그 다음은 아호아 사람 도도의 아들 엘르아살이니 세 용사 중 하나이라"

여기에 보면 다윗의 3인 중 두 사람의 이름이 나옵니다. 한 사람은 야소브암이고 다른 한 사람은 엘르아살인데 여기에 빠져 있는 사람이 삼마입니다.

야소브암이 쳐 죽인 사람이 300명이라고도 하고 800명이라고도 하는데, 800명이 더 근접한 숫자일 겁니다(삼하 23:8). 그리고 엘르아살은 보리밭에서 이스라엘 백성들이 도망을 칠 때 혼자 서서 블레셋 사람들을 물리쳤고 또 보리밭을 지켜내었습니다. 아마 이것은 그들에게 아주 중요한 양식이었던 것 같습니다. 그리고 삼마는 녹두밭에서 블레셋 사람들을 막아서 전세를 역전시켰습니다. 그런데 이 세 사람은 우리에게는 생소합니다. 그 이유는 성경이 전쟁을 중심으로 기록되지 않았기 때문입니다. 결국 전쟁에서 이기는 것은 믿음의 결과로 얻어지는 것이기 때문에 이런 영웅적인 승리를 크게 강조하지 않는 것입니다. 그러나 역시 용감한 장수 밑에 용감한 부하들이 나온다고 다윗이 골리앗을 쳐죽였듯이 다윗의 부하들 중에서 믿음도 좋고 용감하기도 한 사람들이 많이 있었습니다.

그리고 두 번째 3인이 나오는데 이 사람들은 첫 번째 3인 보다는 조금 모자란다고 했습니다. 여기에 보면 요압의 동생 아비새의 이름과 브나야의 이름은 나오는데 세 번째 사람 이름은 나오지 않습니다.

그런데 다윗이 아둘람 굴에 있고 블레셋 사람들이 베들레헴을 차지하고 있을 때 다윗이 아주 어린애 같은 말을 했습니다. 그것은 베들레헴 성문 옆에 있는 우물물을 마시고 싶다는 것이었습니다. 아마도 다윗은 베들레헴에서 자라면서 그 우물물을 많이 마셨던 것 같습니다. 다윗은 날씨도 덥고 고생을 하면서 짜증도 나니까 부하들 앞에서 투정을 한 것입니다. 다윗은 이것을 투정 삼아 한 것이지만 충성된 부하들에게는 이것이 아주 심각한 것이었습니다. 그래서 이 두 번째 3인이 다윗을 시원하게 해주기 위해서 베들레헴으로 쳐들어갔습니다. 20킬로미터 정도 되는 길을 가서 블레셋 군대를 돌파해서 우물에 가서 물을 깃고 다시 블레셋 군대를 돌파해서 20킬로미터를 와서 다윗에게 그 우물물을 바쳤습니다.

다윗은 그 우물물을 보고 충격을 받았습니다. 자기 자신은 투정 삼아 한 말인데 부하들에게는 목숨을 건 명령이 되어버렸던 것입니다. 그래서 다윗은 이 물은 부하들의 피인데 내가 어떻게 이 피를 마시겠는가 하면서 하나님께 바치면서 회개를 하게 됩니다. 다시는 이런 식으로 부하들의 생명을 위태롭게 하는 어린 애 같은 짓은 하지 않겠다는 것입니다. 그래서 지도자들의 자아상은 아주 중요합니다. 지도자가 자아상이 건전하지 못해서 늘 불평하고 투정하면서 엉뚱한 짓만 시킨다면 부하들은 그때마다 목숨을 걸어야 하는 것입니다. 그리고 지도자는 명령만 내리면 되지만 부하들은 실제로 이 일을 해야 하는 과정에서 많은 위기를 겪을 수 있습니다. 그래서 지도자는 위험성을 충분히 가늠해보고 명령을 내려야 부하들이 안심하고 충성을 할 수 있습니다. 베들레헴 우물물 사건은 다윗에게 지도자로서 큰 교훈을 준 것이었습니다. 절대로 장난삼아 혹은 투정으로 부하들에게 무엇을 시켜서는 안 된다는 교훈이었습니다.

이 두 번째 3인 중 하나인 아비새는 창으로 300명을 죽이고 두 번째 3인의 이름을 얻었습니다. 그러나 용맹이나 그릇에 있어서 첫 번째 3인에는 들지 못했습니다. 이것을 보면 아무리 충성되고 일을 잘 한다 하더라도 그릇에는 차이가 있는 것입니다.

그런데 브나야라는 사람이 대단한 사람이었습니다. 브나야는 모압 아리엘의 두 아들을 죽였다고 했는데 아리엘은 사자라는 뜻입니다. 그래서 모압의 사자 같은 자의 두 아들을 죽였습니다. 그리고 실제로 눈이 오는 날 함정에 내려가서 사자를 죽였습니다. 또 키가 2미터 30센티미터 정도 되는 블레셋 거인을 그 손에서 창을 빼앗아서 죽였는데 창 자루 굵기가 베틀채 굵기였다고 합니다. 그런데도 브나야가 첫 번째 3인에 들지 못했습니다. 이것을 보면 하나님이 주시는 능력에도 분명한 차이가 있는 것입니다. 첫 번째 3인에 들려면 힘만으로는 안 되는 것입니다. 힘과 지혜와 믿음이 다 갖추어져야 최고의 3인에 들 수 있었던 것입니다.

그리고 나머지 30인의 이름이 나옵니다. 이중에는 요압의 막내 동생 아사헬의 이름이 있습니다(26절). 이 소년은 일찍 죽었지만 이름이 남아 있습니다. 그리고 우리야도 이름이 남아 있습니다. 이 사람은 가나안 족속이지만 개종해서 이스라엘 용사가 되었습니다. 그런데 부인이 너무 아름다운 바람에 다윗의 손에 억울하게 죽게 됩니다. 이 모든 용사들은 하나님께서 다윗에게 붙여준 충성된 용사들이었습니다. 그래서 하나님께 충성된 자 곁에는 인재들이 몰려들게 되어 있습니다. 그 이유는 인재들일수록 부흥의 가치를 알기 때문입니다. 우리도 하나님의 말씀에 끝까지 충성하는 성도들이 다 되시기 바랍니다.

CHAPTER 10

다윗의 통치

대상 12:1-14:17

우리나라는 한 동안 정책의 방향이 성장이냐 분배냐 하는 문제를 두고서 많은 갈등과 혼란을 겪었습니다. 지금까지 우리나라 지도자들은 나라를 무조건 성장하고 발전하는 방향으로 이끌어 왔는데 어느 순간 다른 지도자들이 나타나서 그것은 다 틀린 것이고 우리는 모든 것이 평등해야 하고 부자의 것을 나누어서 가난한 자들에게 분배해야 한다는 쪽으로 나라를 이끌어가는 바람에 나라 전체가 혼란스러웠던 적이 있었습니다.

사실 지도자가 나라나 기업체를 어떤 정신을 가지고 이끌어 가느냐 하는 것은 거기에 속한 사람들에게는 아주 중요한 문제가 될 것입니다.

경영학에서는 지도력의 유형으로 조직에서 의사결정을 할 때 대개 민주형과 독재형, 그리고 자유방임형 세 가지가 있다고 말을 합니다. 민주형이라고 하는 것은 사람들의 의견을 가능한 한 많이 수렴하고 전체 의사를 존중해서 결정을 하는 스타일이고 독재형은 한 사람이 결정을 해서 일방적으로 명령을 내리는 스타일입니다. 거기에 비해서 자유방임형은 각자가 자기 하고 싶은 대로 알아서 하게 하는 리더십 형태입니다. 그러나 의사결정을 하는 스타일보다 더 중요한 것이 과연 리더가 어떤 정신을 가지고 그 조직을 이끌어 가느냐 하는 것입니다.

물론 이 세상 조직인 경우에는 할 수 있는 대로 모든 사람의 의사가 반영이 되고 모든 사람이 잘 될 수 있는 방향으로 의사결정을 하는 민주형 리더십이 가장 바람직하다고 합니다. 왜냐하면 일단 그렇게 할 때 한 두 사람이 중요한 것을 다 결정하는 위험을 피할 수도 있고 많은 사람들의 공감대나 자발적인 협조도 유발할 수 있기 때문입니다. 이 점에 있어서 이스라엘이라는 나라는 아주 독특한 나라였습니다.

이스라엘에서 가장 중요한 것은 하나님의 통치였습니다. 하나님께서는 이스라엘 백성들을 하나님의 말씀으로 다스리기를 원하셨습니다. 여기서 중요한 것이 도대체 하나님의 말씀으로 나라를 다스린다는 것이 무엇이냐 하는 것입니다. 보통 어떤 나라를 이끌어가는 왕이나 지도자라고 하면 가장 중요한 것이 나라를 부강하게 하고 군사력을 튼튼하게 하는 것이 가장 훌륭하게 나라를 다스리는 것입니다. 그런데 이스라엘은 통치자가 백성들에게 하나님의 말씀을 잘 가르쳐서 영적으로 풍성하게 하고 각자가 하나님의 말씀에 잘 순종하게 하면 복을 받는다는 것입니다. 우리로서는 이해하기가 굉장히 어려운 부분입니다. 왜냐하면 어떻게 해서 지도자가 백성들에게 하나님의 말씀을 잘 깨닫게 해서 믿음으로 살게 하는 것이 복을 받는 방법일 수 있느냐 하는 것입니다. 지도자가 백성을 잘 살게 하려면 무역을 잘 해서 돈을 많이 벌게 한다든지 아니면 전쟁을 해서 전리품을 많이 획득하게 한다든지 하는 것이지 말씀을 많이 듣고 은혜 받게 하는 것이 통치의 원리가 될 수 있느냐 하는 것입니다. 이 점에 있어서 사울과 다윗은 정반대였습니다.

사울은 인간적인 방법으로 나라를 경영했습니다. 즉 자기 주위에 군인들을 많이 고용해서 자기 지위를 안정시키고 민주적인 방법으로 인간적인 이야기들을 많이 들었습니다. 그러나 하나님은 사울의 통치를 실패한 통치라고 판단하셨습니다. 거기에 비해서 다윗의 통치는 정반대였습니다.

다윗은 철저하게 하나님의 말씀만 앞세웠습니다. 다윗은 나라 중심에 하나님의 말씀이 있게 했고 사람들의 말을 별로 듣지 않았습니다. 그리고 모든 중요한 것을 하나님이 결정하게 하셨습니다. 그랬더니 이상하게도 이스라엘에 부흥이 일어나고 하나님의 축복이 나타나게 되었습니다.

사울과 다윗의 통치에는 결정적인 차이가 있습니다. 사울의 전제는 자기가 이스라엘의 일인자라는 것입니다. 그래서 자기가 모든 것을 결정하고 계획했고 거기에 하나님의 뜻이 끼어들 여지가 없었습니다. 그런데 다윗은 언제나 자신은 2인자였습니다. 그리고 다윗은 모든 것을 하나님이 결정하게 하셨고 자기는 할 수 있는한 결정을 내리지 않고 하나님이 하시는 것을 따라갔습니다. 그러면 백성들이 다윗을 우습게 여겨야 할 텐데 오히려 백성들의 마음이 하나가 되었고 심지어는 외국에서도 다윗의 이름이 명성을 얻게 되었습니다.

우리가 오늘 본문을 역대상 12장에서 14장까지 무려 3개의 장을 살펴보려는 이유가 있습니다. 물론 하나하나를 살펴보는 것도 유익하겠지만 이럴 때에는 나무 하나 하나를 자세히 살펴보는 것보다 숲을 전체적으로 보는 것이 더 유익하기 때문입니다. 그래서 다윗이 하나님의 말씀으로 이스라엘을 통치했을 때 어떤 결과가 나타났느냐 하는 것을 살펴보려고 합니다.

1. 이스라엘의 마음이 다윗에게로 향함

다윗이 절대적으로 하나님의 말씀을 붙들게 된 것은 그냥 자기가 그렇게 하고 싶어서 그런 것이 아니었습니다. 우선 다윗이 하나님의 말씀만 죽자 살자 붙들게 된 데는 그럴 수밖에 없었던 체험이 있었던 것 같습니다. 사람이 누구든지 유능하고 똑똑하면 하나님의 말씀만 붙들게 되지 않습니다. 무엇인가 인간의 생각이 더 합리적인 것 같고 인간의 창의성을 높이는 것이 더 발전적일 것 같습니다. 그리고 실제로 단기간의 안목으로 보면 인간의 합리적이고 창의적인 생각이 더 그럴싸 합니다. 그러나 한번 철저하게 인생의 밑바닥을 경험하고 거기서 하나님의 말씀만 붙들고 살게 되면 이 사람의 생각은 달라집니다. 이런 사람은 거의 독선적으로 느껴질 정도로 하나님의 말씀에만 맹목적으로 붙들리게 되는 것입니다. 그래서 우리가 같이 신앙생활을 잘 한다고 해도 두 가지 길이 있다는 것을 알게 됩니다. 하나는 성경적인 내용을 기초로 해서 얼마든지 인간의 창의성이나 합리성을 살려서 민주적이며 발전적으로 하나님의 일을 하자는 스타일과 할 수 있는 한 인간의 생각은 배제하고 하나님의 말씀만 절대적으로 붙들고 하나님의 말씀이 이끄는 대로만 따라가자는 스타일이 있습니다.

우리가 생각하기에는 하나님의 말씀을 자료로 해서 인간의 창의성과 합리성을 살리는 것이 훨씬 더 발전적일 것 같습니다. 그리고 이스라엘 백성들도 그렇게 생각했습니다. 그러나 하나님이 요구하신 것은 그것이 아니었습니다. 다윗처럼 할 수 있는 한 인간적인 생각은 배제하고 거의 독선적으로 하나님의 말씀만 붙들고 나가라는 것이었습니다.

다윗이 그 길로 나갈 수밖에 없었던 것은 어떤 체험이 있었기 때문이었습니다. 하나님의 말씀만 붙들 때 하나님의 능력이 나타났던 체험이 그에게 있었습니다. 즉 성령의 능력이 나타나고 하나님의 음성이 그를 지도하셨던 것입니다. 그리고 다윗이 그 길로 갈 수밖에 없었던 중요한 이유는 하나님이 다윗을 그 길로 몰아가셨던 것입니다.

그래서 다윗이 하나님의 말씀에 모든 것을 다 걸었을 때 성령의 능력이 나타나는 것은 좋았지만 사울의 엄청난 시기를 받아서 인생 밑바닥으로 굴러 떨어지게 되었습니다. 그런데 사실은 사울만 다윗을 시기했던 것이 아니라 사울의 신하들도 거의 다 다윗을 미워했습니다. 그 이유는 '하나님은 네 혼자 믿고 하나님의 능력은 네 혼자 쓰느냐' 하는 것이었습니다.

다윗이 하나님의 말씀만 붙든 결과는 인생 밑바닥이었고 실패한 인생이었습니다. 그런데 그 밑바닥에서부터 하나님의 역사가 나타나기 시작했습니다.

역대상 12장은 다윗이 밑바닥 처지에 있을 때 자발적으로 다윗을 찾아와서 다윗을 자신들의 지도자로 삼은 사람들이 기록이 되어 있습니다.

> 12장 1절, "다윗이 기스의 아들 사울을 인하여 시글락에 숨어 있을 때에 그에게 와서 싸움을 돕는 용사 중에 든 자가 있었으니"

역대상 12장에는 이스라엘 지도자들이 다윗을 찾아온 두 개의 시기가 기록이 되어 있습니다. 하나가 다윗이 시글락에 있을 때이고 두 번째가 헤브론에 있을 때입니다. 다윗이 시글락에 있었을 때 다윗은 사울을 피해서 블레셋에 망명해 있을 때였습니다. 그래서 시글락이라는 성은 블레셋 왕이 다윗에게 임시로 기거할 수 있도록 준 성이었습니다. 어떻게 보면 다윗은 이제 이스라엘을 떠나서 블레셋의 신하가 된 사람이었고 이스라엘 사람의 축에도 들지 못할 때였습니다. 그럼에도 불구하고 이스라엘 백성들 중에는 사울의 인본주의적인 통치가 틀렸고 지금 사람들에게 전혀 인정을 받지 못하고 있고 이스라엘에 발도 붙이지 못하고 있지만 다윗이 진정한 믿음의 지도자라는 것을 믿게 된 지도자들이 많이 생겨나게 되었습니다.

그 중의 대단한 사람들이 베냐민 지파의 여러 지도자들이었습니다.

12장 2절, “저희는 활을 가지며 좌우 손을 놀려 물매도 던지며 살도 발하는 자요 베냐민 지파 사울의 동족인데 그 이름은 이러하니라”

이스라엘 사람들은 부족 의식이 강했습니다. 특히 베냐민 지파 사람들은 사울이 베냐민 지파였기 때문에 다윗을 아주 싫어하고 원수같이 생각했습니다. 그런데 놀라운 것은 베냐민 지파 사람들 중에 활도 쏠 줄 알고 손도 양손을 다 쓰면서 물맷돌을 던지는 지도자들이 시글락에 있는 다윗을 찾아와서 그를 돕게 되었던 것입니다. 바로 이런 것이 이스라엘의 위대한 정신이었습니다.

성경은 베냐민 지파이면서도 베냐민 지파를 맹목적으로 따르지 않고 바른 하나님의 말씀을 따랐던 베냐민 사람들을 가장 먼저 기록을 하고 있습니다. 왜 이 사람들은 사울의 통치를 따르지 않았을까요? 그것은 이스라엘 안에서 인간적인 통치가 성령의 역사를 막기 때문입니다. 이스라엘 안에서 인간적인 방법으로 모든 것을 결정했을 때 이상하게 하나님의 말씀이 역사하지 않게 됩니다. 그리고 하나님의 백성들은 마음이 너무나도 답답해서 거의 미치게 됩니다. 그러니까 결국 이 사람들은 자기 자신들이 살기 위해서라도 도망자 생활을 하고 있는 다윗을 찾아가서 하나님의 말씀을 듣고 숨통을 트고 싶었던 것입니다.

하나님의 말씀의 맛을 본 사람은 인간적인 말로는 결코 만족할 수가 없습니다. 단지 만족을 못하는 정도가 아니라 거의 답답해서 죽을 지경이 됩니다. 왜냐하면 하나님의 백성들은 떡으로 사는 것이 아니라 하나님의 말씀으로 살기 때문입니다.

또 다윗을 찾아온 사람들 중에는 12장 4절에 보면 기브온 사람들이 있습니다. 기브온 족속들은 가나안 족속들인데 여호수아에게 항복을 해서 살았습니다. 그런데 이 사람들이 놀랍게도 진리에 대하여 분별력을 가지고 실세인 사울을 따르지 않고 다윗을 따랐습니다. 그리고 12장 6절에 고라 사람들이 나옵니다.

고라 자손들은 자기들의 조상 고라는 모세를 대적했지만 그 후손들은 그렇게 하지 않고 끝까지 충성을 다했습니다. 이 사람들은 다 똑같은 사람들이었습니다. 사울의 통치로 이스라엘 백성들이 먹고 사는 것은 좀 나아졌을지 모르겠지만 말씀을 듣지 못한 그 답답함을 견디지 못해서 도망쳐 나온 사람들이었습니다. 그런데 그 중에서 대단한 사람들이 갓 사람들이었습니다.

12장 8절, “갓 사람 중에서 거친 땅 견고한 곳에 이르러 다윗에게 돌아온 자가 있었으니 다 용사요 싸움에 익숙하여 방패와 창을 능히 쓰는 자라 그 얼굴은 사자 같고 빠르기는 산의 사슴 같으니”

갓 사람들은 요단 동편, 기름지고 풍요로운 땅에서 살던 사람들이었습니다. 그런데 그들도 하나님의 말씀이 없고 성령의 역사가 없으니까 갈

급해서 견딜 수가 없었습니다. 그래서 그들은 기름진 땅을 포기하고 거칠고 딱딱한 시글락에 와서 다윗을 도왔습니다. 갓 지파의 용사들은 모두 전쟁을 잘 하는 사람들이었고 용모도 사자 같고 산사슴 같이 빨랐다고 했습니다. 이 사람들은 다 재능이 있고 똑똑한 사람들이었습니다. 이런 사람들이 다윗을 따랐던 이유는 역시 똑똑했기 때문입니다. 즉 자신들의 재능을 결국 자기 욕심을 따라 이스라엘을 끌고 가는 사울에게 쓰고 싶지 않았던 것입니다.

이 갓 용사들이 얼마나 용감했는가 하면 요단강에 눈 녹은 물이 범람할 때 건너가서 적을 물리치고 다윗을 도왔습니다.

12장 15절, "정월에 요단강 물이 모든 언덕에 넘칠 때에 이 무리가 강물을 건너서 골짜기에 있는 모든 자로 동서로 도망하게 하였더라"

정월이 되면 헤르몬 산에서 눈 녹은 물이 내려와서 요단강을 가득 채워 물살이 아주 빠르고 차가웠습니다. 그런데 이때 갓 용사들은 요단강을 아마도 헤엄을 쳐서 건넌 것 같습니다. 이렇게 위험을 무릅쓰고 와서 적들을 다 물리치고 다윗을 위험에서 건져주었습니다.

그리고 또 적지 않은 베냐민과 유다 사람들이 다윗을 찾아왔습니다. 그때 다윗은 이 사람들의 진위가 의심이 되었습니다. 즉 이 사람들이 정말 나와 함께 하려고 왔는지 아니면 자기를 속이고 배신해서 사울 왕에게 넘기려 왔는지 확신이 들지 않았습니다. 그래서 다윗은 그들에게 먼저 분명히 물었습니다. 즉 '너희들이 나같이 보잘것없는 사람을 찾아왔는데 목적이 무엇인지 분명하게 밝히라. 즉 정말 나를 도우려고 왔느냐 아니면 나를 배신하고 사울에게 넘기려고 왔느냐?' 이때 하나님의 성령이 그 두목 아마새에게 임하면서 그가 성령에 감동이 되어서 자기들이 진정으로 당신을 돕기 위해서 왔다고 말을 했습니다. 우리가 이것을 보면 다윗이 하나님의 말씀만 붙들고 나가니까 성령께서 이스라엘 백성들의 마음을 다윗에게 향하게 하시고 그의 가치를 인정하게 하신 것을 알 수 있습니다.

그 중에서도 므낫세 지파 사람들은 대단한 사람들이었습니다. 이때 다윗은 시글락에서 블레셋 왕의 부름을 받아서 잘못하면 이스라엘을 치러 갈 판이었습니다. 같은 이스라엘을 치는 다윗은 도저히 이스라엘의 왕이 될 자격이 없는 사람이었습니다. 그럼에도 불구하고 이런 다윗을 믿고 함께한 므낫세 사람들이 있었습니다. 이것을 보면 사람은 믿는 바에 따라서 얼마든지 행동이 달라질 수 있다는 것을 알 수 있습니다. 결국 다른 사람을 의심하기 시작하면 아무리 잘 한다고 해도 의심이 되는 것이고 믿게 되면 이스라엘을 치러 가는데도 믿고 따라가게 되는 것입니다. 그런데 하나님께서 간섭하셔서 다윗은 이스라엘을 치지 않고 도리어 시글락을 공격했던 아말렉 사람들을 추격해서 붙들려갔던 가족들을 도로 찾아오게 됩니다.

12장 22절, "그 때에 사람이 날마다 다윗에게로 돌아와서 돕고자 하매 큰 군대를 이루어 하나님의 군대와 같았더라"

다윗은 자기 자신이 군대를 모으려고 하지 않았음에도 불구하고 하나님께서 좋은 사람들을 자꾸 붙여주셨습니다. 그런데 이 사람들은 하나님의 군대와 같았다고 했습니다. 그 이유는 이 사람들은 돈 때문에 군인이 된 사람들이 아니었기 때문입니다. 이들은 모두 하나님의 말씀 하나 때문에 다윗을 찾아왔기 때문에 아무리 어렵고 힘들어도 불평하는 사람이 없었습니다.

이들은 다윗이 가장 어려울 때에 다윗을 찾아와서 다윗을 도운 사람들이었습니다. 그리고 7년 6개월이 지난 후 다윗이 이스라엘 전체의 왕이 될 때 더 많은 이스라엘 백성들이 다윗을 찾아와서 왕으로 모셨습니다. 결국 이 사람들은 다윗이 시글락에 있을 때에는 그 가치를 의심했다가 다윗이 유다 왕으로 나라를 잘 다스리고 특히 사울 왕가가 완전히 망하는 것을 보고서 하나님의 뜻을 받아들인 자들이었습니다.

12장 23절, "싸움을 예비한 군대 장관들이 헤브론에 이르러 다윗에게로 나아와서 여호와의 말씀대로 사울의 나라를 저에게 돌리고자 하였으니 그 수효가 이러하였더라"

어떤 의미에서 시글락에서의 다윗은 이상만 있었다고 말할 수 있습니다. 즉 다윗은 하나님의 말씀만 붙들었지 실제로 나라를 이끌어 갈 만한 현실적인 힘이 없었습니다. 다윗에게는 군대가 없었던 것입니다. 역사적으로 보면 가장 이상적이던 나라들이 너무 쉽게 망한 것을 볼 수 있습니다. 그 이유는 이상만 높았지 현실적인 여건이 갖추어지지 않았기 때문입니다. 그런데 하나님께서는 드디어 다윗에게 많은 사람들과 군인들을 붙여주셔서 현실적으로 충분히 나라를 지킬 수 있게 하셨습니다.

12장 24절부터 지파별로 그 숫자가 나옵니다. 유다 지파는 6,800명밖에 되지 않았습니다. 시므온 지파는 7,100명이었습니다. 레위 지파도 제법 있었는데 베냐민 지파는 여전히 사울을 지지하는 자들이 많았습니다. 그런데 가장 화끈하게 다윗을 도운 지파는 스불론 지파여습니다.

12장 33절, "스불론 중에서 모든 군기를 가지고 항오를 정제히 하고 두 마음을 품지 아니하고 능히 진에 나아가서 싸움을 잘하는 자가 오만명이요"

옛날에는 군인들이 직업 군인들이 아니었기 때문에 줄을 맞추어서 걷는 것이 쉽지 않았습니다. 그런데 군기를 잡고 항오를 맞춘다는 것은 정식 훈련을 받은 자들을 말합니다. 특히 스불론 지파 사람들은 두 마음을 품지 않았습니다. 누가 뭐라고 한다고 해서 흔들리거나 기회를 봐서 여기 붙었다가 저기 붙었다가 하는 사람들이 아니었습니다. 그리고 요단 동편 사람들이 12만 명이나 다윗을 왕으로 모시기 위해서 왔습니다. 아마도 이 사람들은 본토인들에 의해서 차별을 당했다고 생각해서 그런지 몰라도 다윗을 지지했습니다.

다윗이 헤브론에 왕이 될 때 찾아온 사람들은 약 34만 명 정도 되었습니다. 그런데 이 많은 사람들을 먹이기 위해서 잇사갈과 스불론과 납달리 같이 먼 곳에 있는 지파 사람들이 나귀나 낙타나 노새나 소에 많은 음식과 음료수들을 실어서 계속 공급을 했습니다. 그러면서 그들 가운데 큰 기쁨이 있었다고 했습니다.

12장 40절, "또 근처에 있는 자로부터 잇사갈과 스불론과 납달리까지도 식물을 나귀와 약대와 노새와 소에 무수히 실어왔으니 곧 과자와 무화과병과 건포도와 포도주와 기름이요 소와 양도 많이 가져왔으니 이스라엘 가운데 희락이 있음이었더라"

이것을 보면 바른 지도자가 한 명 제대로 세워지는 것이 얼마나 중요한지 알 수 있습니다. 그 동안 이스라엘이 위에서부터 하나님의 은혜가 막히니까 백성들의 마음이 너무나도 답답하고 힘들었던 것입니다. 그런데 하나님이 세운 다윗이 이스라엘 왕이 되니까 이스라엘 백성들은 일단 가슴이 시원했고 모두 자원하는 마음이 되어서 서로를 섬겼습니다.

하나님의 백성들의 부흥의 비결은 자발성에 있습니다. 이것은 결코 민주적이지 않습니다. 각자가 하나님의 말씀에 은혜를 받아서 말없이 자발적으로 봉사하고 섬기는데 너무나도 기쁨이 넘치는 것입니다.

2. 언약궤를 옮기는 시도

사울은 이스라엘 왕으로서 모든 것은 자신의 생각과 계획대로 했기 때문에 하나님의 언약궤가 필요없었습니다. 오히려 사울에게 하나님의 언약궤는 거추장스러운 것이었습니다. 왜냐하면 겨우 하나님께 하나님의 뜻을 물었는데 하나님이 말씀을 안 하실 때가 많았기 때문입니다. 그 이유는 더 중요한 문제는 사울이 하나님과 뜻이 맞지 않았기 때문입니다.

하나님께서는 사울이 하나님의 대리자가 되기를 원하셨습니다. 여기서 대리자라고 하는 것은 하나님께서 위임하신 사항에 대해서는 자기 소신껏 최선을 다해서 하면 되는 것입니다. 그런데 어떤 때 하나님이 직접 나서실 때가 있습니다. 그때에는 스스로 그 자리에서 비켜서서 하나님이 일하시게 하고 자기는 그를 수종드는 종이 되어야 하는 것입니다.

예를 들어서 군대에서나 회사에서 위에 있는 상관이 완전히 맡기는 일이 있습니다. '이것은 네가 알아서 소신껏 해라' 고 하면 그때는 자기 능력을 다해서 하면 되는 것입니다. 그런데 어떤 중요한 일이 발생해서 상관이 직접 그 일을 지휘하고 챙길 때에는 자기는 완전히 거기서 비켜서

야 합니다. 그리고 옆에 서서 하라고 하는 심부름이나 하면 되는 것입니다. 그러나 사울은 모든 것을 자기 뜻대로 하려고 했기 때문에 사울은 하나님에게 걸림돌이었습니다. 그러나 다윗은 하나님이야말로 이스라엘의 왕이시기 때문에 모든 것을 하나님께 물어보고 하기를 원했습니다. 그래서 다윗은 하나님의 언약궤가 당연히 예루살렘에 와야 한다고 생각했습니다.

이것은 두 가지 이유였습니다. 즉 하나는 일단 상징적으로도 이스라엘의 왕은 하나님이시기 때문에 하나님의 통치를 상징하는 언약궤는 예루살렘에 와야 한다는 것이었습니다. 그리고 다른 하나는 다윗이 실제로 모든 일들이 있을 때마다 언약궤에 가서 하나님의 뜻을 물어보기를 원했습니다. 대제사장이 제사장의 옷을 입고 언약궤 앞에 서서 하나님께 기도하면 하나님은 구체적인 뜻을 '우림'과 '둠밈'이라는 보석을 통해서 알려주셨습니다.

다윗은 이것을 위해서 먼저 이스라엘 지도자들과 백성들의 의견을 수렴했습니다.

13장 1-2절, "다윗이 천부장과 백부장 곧 모든 장수로 더불어 의논하고 이스라엘의 온 회중에게 이르되 만일 너희가 선히 여기고 또 우리의 하나님 여호와께로 말미암았으면…"

다윗이 이것을 이스라엘 지도자들과 백성들에게 먼저 물었던 이유는 이것이 이스라엘의 정체를 결정하는 아주 중요한 일이었기 때문입니다. 즉 다윗은 이스라엘이 신정국가가 되기를 원했습니다. 여기서 '신정'이라고 하는 것은 그야말로 하나님이 이스라엘을 다스리는 것인데 이것은 종교가 세상을 다스리는 것을 말하는 것이 아닙니다. 많은 경우에 신정이라고 하면 신앙을 국교로 정하고 제사장이나 종교인이 정치를 담당하고 하나님의 말씀을 어기거나 불순종하는 자를 일반 법정에서 처벌하는 것으로 생각하기 쉬운데 그렇지 않습니다. 이상적인 신정은 왕이나 지도자들이 나라에서 하나님의 말씀을 가장 중요하게 생각해서 백성들이나 자신들에게 하나님의 말씀을 많이 가르치고 은혜 받게 하는 것입니다. 그리고 각자 스스로 하나님의 말씀에 순종해서 살 때 복을 받는 것입니다. 그때 왕이나 지도자들은 백성들을 영적으로 돕는 자들인 것입니다. 영적인 리더이고 헬퍼인 것입니다.

다윗이 자신의 통치 이상은 자기 생각대로 이스라엘을 끌고 가거나 다른 나라의 실정을 받아들이는 것이 아니라 하나님의 말씀을 앞세우고 하나님께서 모든 것을 결정하고 하시게 하겠다는 것이었습니다. 그런데 백성들이 모두 다윗의 이 정신이 좋다고 생각을 했습니다.

13장 4절, "뭇 백성이 이 일을 선히 여기므로 온 회중이 그대로 행하겠다 한지라"

모든 백성들이 다 다윗의 이상을 따르겠다고 했기 때문에 다윗은 전국의 모든 이스라엘 백성들을 다 모으고 그 동안 구석에 있던 하나님의 언약궤를 예루살렘으로 옮기려고 하였습니다.

이때 다윗은 아주 중요한 실수를 하게 됩니다. 그것은 자기가 하나님의 말씀대로 모든 것을 하겠다고 언약궤를 옮기면서 자기 스스로가 하나님의 말씀을 어긴 것이었습니다.

13장 7-8절, "하나님의 궤를 새 수레에 싣고 아비나답의 집에서 나오는데 웃사와 아히오는 수레를 몰며 다윗과 이스라엘 온 무리는 하나님 앞에서 힘을 다하여 뛰놀며 노래하며 수금과 비파와 소고와 제금과 나팔로 주악하니라"

다윗이 하나님의 궤를 옮기는데 정성에 있어서는 전혀 부족한 것이 없었습니다. 다윗은 모든 이스라엘 백성들을 다 모았고 새 수레를 정성껏 준비했으며 소가 이 수레를 끌게 했습니다. 그리고 다윗 자신은 그 수레 앞에서 춤을 추고 오케스트라는 연주를 했습니다.

그러나 하나님께서는 모세에게 명하시기를 언약궤는 반드시 고핫 자손이 어깨에 메도록 하셨습니다. 그러나 다윗은 블레셋 사람들이 새 수레에 언약궤를 얹어서 옮기는 것이 보기에 좋았기 때문에 그렇게 했습니다.

그러나 하나님은 이것을 기뻐하지 않으셨습니다. 그래서 소가 갑자기 기돈의 타작마당에 왔을 때 뛰는 바람에 하나님의 궤가 수레에서 떨어지려고 했습니다. 이것을 보고 웃사는 하나님의 궤가 땅에 떨어지지 않도록 붙잡았는데 하나님이 치셔서 웃사는 그대로 즉사하고 말았습니다.

13장 11절, "여호와께서 웃사를 충돌하시므로 다윗이 분하여 그곳을 베레스 웃사라 칭하니 그 이름이 오늘날까지 이르니라"

여기서 '충돌하신다'는 것은 치셨다는 뜻입니다. 사실은 웃사가 하나님의 궤를 잡았기 때문에 치신 것이지만 실제로 하나님은 다윗을 치신 것입니다. 즉 하나님은 다윗에게 '네가 신정 정치 신정정치 하면서 네 마음대로 대충대충 하려고 하는데 그렇게 하지 말라'고 하신 것입니다.

우리가 생각하기에 웃사는 너무 억울합니다. 왜냐하면 지금 하나님의 궤가 떨어지려고 하는데 그것을 그냥 보고 있기만 해야 합니까? 아니면 붙잡아서 떨어지지 않게 해야 합니까? 그런데 웃사 자신도 지나친 면이 있었습니다. 웃사는 하나님의 궤가 있던 아비나답의 아들이었습니다. 그는 하나님의 궤가 자기 집에 있었고 또 자기가 소를 모니까 우쭐했던 것입니다. 그리고 그 우쭐한 마음에 하나님의 궤를 잡았다가 즉사하고 말았습니다. 그러나 이것은 하나님께서 다윗과 이스라엘 백성 전체를 징계하신 것이었습니다. '너희들이 하나님의 말씀대로 하겠다고 하면서 왜 가장 기초적인 것조차 말씀대로 하지 않느냐' 하는 것입니다. 아무리 많은 사람들이 모이고 아무리 좋은 악기를 연주해도 하나님의 말씀을 업신여기는 것은 신정정치가 아니라는 것입니다. 그런데 여기에 보면 다윗은 분해서 언약궤를 옮기지 않고 중단을 해버립니다. 그 이유는 다윗 나름대로는 하나님을 이해할 수 없었던 것입니다. 즉 우리가 이 정도 정성을 다해서 옮기면 되었지 왜 하나님은 이런 것까지 들추어 내셔서 우리에게 망신을 주시고 우리를 비참하게 하실까 하는 것이었습니다.

다윗은 하나님이 너무 까다로운 분이라고 생각을 한 것입니다. 그런데 오벧에돔이라는 사람이 대단했습니다. 지금 하나님의 궤를 옮기다가 사람이 죽고 이제 오도 가도 못하는 처지가 되었는데 오벧에돔은 자기 집에 하나님의 궤를 메어왔습니다. 다윗이나 모든 이스라엘 백성들은 하나님이 진노하고 계신다는 것을 알았습니다. 그러나 오벧에돔이 하나님의 말씀대로 언약궤를 모시니까 전혀 하나님의 진노가 없었고 오히려 모든 일에 하나님의 복이 임하게 되었습니다. 결국 웃사가 죽은 것은 하나님께서 언약궤를 옮기는 자체를 반대하신 것이 아니라 하나님의 말씀을 무시하고 인간적인 방법으로 옮기려고 한 것을 징계하신 것이었습니다.

우리가 하나님의 말씀에 순종하는데도 하나님이 어려움을 주시는 것은 우리의 신앙 전체가 틀렸다는 것이 아닙니다. 지금 잘 하고 있는데 작은 오류를 고치라는 것입니다. 그래서 결국 하나님의 말씀을 붙잡고 믿으려고 하면 하나님이 절대시될 수밖에 없습니다. 아무리 인간의 생각이 좋고 창의력이나 합리적인 것이 좋아도 하나님은 인간의 부패성을 알고 계십니다. 우리가 절대적으로 말씀을 붙들지 않으면 아무리 훌륭한 사상이나 계획도 결국 부패할 수밖에 없습니다. 그래서 결국 타협이 없는 길로 갈 수밖에 없고 이렇게 할 때 진정한 부흥이 나타나게 됩니다.

3. 하나님이 다윗에게 주신 축복

일단 다윗은 하나님의 궤를 옮기는 데 실패를 했습니다. 그러나 하나님은 다윗에게 더 많은 복을 내려주셨습니다. 그 이유는 하나님이 보시기에 다윗의 모든 것이 다 틀린 것이 아니었기 때문입니다. 그래서 하나님께서는 먼저 다윗에게 좋은 집을 지어주셨습니다.

14장 1절, "두로 왕 히람이 다윗에게 사자들과 백향목과 석수와 목수를 보내어 그 궁궐을 건축하게 하였더라"

여기 두로왕 히람은 요즘식으로 표현하면 다윗의 열혈 팬이었습니다. 히람은 이 세상에서 다윗 같이 멋있고 정의로운 사람을 보지 못했습니다. 그래서 히람은 다윗이 요구하지도 않았는데 사신들을 보내고 백향목과 목수나 석공들을 보내서 멋진 궁궐을 지어주었습니다.

그런데 성경이 무엇이라고 말하고 있는가 하면, "다윗이 여호와께서 자기로 이스라엘 왕을 삼으신 줄을 깨달았으니"(14장 2절)라고 했습니다.

즉 다윗은 실제로 이스라엘의 왕이 되고 난 후에도 자기가 이스라엘 왕이라는 것을 실감하지 못했던 것입니다. 왜냐하면 다윗은 그만큼 초라한 자아상을 가지고 있었기 때문입니다. 다윗은 이스라엘 왕이 될 자신이 없었고 백성들도 자기를 왕으로 인정하지 않을 것이라고 생각했습니다. 왜냐하면 다윗은 그만큼 인간적인 지지나 관계가 부족했기 때문입니다. 즉 다윗의 마음속에는 늘 불안이 있었던 것입니다.

우리가 하나님의 말씀만 붙들고 나갈 때 인간적으로 의지할 것이 아무것도 없습니다. 그리고 다른 사람들도 얕잡아 봅니다. 그러나 이상하게 부흥이 오고 하나님의 축복이 임하게 됩니다. 다윗은 히람 왕이 왕궁을 지어준 것을 보고서야 비로소 하나님의 사랑을 믿게 되었고 자기가 왕이라는 것을 실감하게 되었습니다. 이것이 우리 인간이 그만큼 약한 것입니다. 그래서 우리들에게는 인간적인 사랑도 필요하고 물질적인 축복도 필요한 것입니다.

그리고 다윗은 예루살렘에서 13명의 자식을 낳았습니다. 물론 그 중에서 중대한 범죄에 빠진 사람들도 있습니다. 그럼에도 불구하고 많은 아들이 태어난 것은 복이라고 볼 수 있습니다. 다윗은 한평생 나름대로 집착하는 것이 있었습니다. 하나는 여자에 대한 집착이었습니다. 특히 다윗이 사울의 딸 미갈에 대해서는 엄청난 집착을 했습니다. 그리고 또 다른 하나는 자식에 대한 집착이었습니다. 그래서 다윗은 여러 부인을 통해서 많은 아들을 낳고는 끔찍하게 자식들을 사랑했습니다. 그런데 그 끔찍하게 사랑했던 자식들이 제대로 그 역할을 하지 못했습니다. 이것을 보면 역시 자식의 신앙은 부모 마음대로 되는 것이 아닌 것 같습니다. 특히 자식들이 좋은 환경에서 세상적인 교육을 많이 받는다고 해서 뛰어난 인물이 나오는 것은 아닌 것입니다. 다윗은 그야말로 학교 교육은 받은 것이 없었습니다. 그래서 다윗은 더 죽으라고 말씀 붙들고 위대한 신앙의 인물이 되었는데 자식들은 그 좋은 환경에서도 그만한 인물이 한명도 나오지 못했습니다. 그래서 젊었을 때 고생은 사서라도 하는 것이 낫습니다.

그런데 다윗에게 최대의 고비는 블레셋의 문제였습니다. 다윗은 사울에게 쫓기면서 블레셋 왕 중 하나인 아기스의 신하가 되었습니다. 그런데 아기스는 다윗이 자기 허락도 받지 않고 이스라엘 왕이 되었다고 하니까 인정할 수가 없었습니다. 그래서 아기스는 모든 블레셋 군대를 모아서 다윗을 잡으러 왔습니다. 즉 '너는 분명히 내 신하인데 왜 내 허락도 없이 이스라엘의 왕이라고 하느냐' 하는 것입니다. 바로 이것이 다윗이 극복해야 할 가장 어려운 문제였습니다. 즉 우리가 하나님의 부르심을 받았는데 다른 사람들은 그것을 인정하지 않고 옛날 일을 끄집어내면서 하나님의 부르심을 무효로 하려고 하는 것입니다.

예를 들어서, 어느 분이 옛날에 술집에서 웨이터 일을 한 적이 있었는데 예수 믿고 집사가 되었든지 혹은 신학을 공부하게 되었을 때 그 주인이나 친구들이 '너는 술집 웨이터인데 무슨 하나님의 일 한다고 하느냐' 하면서 조롱하거나 비난을 하는 것입니다.

다윗은 아기스의 조롱이나 비판은 반드시 극복을 해야만 했습니다. 다윗이 이것을 이기지 못하면 그는 왕이 될 수가 없었습니다. 이때 다윗이 어떻게 해야 하겠습니까? 다윗이 사람들에게 그럴 수밖에 없었던 사정을 이야기해봐야 구차스러운 변명밖에 되지 않을 것입니다. 여기서 중요한 것은 실력으로 보여주어야 하는데 다윗은 아직 그런 힘이 없었습니다.

이때 다윗은 가장 중요한 일을 했습니다. 그것은 바로 하나님께 물어본 것이었습니다.

14장 10절 상, "다윗이 하나님께 물어 가로되 내가 블레셋 사람을 치러 올라가리이까" 바로 이것이 정답이었습니다. 다윗은 자신의 부끄러운 과거를 지울 수가 없었습니다. 이때 다윗이 한 것은 하나님께 어떻게 해야 하는지 물었습니다. '나는 이제 하나님의 종입니다. 하나님이 하라고 하시는 대로 하겠습니다. 욕을 먹으라고 하면 먹겠고 비참하라고 하면 하겠습니다.'

그랬더니 하나님이 다윗에게 치러 올라가라고 하셨습니다. 그리고 하나님께서는 블레셋 사람들을 아예 박살을 내버리셨습니다. 다윗은 그 장소 이름을 '바알브라심'이라 불렀는데 '하나님이 흩어버리셨다'는 뜻입니다.

이때 블레셋 사람들은 많은 우상을 가지고 전쟁하러 왔는데 도망치는데 급해서 우상을 많이 두고 달아났습니다. 결국 다윗은 그 우상들을 다 모아서 불에 태워버렸습니다. 이것으로 다윗은 과거 엘리 제사장의 언약궤를 블레셋에 빼앗겼던 설욕을 깨끗이 씻었습니다. 옛날에는 이스라엘 백성들이 하나님의 궤를 빼앗겼는데 이제는 블레셋 사람들이 자기들의 신을 두고 도망친 것입니다.

그런데 블레셋은 이스라엘에 다시 쳐들어 왔습니다. 그 이유는 지난번 패배가 도무지 이해가 되지 않았기 때문입니다. 즉 자기들 같이 강한 나라가 이 애송이 다윗에게 패배한다는 것을 이해할 수 없었습니다. 그래서 블레셋이 또 다시 쳐들어 왔을 때 하나님은 다른 방법으로 싸우게 하셨습니다. 즉 지난번 같이 정면 승부를 하지 말고 옆에서 매복을 하고 있다가 뽕나무 위에서 발자국 소리가 나거든 공격을 하라고 하셨습니다. 그래서 이스라엘 군대가 숨어 있으니까 진짜 뽕나무 위에서 발자국 소리들이 났습니다. 이것이 바로 하늘의 군대들이 공격하는 소리였습니다.

하나님은 다윗으로 하여금 천사 부대의 발자국 소리를 듣게 하셨습니다. 약하고 힘이 없지만 천사들의 부대가 다윗과 함께 있다는 것을 체험하게 하신 것입니다. 결국 블레셋은 이 전쟁에서 대패하게 되고 그 후에는 완전히 다윗에게 꼼짝 못하게 됩니다.

14장 17절, "다윗의 명성이 열국에 퍼졌고 여호와께서 열국으로 저를 두려워하게 하셨더라"

다윗은 하나님 말씀의 비밀을 아는 자였습니다. 그리고 그것을 이스라엘 정치에 적용을 해서 대성공을 한 사람이었습니다. 하나님께서는 다윗을 보시고 '내 마음에 합한 자' 라고 하셨습니다. 우리도 이 길을 갈 수 있기를 바랍니다. 인간의 생각이 아무리 훌륭하고 탁월하다고 하여도 하나님의 지혜는 능가할 수가 없습니다. 우리도 하나님의 말씀을 앞세우고 조심스럽게 따라갑시다. 그러면 분명히 하나님이 우리에게 부흥을 주시고 복을 주실 것입니다.

다윗은 율법의 말씀을 가지고 하나님의 언약궤에 대하여 깊이 묵상을 했습니다.

왜 하나님께서는 우리 이스라엘에 이 언약궤를 주셨을까 하는 것입니다.

다윗은 하나님께서 우리를 직접 다스리시기를 원하신다는 것을 알게 되었습니다.

하나님께서는 이스라엘 전체를 하나님의 왕궁으로 삼으시며 우리 가운데 사시면서

한 사람 한 사람을 만나시고 복 주시기를 원하시는 것을 알게 된 것입니다.

다윗은 만약 이스라엘이 하나님이 직접 다스리시는 나라가 되면 어떻게 될까 생각해보았습니다.

만약 이스라엘을 하나님이 직접 다스리신다면 이스라엘은 하나님의 왕궁이 되는 것이며

이스라엘은 하나님을 대표하는 나라가 됩니다.

그리고 전 세계가 하나님의 말씀에 의해서 통치를 받는 것입니다.

CHAPTER 11

하나님의 영원한 통치

대상 15:1-16:43

보통 나라와 왕궁은 개념에 많은 차이가 있습니다. 나라라고 하는 것은 어떤 왕의 통치권이 미치는 영역 전체를 말합니다. 우리나라는 우리나라 대통령이나 정부의 통치권이 미치는 전체 지역을 말합니다. 거기에 비해서 왕궁이라고 하는 곳은 왕이 살고 있는 곳이며 그곳은 왕을 직접 만날 수 있는 곳입니다. 누구든지 왕궁 안에서 생활하고 있으면 가끔씩 왕을 실제로 볼 때도 있고 심지어 왕이 말을 걸면 대답을 하기도 할 것입니다. 더욱이 왕궁은 그 모든 것 하나하나가 왕의 권위를 나타내기 때문에 굉장히 위엄이 있고 최고로 좋은 것만 갖다 놓는 것이 특징입니다. 그래서 보통 나라라고 하면 왕이 다스리기는 하지만 총리나 지방 관리를 통해서 간접적으로 다스립니다. 반면에 왕궁은 왕이 직접 모든 것을 보고 지시하고 다스리기 때문에 그 영광과 권세가 차이가 있습니다.

예를 들어서, 같은 요리사라 하더라도 일반 음식점에 있는 요리사와 왕궁의 요리사는 지위나 신분이 다르고 또 같은 문지기라 하더라도 성문을 지키는 문지기와 왕궁을 지키는 문지기는 급수가 다른 것입니다.

하나님은 온 세상을 만드셨기 때문에 세상 전체가 하나님이 다스리는 나라입니다. 그런데 하나님께서는 온 세상을 직접 다스리지 아니하시고 많은 왕이나 통치자들에게 위임을 하셔서 간접적으로 다스리십니다. 그래서 세상 사람들은 사실상 하나님의 통치를 받지만 하나님을 잘 모를 수 있습니다. 왜냐하면 외형적으로는 사람이 다스리기 때문입니다. 그러나 하나님께서 직접 다스리시기로 결정하신 나라가 있습니다. 바로 이스라엘입니다. 하나님은 이스라엘을 하나님의 왕궁으로 삼으시기를 원하셨습니다. 이런 하나님의 뜻을 가장 잘 간파한 사람이 바로 다윗 왕이었습니다.

다윗은 율법의 말씀을 가지고 하나님의 언약궤에 대하여 깊이 묵상을 했습니다. 왜 하나님께서는 우리 이스라엘에 이 언약궤를 주셨을까 하는 것입니다. 다윗은 하나님께서 우리를 직접 다스리시기를 원하신다는 것을 알게 되었습니다. 하나님께서는 이스라엘 전체를 하나님의 왕궁으로 삼으시며 우리 가운데 사시면서 한 사람 한 사람을 만나시고 복 주시기를 원하시는 것을 알게 된 것입니다. 다윗은 만약 이스라엘이 하나님이 직접 다스리시는 나라가 되면 어떻게 될까 생각해보았습니다. 만약 이스라엘을 하나님이 직접 다스리신다면 이스라엘은 하나님의 왕궁이 되는 것이며 이스라엘은 하나님을 대표하는 나라가 됩니다. 그리고 전 세계가 하나님의 말씀에 의해서 통치를 받는 것입니다.

사울 왕은 이스라엘을 여느 국가들처럼 만들려고 했습니다. 사울이 원했던 것은 이스라엘을 하나님이 직접 다스리는 나라가 아니라 자기가 다스리는 나라가 만들기를 원했습니다. 그런데 다윗이 깨달았던 것은 하나님은 이스라엘 전체를 하나님의 왕궁으로 삼기를 원하신다는 것이었습니다. 다윗은 하나님이 이스라엘의 왕이 되시면 이스라엘의 위상이 낮아지기는커녕 엄청나게 높아진다는 것을 알게 되었습니다. 다윗은 하나님이 이스라엘을 직접 다스리시게 하려면 어떻게 해야 할까 생각했습니다. 다윗은 하나님이 이스라엘 중심에서 계시게 하려면 하나님의 언약궤를 예루살렘으로 모셔 와야 한다고 생각했습니다.

그래서 역대상 15장과 16장에는 세 가지 내용이 기록이 되어 있습니다. 첫째는 다윗이 하나님의 언약궤를 예루살렘으로 메어오는 데 성공하는 것입니다(15:1-15). 그리고 두 번째는 그 여세를 몰아서 하나님의 궤 앞에서 하나님을 찬송하며 성가대를 조직해서 항상 하나님을 찬송하게 하는 것이었습니다.(15:16-16:7) 그리고 세 번째는 다윗이 언약궤 앞에서 하나님을 찬송한 시의 내용(16:8-43)입니다.

여기서 우리가 주의를 해야 할 것은 원래 하나님께서 모세에게 성막을 만들게 하실 때 하나님의 언약궤는 성소의 가장 안쪽에 있는 지극히 거룩한 곳인 지성소에 있게 하셨습니다. 그런데 이스라엘 백성들이 블레셋과 전쟁을 하면서 언약궤를 빼앗겨버렸다가 이것이 다시 돌아왔는데 기랏여아림의 아비나답의 집에 있었습니다. 그러니까 하나님의 언약궤와 번제단이 따로 떨어져 있었던 것입니다. 그런데 다윗은 하나님의 언약궤를 번제단이 있는 곳에 합치지 않고 아예 언약궤만 예루살렘으로 가져오려고 하고 있는 것입니다.

이것은 사실 다윗이 아니면 감히 할 수 없는 엄청난 일이었습니다. 대개 이스라엘 백성들은 전쟁이 있을 때 임시적으로 언약궤를 지성소에서 메어다가 전쟁이 끝난 후에 다시 지성소에 모셨습니다. 그런데 이스라엘 백성들이 블레셋과 전쟁하면서 패하는 바람에 언약궤를 빼앗겼다가 도로 찾게 되었는데 언약궤가 성전에 있지 못하게 되었습니다. 이때 다윗은 언약궤를 성막이 있는 곳에 보내지 않고 예루살렘으로 가져오려고 한 것입니다. 이것은 하나님의 언약궤에 대하여 탁월한 지식을 가진 자가 아니면 불가능한 지시입니다. 즉 다윗은 하나님의 언약궤가 가지는 의미가 무엇이며 이것이 번제단과 분리해서 둘 수도 있다는 것을 알았던 사람인 것입니다. 이것은 그 당시 어느 누구도 생각하지 못했던 다윗의 탁월한 신앙이었습니다.

1. 언약궤를 옮기는 데 성공하다

다윗은 이미 하나님의 언약궤를 옮기려고 하다가 실패한 적이 있었습니다. 우리가 생각하기에 하나님의 언약궤는 당연히 하나님의 성막에 있어야 합니다. 그런데 다윗은 하나님의 언약궤는 예루살렘에 있어야 한다고 생각을 했습니다. 다윗은 하나님의 언약궤를 정치의 관점에서 생각한 최초의 인물이었던 것입니다.

언약궤라고 하는 것은 이스라엘 백성들이 출애굽 했을 때 광야에서 하나님께서 모세더러 만들하고 하신 금으로 입힌 네모난 상자였습니다. 하나님께서는 아카시아의 일종인 조각목이라는 나무로 네모난 상자를 만들고 그 안팎을 금으로 싸게 하시고 그 위에 뚜껑을 덮게 하셨습니다.

아카시아 나무는 나무의 결이 나쁘고 옹이가 많이 있어서 네모난 상자를 만들기가 아주 어렵습니다. 그러나 아주 많이 다듬으면 네모반듯한 상자가 될 수 있는데 그 안팎을 금으로 입히고 안에 모세의 두 돌비를 넣은 것이 언약궤입니다. 즉 이것은 이스라엘 백성들이 연단 받고 하나님의 말씀으로 하나님과 하나가 된 상태를 나타내는 것입니다. 하나님께서는 모세나 이스라엘 백성들에게 말씀하실 때 이 언약궤 뚜껑에 있는 금으로 만든 두 천사 사이에서 말씀하셨습니다.

광야에서 모세가 하나님의 말씀을 들을 때에 지성소에 있는 이 언약궤 위에서 하나님의 음성을 들었습니다. 그리고 다른 제사장들은 이스라엘 백성들의 죄를 속하기 위해서 일 년에 한 번씩 대속제일에 지성소에 들어가서 이 언약궤 뚜껑에 피를 뿌려 이스라엘 백성들의 죄 용서를 받았습니다. 그리고 여호수아는 이스라엘 백성들이 가나안 땅을 정복하기 위하여 전쟁을 할 때 이 언약궤를 앞세우고 가서 요단강을 건너고 여리고성을 무너뜨렸으며 전쟁을 하였습니다. 그래서 우리가 이스라엘 역사를 보면 언약궤에 대한 생각이 조금씩 변한 것을 볼 수 있습니다.

모세는 하나님의 음성을 직접 듣기 위해서 언약궤 앞에 나아갔고 다른 대제사장들은 이스라엘 백성들의 죄를 속죄하기 위해서 언약궤 앞에 나아갔고 여호수아는 가나안과 전쟁하기 위하여 언약궤를 앞세웠습니다. 그런데 다윗은 여기서 한걸음 더 나아가서 하나님의 언약궤가 예루살렘에 있을 때 이스라엘은 하나님이 직접 다스리시는 나라가 된다는 것을 생각하게 되었습니다. 이것은 다윗이 그냥 혼자서 즉흥적으로 생각을 해낸 것이 아니라 이스라엘 백성들의 광야 생활과 그 후에 하나님께서 하신 모든 약속들을 깊이 묵상해 보았을 때 하나님께서 이스라엘 백성들에게 궁극적으로 원하셨던 것은 이스라엘을 하나님이 직접 다스리시는 나라로 만들기 원하신다는 것을 알게 되었습니다. 여기서 다윗이 생각하게 된 것은 이스라엘에는 하나님의 말씀이 최고의 자리에 와야 하며 그렇게 하기 위해서는 왕 자신부터 하나님께 물어서 모든 것을 결정해야 하고 하나님의 말씀이 온 이스라엘을 다스려야 한다고 생각을 하게 된 것입니다.

그래서 다윗은 하나님의 언약궤를 속죄의 개념과 전쟁의 개념에서 말씀의 통치로 생각하게 되었습니다. 즉 번제단과 언약궤는 같이 있는 것이 정상이지만 그렇지 못할 바에야 언약궤를 예루살렘의 중심에 가져와야 한다는 것이었습니다. 그런데 사실 이것이 하나님의 뜻이었습니다.

왜냐하면 하나님께서는 광야에서 모세에게 '나는 이스라엘의 하나님이 되고 이스라엘은 하나님의 백성이 되며 그들은 하나님의 제사장 나라가 될 것이라' 고 했기 때문입니다. 이것이 바로 하나님께서 이스라엘 백성들을 직접 다스리시는 것입니다.

하나님께서 이스라엘 백성들을 직접 다스리시면 어떻게 됩니까? 이스라엘 백성들은 하나님의 왕궁에서 하나님과 함께 사는 것입니다. 때로는 하나님을 보기도 하며 때로는 하나님의 음성을 듣기도 하며 때로는 하나님께 음식을 만들어 바치기도 하고 때로는 자격 없는 사람들이 하나님께 나오는 것을 지키기도 하는 것입니다. 여기서 가장 중요한 것은 하나님의 말씀입니다.

이스라엘이 하나님이 다스리는 백성이 될 때 그들은 가장 먼저 하나님의 말씀을 무한정으로 들을 수 있습니다. 그리고 하나님의 얼굴을 볼 수 있습니다. 여기서 하나님의 얼굴을 본다는 것은 특별한 영광을 체험하는 것을 말합니다. 그리고 어려운 일이 있을 때에는 하나님께 직접 나아가서 어려운 사정을 말씀드릴 수 있습니다. 그리고 이스라엘 백성들은 하나님의 응답을 누구보다 먼저 받을 수 있고 세계 어떤 사람들보다 먼저 하나님의 복을 받을 수 있게 됩니다.

하나님이 이스라엘 중에서 하신 말씀으로 온 세상을 다스리며 결국 모든 것은 하나님의 말씀대로 이루어지게 되는 것입니다. 물론 이스라엘 백성들은 하나님을 모셔야 하기 때문에 자신들의 사생활에는 많은 제약을 받겠지만 그들은 하나님으로부터 가장 먼저 복을 받게 되고 세상에서도 최고의 것으로 공급을 받게 되는 것입니다. 다윗이 이런 생각을 할 수 있었던 것은 이미 하나님께서 이스라엘 백성들에게 그 약속을 주셨기 때문입니다. 그런데 아무도 그것을 깨닫지 못하고 있다가 다윗이 이 엄청난 진리를 발견하고 언약궤를 예루살렘에 옮기는 데 성공을 했던 것입니다.

그런데 다윗은 일차적으로 하나님의 언약궤를 옮기는 데 실패하고 엄청난 침체에 빠지게 되었습니다. 그 이유는 물론 다윗이 정성을 다해서 언약궤를 옮기다가 실패했기 때문에 좌절한 탓도 있겠지만 더 중요한 것은 과연 자신의 언약궤에 대한 믿음이 틀렸느냐 하는 의심이었습니다. 자신이 하나님을 이스라엘의 왕으로 모심으로 이스라엘이 하나님의 특별한 나라가 될거라는 생각이 틀렸느냐 하는 것이었습니다. 그러나 다윗은 결코 그것이 틀린 생각이 아니라는 것을 알게 되었습니다. 즉 자신이 하나님의 언약궤를 옮기는데 하나님의 말씀대로 옮기지 않은 것이 잘못이지 하나님을 이스라엘의 왕으로 모시는 것은 잘못이 아니라는 것을 확신하게 된 것입니다. 그래서 다윗은 두 번째 시도에서 하나님의 언약궤를 옮기는 데 성공을 하게 됩니다.

그래서 역대상 15장에 보면 다윗이 하나님의 언약궤를 옮기기 위해서 소집한 레위인들의 숫자와 그 중에서도 고핫 자손들의 숫자를 기록하고 있습니다. 그리고 몇 번씩이나 지난번에 실패했던 것은 언약궤를 하나님의 말씀대로 옮기지 않았기 때문이라고 말하고 있습니다.

15장 1–2절, "다윗이 다윗성에서 자기를 위하여 궁궐을 세우고 또 하나님의 궤를 위하여 처소를 예비하고 위하여 장막을 치고 가로되 레위 사람 외에는 하나님의 궤를 멜 수 없나니 이는 여호와께서 저희를 택하사 하나님의 궤를 메고 영원히 저를 섬기게 하셨음이니라 하고"

여기서 우리가 하나님의 통치를 받는 데 가장 중요한 것은 하나님의 선택이라는 개념입니다. 하나님께서는 이스라엘 백성들에게 언약궤를 주셨지만 그 궤를 멜 수 있는 사람은 오직 레위인뿐이었습니다. 그리고 레위인 중에서도 오직 고핫 자손만 메게 하셨습니다. 우리가 생각하기에 하나님의 언약궤를 꼭 레위인이 메어야 할 이유가 없는 것 같습니다. 레위인이든 어느 족속이든 누구든지 메고 싶은 사람이 메면 될 것 같습니다. 그러나 하나님은 그것을 허락지 아니하셨습니다. 그 이유가 무엇일까요? 하나님께서는 우리 인간과 하나님을 분명하게 구별하셨습니다. 그래서 우리 인간들은 마음대로 하나님께 나아갈 수가 없습니다. 우리 인간들이 하나님께 나아갈 수 있는 방법은 오직 하나님께서 정하신 사람을 통해서만 나아갈 수 있게 하셨습니다. 이것은 구원에 있어서 하나님이 먼저이지 우리가 결코 먼저가 아닌 것을 보여주시기 위한 것입니다. 하나님이 우리를 구원하신 것은 하나님께서 먼저 우리에게 손을 내미시고 우리를 불쌍히 여기셨기 때문이지 우리가 구원받기 위하여 노력을 하거나 애를 썼기 때문이 아닌 것입니다.

물론 레위인들도 죄인입니다. 고핫 자손들도 죄인입니다. 그런데 하나님께서 이들로 하여금 하나님께 나아오게 하신 것은 그들의 죄를 하나님께서 책임을 지셨기 때문입니다. 그래서 이스라엘 백성들은 이것을 믿어야 합니다. 그런데 이것을 믿지 않고 '레위인이나 우리가 무엇이 다르다고 하나님은 레위인들만 하나님께 나아오게 하시는가' 하며 불평등하다고 떠들 때 하나님은 진노하시는 것입니다.

그리고 하나님께서는 우리가 하나님께 나아갈 때 말씀을 의지하기를 원하셨습니다. 다윗이 처음 언약궤를 옮기면서 실패했던 것은 언약궤를 사람의 어깨에 메는 것보다는 소가 끄는 수레에 옮기는 것이 더 멋있다고 생각했기 때문이었습니다. 하나님의 귀한 언약궤를 사람의 어깨에 메는 것은 무엇인가 성의가 부족한 것 같았고 초라하다는 생각이 들었습니다. 그 대신에 소 두 마리가 끄는 수레에 싣고 옮기면 더 멋있어 보이고 정성을 다하는 것처럼 보였던 것입니다. 그러나 그 결과는 하나님의 진노를 막지 못했습니다. 하나님께서는 우리가 생각하기에 아무리 정성이 부족해보이고 현실성이 없어 보인다 하더라도 하나님의 말씀 그대로 하면 된다는 것입니다. 우리가 하나님의 말씀을 믿고 나갈 때 하늘 문도 열리고 하나님께서 복을 내려주시는 것입니다. 우리가 생각하기에 아무리 이 세상 현실이 어렵고 우리의 앞길이 막막하여도 하나님의 말씀대로 나가면 길이 열리는 것입니다.

그래서 다윗은 레위인들을 모두 소집해서 세 가지 일을 시켰습니다. 하나는 고핫 자손들은 하나님의 말씀대로 언약궤를 어깨에 메는 일을 맡았습니다. 그리고 다른 레위인들은 다른 사람들이 하나님의 궤에 접근하는 것을 막았습니다. 그리고 또 다른 레위인들은 하나님을 찬양하는 일을 맡았습니다. 그래서 다윗은 무사히 하나님의 언약궤를 예루살렘으로 옮길 수 있었습니다.

15장 13절, "전에는 너희가 메지 아니하였으므로 우리 하나님 여호와께서 우리를 충돌하셨나니 이는 우리가 규례대로 저에게 구하지 아니하였음이니라"

다윗이 답을 알기 전에는 굉장히 두려웠고 답답했습니다. 즉 하나님은 틀림없이 우리의 왕이 되기를 원하시는데 왜 궤를 옮기는 것을 실패하게 하셨을까 하는 것입니다. 그런데 다윗은 그 정답을 알게 되었습니다. 우리가 하나님의 말씀대로 하지 않았기 때문이라는 것입니다. 다시 말해서 우리는 하나님의 말씀에 내 생각을 더하니까 실패를 하는 것입니다. 우리가 하나님의 말씀대로 하기만 하면 어떤 어려움도 이길 수 있고 어떤 시련도 극복할 수 있습니다.

15장 15절, "모세가 여호와의 말씀을 따라 명한대로 레위 자손이 채로 하나님의 궤를 꿰어 어깨에 메니라"

하나님의 축복은 사소한 것에서부터 하나님의 말씀대로 하는 데서 시작이 됩니다. 이스라엘이 하나님의 복을 받는 것은 결코 어렵지 않았습니다.

2. 하나님을 찬송함

다윗은 하나님의 궤를 예루살렘으로 옮기면서 레위인 전체를 세 개의 성가대로 조직해서 하나님을 찬송하고 악기로 연주하는 일을 했습니다.

5장 16-17절, "다윗이 레위 사람의 어른들에게 명하여 그 형제 노래하는 자를 세우고 비파와 수금과 제금 등의 악기를 울려서 즐거운 소리를 크게 내라 하매 레위 사람이 요엘의 아들 헤만과 그 형제 중 베레야의 아들 아삽과 그 동종 므라리 자손 중에 구사야의 아들 에단을 세우고 "

여기에 나오는 헤만과 아삽과 에단, 이 세 사람이 이스라엘 전체 성가대 지휘자들이었습니다. 여기서 우리가 궁금한 것은 왜 다윗이 하나님의 언약궤를 옮길 때 침묵으로 조용하게 옮기지 않고 이렇게 많은 성가대를 조직해서 열렬하게 찬송하면서 옮기게 했을까 하는 것입니다.

여호수아가 여리고성을 무너트릴 때 이스라엘 백성들은 하나님의 언약궤를 앞세우고 7일 동안 침묵의 행진을 했습니다. 그리고 마지막 날 일곱 바퀴를 돈 후에 소리를 질렀을 때 여리고성은 무너졌습니다. 그런데 왜 다윗은 하나님의 궤를 옮길 때 이렇게 많은 찬양대를 동원해서 노래를 부르게 했을까 하는 것입니다.

하나는 하나님이 주신 확신 때문이었습니다. 다윗은 처음 하나님의 궤를 옮기다가 실패했습니다. 그리고 다윗은 엄청난 절망과 좌절에 빠졌습니다. 하나님의 백성이 될 자격이 있느냐 없느냐 하는 문제였기 때문입니다. 그런데 다윗은 다시 하나님의 말씀으로 돌아와 보았을 때 자기들이 모두 다 틀린 것이 아니라 일부만 틀렸고 이것만 바로 잡으면 된다는 확신을 가지게 되었습니다. 그리고 다윗은 우리가 기왕 하나님을 우리의 왕으로 모신다면 어떻게 해야 할 것인가 하는 것을 생각해 보았습니다. 우리가 점령당한 독재자를 맞이해야 할 경우에는 눈물과 탄식으로 맞아들이겠지만 우리를 구원하신 구원자를 모실 때에는 모두 기쁨으로 축복으로 맞이해야 한다는 생각을 했습니다. 이스라엘 백성들이 하나님을 왕으로 모신다는 자체가 이 세상의 모든 시험과 억압을 이기고 믿음으로 승리한 것을 의미합니다. 이때 우리는 우리에게 이 귀한 축복과 승리를 주신 하나님을 기뻐하고 찬송하며 맞이해야 하는 것입니다.

예를 들어서, 2차 세계대전에서 연합군이 독일군을 몰아내고 미군이 프랑스 파리에 입성하게 되었을 때 파리 시민들을 모두 다 뛰어나와서 꽃을 던지고 국기를 흔들면서 환영을 했습니다. 우리가 하나님을 모실 때에는 이렇게 모셔야 하는 것입니다. 그래서 우리는 예배를 드릴 때마다 승리자이시고 우리의 구원자이신 하나님을 열렬하게 환영해야 합니다. 왜냐하면 하나님은 우리의 모든 원수를 물리치시고 우리의 어려움을 해결하시고 우리를 지금의 평안과 축복 가운데로 인도하셨기 때문입니다.

그래서 15장 19절을 보면 "헤만과 아삽과 에단은 놋제금을 크게 치는 자요"라고 했습니다. 이 세 사람은 지휘자이기 때문에 놋제금을 치고 박자를 맞추면서 모든 성가대의 찬양을 이끌었습니다.

그리고 15장 20절을 보면 "스가랴와 아시엘과 스미라못과 여히엘과 운니와 엘리압과 마아세야와 브나야는 비파를 타서 여청에(개역개정:알라못에) 맞추는 자요"라고 했습니다.

여기서 '여청'이라고 하는 것은 '알라못'이라고 해서 젊은 여성을 의미한다고 합니다. 즉 여성의 고음에 해당되는 음을 내는 소프라노였던 것입니다.

그리고 15장 21절에 "맛디디야와 엘리블레후와 믹네야와 오벧에돔과 여이엘과 아사시야는 수금을 타서 여덟째 음에 맞추어 인도하는 자요"

여기서 여덟째 음이라고 하는 것은 '수미닛'이라고 해서 저음을 의미합니다.

그래서 다윗의 성가대는 고음과 저음과 모든 박자를 갖추고 뛰어난 하모니를 이루는 합창이었던 것을 알 수 있습니다.

우리는 말씀의 대부흥이 일어날 때 찬양이 많이 부흥되는 것을 볼 수 있습니다. 왜냐하면 우리가 은혜를 받으면 그만큼 하나님께 감사하고 싶고 그만큼 찬양하고 싶어지기 때문입니다. 그런데 찬양이라고 하는 것은 하나님으로부터 은혜 받은 것을 우리가 감정적으로 소화를 해서 다시 하나님께 노래로 화답하는 것입니다.

하나님의 말씀의 은혜 없이 노래만을 위하여 찬양을 발전시키는 것은 오래 가지 않습니다. 왜냐하면 아무리 노래를 해도 기쁨이 없고 오히려 시간이 가면 갈수록 은혜가 고갈되고 영성이 바닥이 나기 때문에 짜증만 내게 되고 서로 상처를 주게 되는 것입니다. 그래서 찬양을 인도하는 사람의 신앙은 아주 성숙해야 합니다. 그리고 그 자신이 먼저 하나님의 말씀에 은혜를 받는 자이어야 합니다. 그래서 무조건 음악을 전공했거나 잘한다고 해서 성가대 지휘를 맡겨서는 안 되는 것입니다.

15장 26절, "하나님이 여호와의 언약궤를 멘 레위 사람을 도우셨으므로 무리가 수송아지 일곱과 수양 일곱으로 제사를 드렸더라"

하나님이 언약궤를 멘 레위인을 도우셨다는 말이 무슨 뜻입니까? 이 무거운 하나님의 궤를 메었는데도 전혀 힘이 들지 않았던 것입니다. 그래서 그들은 마치 어깨에 전혀 짐을 진 것 같지 않았습니다. 왜냐하면 하나님께서 그 짐을 져주셨기 때문입니다. 우리가 하나님과 함께 동행하면 무거운 짐을 지고 가더라도 힘이 들지 않습니다. 왜냐하면 하나님이 그 짐을 져주시기 때문입니다. 그래서 이스라엘 무리는 더 확신을 가지고 하나님을 찬양했습니다.

15장 28절, "이스라엘 무리는 크게 부르며 각과 나팔을 불며 제금을 치며 비파와 수금을 힘있게 타며 여호와의 언약궤를 메어 올렸더라"

그러나 하나님의 말씀의 통치를 멸시하는 자도 있었습니다.

15장 29절, "여호와의 언약궤가 다윗성으로 들어 올 때에 사울의 딸 미갈이 창으로 내어다보다가 다윗왕의 춤추며 뛰노는 것을 보고 심중에 업신여겼더라"

사울은 하나님의 말씀의 통치를 인정하지 않았던 사람이었습니다. 그래서 사울은 이스라엘을 자신의 뜻대로 통치했습니다. 그런데 다윗은 하나님의 말씀이 이스라엘을 통치하도록 했습니다. 이것을 보고 사울의 딸 미갈은 다윗을 업신여겼습니다. 즉 이것이 무슨 통치냐 하는 것입니다.

이것을 보면 같은 이스라엘 백성들 중에서도 다윗의 이상을 이해하는 사람은 많지 않았던 것 같습니다. 그러나 다윗은 결국 말씀의 통치라는 이상을 실현시켰습니다. 다윗은 하나님의 궤를 예루살렘에 옮기고 난 후에도 성가대가 계속 하나님을 찬양하게 했고 문지기들이 하나님의 궤를 지키게 했습니다. 그리고 다윗 자신은 이스라엘의 왕이 아니고 2인자로 내려앉았습니다. 그랬더니 하나님이 이스라엘을 최고로 축복받는 나라가 되게 하셨습니다.

3. 다윗의 기도

다윗은 하나님의 언약궤를 예루살렘에 옮긴 후에 하나님께 감사하는 기도를 드렸습니다. 그런데 이 기도를 보면 왜 다윗이 언약궤를 예루살렘으로 옮겼는지 알 수가 있습니다.

다윗은 가장 먼저 이스라엘을 통해서 온 세상이 하나님을 찬양하기 원했습니다.

16장 8-11절, "너희는 여호와께 감사하며 그 이름을 불러 아뢰며 그 행사를 만민 중에 알게 할찌어다 그에게 노래하며 그를 찬양하며 그 모든 기사를 말할찌어다 그 성호를 자랑하라 무릇 여호와를 구하는 자는 마음이 즐거울찌로다 여호와와 그 능력을 구할찌어다 그 얼굴을 항상 구할찌어다"

우리가 이 시의 내용을 제대로 이해하려면 영화나 드라마를 이해할 필요가 있습니다. 영화나 드라마를 보면 주인공이 처음부터 등장할 때도 있고 어느 정도 스토리가 진행되고 난 후에 등장할 때도 있습니다. 그런데 영화나 드라마에서 주인공이 차지하는 비중이라고 하는 것은 대단합니다. 왜냐하면 주인공이 등장하지 않았을 때에는 아직 그 드라마나 영화가 제대로 시작된 것이 아니기 때문입니다. 주인공이 등장하고 나서야 모든 스토리가 긴박하고 감동적으로 이어져 나갑니다. 마찬가지로 이스라엘이 역사 중에 등장하기까지 전 세계는 주인공이 없는 드라마였고 영화였습니다. 그저 아무나 나오고 싶은 사람들이 나와서 사람들을 웃기거나 말도 되지 않는 짓을 하는 정도였습니다. 그런데 전 세계는 이스라엘 백성들의 등장을 통해서 하나님의 연기를 보게 되었습니다. 물론 하나님께서 전면에 나타나시는 것은 아니지만 하나님이 이스라엘 백성들을 이끄시고 그들을 변화시켜 나가는 과정을 통해서 하나님의 연기가 너무나도 분명하게 드러나게 된 것입니다. 결국 이스라엘은 하나님이 만드신 작품이었고 이스라엘의 등장을 통해서 하나님은 이 세상에 직접 자신을 나타내시기 시작하셨습니다.

이스라엘이 등장하기 전까지 하나님은 숨어 계셨습니다. 그런데 하나님은 이스라엘을 등장시킴과 동시에 하나님 자신을 이 세상에 나타내셨고 직접 인간들에게 복을 주시고 능력을 나타내시기 시작하셨습니다. 그래서 사람들은 이스라엘을 보면서 축복의 하나님을 보게 되는 것입니다. 다윗은 온 세상 사람들을 향하여 하나님을 찬송하며 하나님을 찾자고 초청하고 있습니다.

16장 12-14절, "그 종 이스라엘의 후손 곧 택하신 야곱의 자손 너희는 그 행하신 기사와 그 이적과 그 입의 판단을 기억할찌어다 그는 여호와 우리 하나님이시라 그의 판단이 온 땅에 있도다"

즉, 이 세상에 하나님의 백성들이 존재한다는 자체가 세상 사람들에게는 큰 축복입니다. 하나님께서는 이 세상을 더 이상 인간의 죄와 탐욕에 내버려두지 아니하시고 하나님의 뜻대로 모든 것을 바로 잡으시겠다는 뜻을 보여주셨습니다.

두 번째로 하나님께서는 이스라엘 백성들을 말씀으로 만들어오셨습니다.

16장 16-17절, "이것은 아브라함에게 하신 언약이며 이삭에게 하신 맹세며 이는 야곱에게 세우신 율례 곧 이스라엘에게 하신 영원한 언약이라"

하나님께서 믿음의 조상들에게 세우신 언약은 그들로 이 세상에서 복의 근원이 되게 하겠다는 것입니다. 사실 아브라함이나 이삭이나 야곱 자신들도 이 세상에서는 너무나도 약한 자들이었고 때로는 쫓겨 다니거나 박해를 당하는 자들이었습니다. 그러나 하나님은 이들에게 하나님의 말씀을 믿게 하셨고 믿음으로 살게 하셨습니다. 그리고 이들이 믿음으로 살았을 때 하나님의 능력이 나타났습니다.

16장 20-22절, "이 족속에게서 저 족속에게로, 이 나라에서 다른 민족에게로 유리하였도다 사람이 그들을 해하기를 용납지 아니하시고 그들의 연고로 열왕을 꾸짖어 이르시기를 나의 기름 부은 자를 만지지 말며 나의 선지자를 상하지 말라 하셨도다"

하나님께서는 하나님의 택한 종들이 이 세상에서는 고난당했지만 결코 다른 사람들이 건드리지 못하게 하셨습니다. 그 이유는 하나님께서 그들을 이 세상에서 하나님의 보석으로 만들고 계셨기 때문입니다. 그들이 하나님의 손에 붙들리게 되었을 때 하나님은 그 한 사람 한 사람을 통하여 한 나라 이상 가는 능력을 나타내게 하셨습니다. 그리고 하나님께서는 이 종들을 통해서 이 세상의 모든 신들이 헛것인 것을 보여주셨습니다.

16장 25-26절, "여호와는 광대하시니 극진히 찬양할 것이요 모든 신보다 경외할 것임이여 만방의 모든 신은 헛것이요 여호와께서는 하늘을 지으셨음이로다"

세상 신들의 힘은 결국 그 신을 믿는 인간의 힘이지 하나님의 힘은 아닌 것입니다. 사람들은 자기들의 힘으로 거짓 신들을 많이 만들어서 자신들의 문화나 지식이나 정치가 완전한 것처럼 속였지만 결국 이스라엘 하나님 앞에서 전부 거짓으로 드러나고 말았습니다. 진품 앞에서는 모든 가짜는 다 들통이 나게 되어 있는 것입니다.

결국 하나님께서는 이스라엘 백성 전체를 성전으로 삼으셨습니다.

바로 여기에 다윗이 언약궤를 예루살렘으로 가져온 근거가 있는 것입니다.

16장 27절, “존귀와 위엄이 그 앞에 있으며 능력과 즐거움이 그 처소에 있도다”

하나님께서는 모세에게 성막을 짓게 하셨습니다. 그러나 이스라엘 백성 전체가 하나님이 거하시는 성전이었습니다. 이스라엘 백성 전체가 하나님의 말씀으로 변화되었을 때 이스라엘은 전 세계에 능력의 집단이 되었습니다. 하나님의 무한한 능력이 나타나는 나라가 된 것입니다.

16장 28-30절, “만방의 족속들아 영광과 권능을 여호와께 돌릴찌어다 여호와께 돌릴찌어다 여호와의 이름에 합당한 영광을 그에게 돌릴찌어다 예물을 가지고 그 앞에 들어갈찌어다 아름답고 거룩한 것으로 여호와께 경배할찌어다 온 땅이여 그 앞에서 떨찌어다 세계가 굳게 서고 흔들리지 못하는도다”

하나님께서는 결국 이스라엘 전체를 성전으로 만드셔서 이 세상에 하나님의 의를 선포하고 이 세상을 축복하셨습니다.

예를 들어서, 우리가 외국에서 어떤 좋은 물건을 사려고 하는데 우리나라에 그 물건을 파는 회사가 없으면 우리는 그 물건을 살 수가 없을 것입니다. 결국 우리는 외국에 직접 가서 그 물건을 살 수밖에 없는데 외국에 가더라도 그 회사가 어디에 있는지 찾는 것도 쉽지 않을 것입니다. 그런데 만약 우리 집 가까운 곳에 그 물건을 파는 가게가 있으면 얼마든지 가서 돈을 주고 살 수 있을 것입니다. 그런데 하나님은 이스라엘을 하나님의 지점으로 삼으셔서 무료로 하나님의 모든 복을 다 주셨습니다. 그런데 이제는 그 복이 교회에 오게 되었습니다.

왜냐하면 교회가 이제 성전이 되고 이스라엘이 되었기 때문입니다. 우리는 교회를 통해서 또 성도들의 교제를 통해서 마음껏 하나님나라의 축복을 누리게 되었습니다.

이 축복을 받아 향유하기 위해서 우리가 잊지말아야 할 것은 우리 안에서 가장 중요한 곳에 하나님의 말씀을 두는 것입니다. 그리고 우리 모두가 인간의 의지나 야망의 지배를 받는 것이 아니라 하나님의 은혜를 믿고 하나님의 말씀대로 나가는 것입니다. 그렇게 할 때 우리 주위의 모든 것들이 하나님의 복을 받으며 우리가 이스라엘 사람들처럼 이 세상에서 능력 있는 믿음의 사람들이 될 것입니다.

여기서 다윗은 더 결정적인 일을 하게 되는데

그것은 바로 하나님의 언약궤를 예루살렘으로 가져오게 하는 것이었습니다.

이것은 두 가지 중요한 의미가 있었습니다.

하나는 이스라엘은 하나님이 말씀으로 다스리는 나라라는 것입니다.

그러니까 하나님의 말씀을 상징하는 언약궤가 당연히 이스라엘의 중심에 와야 하는 것이었습니다.

그리고 또 하나는 결국 이스라엘이 말씀으로 부흥되는 것이

이스라엘이 복 받는 길이고 왕인 자기 자신부터

하나님께 물어서 모든 것을 결정하겠다는 뜻이었습니다.

CHAPTER 12

다윗의 언약

대상 17:1-27

얼마 전에 우리나라 건설회사가 두바이의 100층이 넘는 초고층 건물을 완성시켜서 큰 화제가 되었습니다. 우선 100층이 넘는 건물을 지으려면 그만한 기술이 있어야 합니다. 무엇보다 먼저 100층의 무게를 견딜 수 있는 초강력 시멘트가 있어야 합니다. 그리고 건물이 100층이나 되면 바람의 저항이 심하기 때문에 바람이나 지진의 진동을 견딜 수 있게 설계가 되어 있어야 합니다. 그리고 엘리베이터나 수도나 전기나 냉난방이나 화재 등 모든 면에서 완전하게 대비가 되어 있어야 할 뿐 아니라 더 중요한 것은 빌딩 안에 있는 모든 방들이 다 임대가 되어야 합니다. 우리나라 건설 회사들은 100층이 넘는 건물을 짓는 기술이 축적이 되어 있어서 우리나라 안에도 여러 곳에 그런 건물을 지으려고 하고 있습니다.

이스라엘이라는 나라는 아주 특이한 나라였습니다. 즉 옛날 고대 팔레스타인 땅에서 지정학적으로 노른자위 땅이 바로 가나안이었습니다. 그런데 이스라엘 백성들은 애굽에서 나온 후에 40년을 광야에서 돌아다니다가 아무 소리도 없이 이 노른자위 땅을 차지해버렸습니다. 그런데 이상한 것은 아무리 다른 민족들이 이스라엘 백성들을 이 가나안 땅에서 쫓아내려고 해도 쫓아낼 수가 없었습니다. 그 이유는 하나님께서 이스라엘 백성들과 약속을 맺은 것이 있었기 때문입니다. 그것은 이스라엘 백성들이 하나님의 말씀을 지키고 순종하면 영원히 가나안 땅을 차지하게 해 주겠다는 약속입니다.

그런데 이스라엘 백성들은 이상하게도 가나안 땅에 들어간 지 400년이 넘도록 왕국을 세우지 못했습니다. 그 이유는 하나님이 이스라엘의 왕이시기 때문에 왕을 세울 필요가 없었기 때문입니다. 그러나 실제로 이스라엘에 왕이 없고 정부 조직이 없고 군대가 없으니까 이스라엘 백성들은 너무나도 불안했습니다. 그래서 드디어 이스라엘 백성들은 하나님의 허락을 얻어서 사울을 왕으로 세웠습니다. 그런데 사울은 나라를 굳건하게 세우지 못하고 블레셋과 전쟁을 하다가 전사를 하고 말았습니다. 그래서 이스라엘 백성들은 2대 이스라엘 왕으로 목동 출신인 다윗을 세웠습니다. 그런데 다윗이 이스라엘 나라를 다스리는 원리는 아주 독특했습니다. 다윗은 왕으로서 국방을 튼튼하게 한다거나 성을 많이 짓는 일을 하지 않았습니다. 다윗은 하나님이 말씀으로 이스라엘을 다스려야 한다고 해서 하나님의 말씀으로 부흥을 일으켰고 자기 자신도 모든 것을 하나님께 물어서 결정을 했습니다.

여기서 다윗은 더 결정적인 일을 하게 되는데 그것은 바로 하나님의 언약궤를 예루살렘으로 가져오게 하는 것이었습니다. 이것은 두 가지 중요한 의미가 있었습니다. 하나는 이스라엘은 하나님이 말씀으로 다스리는 나라라는 것입니다. 그러니까 하나님의 말씀을 상징하는 언약궤가 당연히 이스라엘의 중심에 와야 하는 것이었습니다. 그리고 또 하나는 결국 이스라엘이 말씀으로 부흥되는 것이 이스라엘이 복 받는 길이고 왕인 자기 자신부터 하나님께 물어서 모든 것을 결정하겠다는 뜻이었습니다.

다윗이 이스라엘을 다스린 원리는 다른 어느 왕과도 달랐습니다. 즉 다윗은 절대로 자기가 이스라엘의 왕이라고 생각하지 않았습니다. 그 대신 자기 자신은 푸른 풀이 있고 깨끗한 물이 있는 시내로 양들을 데리고 가는 목자라고 생각을 했습니다. 다윗은 자기가 이스라엘 왕으로서 많은 계획을 세우거나 많은 일을 하려고 하지 않았습니다. 오직 다윗은 자신의 사명이 이스라엘 백성들을 데리고 하나님의 말씀이 있는 곳으로 가면 된다고 생각을 했습니다. 이스라엘 백성들이 하나님의 말씀을 알고 그대로 살면 복을 받는다고 생각했습니다. 그런데 백성 한 사람 한 사람은 고집이 있기도 하고 또 무지해서 하나님의 뜻에 잘 순종하지 않습니다. 그런데 왕이 솔선수범해서 하나님의 뜻을 향하여 백성들을 이끌어 가면 백성들은 결국 하나님의 뜻에 순종하게 되고 하나님은 이스라엘 백성들에게 복을 주시는 것입니다. 그런데 하나님은 이스라엘 백성들에게 복을 주실 때 먼저 영적인 부흥을 주십니다. 그리고 적을 물리치게 하시고 그러고는 물질적인 축복도 많이 내려주십니다.

다윗은 이 말씀의 통치를 통해서 이스라엘을 안정시켰고 강한 나라로 만들었습니다. 다윗은 말씀의 통치를 확고하게 하기 위해서 예루살렘에 하나님의 궤를 옮기는 데 성공을 했습니다. 그리고 나서 다윗은 한 가지 큰 계획을 가지게 되는데 그것은 아예 예루살렘에 하나님의 성전을 텐트가 아니라 백향목과 대리석으로 새로 짓는 것이 어떤가 하는 것이었습니다.

다윗은 이 성전 건축계획을 나단 선지자와 의논을 했는데 하나님은 다윗에게 이 성전을 짓지 못하게 하셨습니다. 그 대신 하나님은 다윗의 집을 지어주시겠다고 하셨습니다. 오늘 우리가 생각하게 되는 것은 왜 하나님께서는 다윗으로 하여금 성전 짓는 것을 허락지 아니하고 왜 그의 집을 지어주시겠다고 하셨는가 하는 것입니다.

1. 다윗의 신앙

다윗은 이스라엘 왕으로서 어느 정도 정치에 성공하고 난 후에 예루살렘에 하나님의 성전을 지을 생각을 하게 되었습니다.

1절, "다윗이 그 궁실에 거할 때에 선지자 나단에게 이르되 나는 백향목 궁에 거하거늘 여호와의 언약궤는 휘장 밑에 있도다"

보통, 사람은 성공하고 나면 위험하기 쉽습니다. 누구든지 아직 성공하지 못하였을 때에는 목표를 향하여 열심히 올라가느라고 엉뚱한 생각을 하지 못하는데 일단 한번 성공을 해서 높은 고지에 올라가게 되면 더 이상의 목표가 없기 때문에 방탕하기 쉽습니다. 그런데 다윗은 정치에 성공하고 난 후에 다시 한 번 영적인 부흥을 위해서 몸부림을 치게 됩니다. 이것은 어떻게 하면 하나님의 성전과 이스라엘을 한층 더 발전시킬 수 없을까 하는 것입니다. 다윗은 이때 아예 예루살렘에 성전을 새로 짓는 것이 좋겠다는 생각을 하게 됩니다. 이것이 다윗에게는 대단히 훌륭한 점이었습니다. 보통 사람들 같으면 정치가 안정되고 물질적으로 성공을 하게 되면 먹고 마시고 방탕하기 쉬운데 다윗은 신앙적으로 자신이나 이스라엘이 한층 더 성장하기 위해서 열정을 쏟았기 때문입니다.

성전은 세 부분으로 구성되어 있었는데 안뜰에 있는 번제단은 죄를 사하는 제단이었습니다. 그리고 그 안에 있는 성소의 분향단은 하나님께 기도하는 것이었습니다. 그리고 세 번째 가장 안쪽 지성소에 있는 것이 언약궤였습니다. 이 언약궤는 그 사상이 시대의 흐름에 따라서 많이 변하게 되었습니다. 맨 처음 모세 때에는 하나님의 말씀을 듣기 위해서 언약궤가 필요했습니다. 하나님께서는 언약궤 뚜껑에 있는 두 천사의 날개 사이에서 모세에게 말씀하셨습니다. 그리고 이스라엘 대제사장들은 일 년에 한 번씩 언약궤 뚜껑에 피를 뿌림으로 이스라엘 백성 전체의 죄를 속하는 일을 했습니다. 그리고 여호수아 때에는 가나안 땅을 정복하기 위해서 제사장이 언약궤를 앞세우고 전쟁터에 나갔습니다. 그런데 다윗은 이스라엘을 하나님의 말씀으로 다스리기 위해서 언약궤를 예루살렘으로 옮겨놓았습니다. 그리고 다윗은 하나님의 말씀으로 이스라엘을 다스림으로 큰 부흥을 경험하게 됩니다.

그러나 다윗은 세월이 흐름에 따라서 무엇인가 자기 자신에게 있어서 부족한 것을 느끼게 되었습니다. 그것은 자기 자신은 화려한 백향목으로 지은 궁전에 사는데 하나님의 언약궤는 초라한 텐트에 있어서 되겠느냐 하는 것이었습니다.

여기서 다윗은 두 가지 점에 문제를 느낀 것 같습니다. 우선 하나는 자기가 하나님의 말씀으로 이스라엘을 다스리기 위해서 하나님의 궤를 예루살렘에 가져온 것은 좋은데 하나님의 궤가 있는 곳이 너무 초라했던 것입니다. 왕이 있는 궁궐에 비하여 성전이 너무 초라했습니다. 이것은 사실 그 당시 문제점을 그대로 보여주는 것이었습니다.

다윗은 하나님의 말씀의 통치를 위해서 언약궤만 예루살렘으로 가지고 왔습니다. 그러니까 번제단이나 성전의 다른 기구들은 여전히 실로나 지방에 그대로 있었습니다. 우리가 한편으로 생각을 해 볼 때 언약궤를 지성소에서 가지고 나오는 것은 일시적인 것이지 이렇게 영구적으로 가지고 나와도 될까 하는 것입니다. 이것은 다른 한편으로 다윗 때 왕권에 비하여 제사 기능이 많이 약화된 것을 의미하는 것이었습니다.

또 하나는 이미 이제 이스라엘 백성들이 가나안 땅에 정착이 되어서 더 이상 떠돌아다닐 가능성이 없는데도 불구하고 성전은 이동식인 텐트로 되어 있어야 하느냐 하는 것이었습니다.

이것이 바로 시대의 변화를 의미하는 것이었습니다.

지금까지 이스라엘 백성들은 광야에서 떠돌아다니고 가나안 땅 안에서도 불안정했기 때문에 성전은 언제나 옮길 수 있는 천막이었습니다. 그래서 이스라엘 백성들은, 성전은 언제나 옮길 수 있기 때문에 어디에 있든지 상관이 없다고 생각을 했습니다. 그러나 이제 이스라엘 백성들은 가나안 땅에 정착을 하게 되었고 이제 더 이상 성전을 옮길 일이 거의 없었습니다. 그럼에도 불구하고 성전이 이동식 텐트로 되어 있으니까 너무 초라하게 보였던 것은 사실이었습니다.

여기서 다윗은 다시 한 번 엄청난 계획을 구상하게 됩니다. 그것은 이번에 예루살렘에 새로 멋진 백향목으로 성전을 짓자는 것입니다. 그렇게 되면 그 동안 너무 초라하게 보였던 성전도 멋있게 보일 수 있고 분리되어 있었던 언약궤와 번제단을 다시 합칠 수 있었기 때문입니다. 그러면 그 동안 말씀만 많이 강조되었는데 이제는 기도나 죄 씻음 받는 제사도 균형 있게 잘 할 수 있게 될 것입니다.

다윗은 성전을 정치 한가운데로 가지고 와서 이제는 언약궤만이 아니라 성전 전체가 이스라엘 정치 중심에 있게 하려고 한 것입니다. 우리 이스라엘의 정치라고 하는 것이 무엇이냐, 우리 정치는 하나님 앞에 제사드리고 죄 용서받음으로 새 사람 되는 것이 우리의 정치이고 또 매일 하나님께 분향하고 기도함으로 하나님의 능력을 받는 것이고 다 함께 하나님의 말씀에 순종하는 것이 우리의 정치라는 것입니다. 그래서 다윗은 이스라엘 정치 한가운데 하나님의 성전이 있기를 원했습니다. 하나님께서 우리를 다스리신다면 언약궤만이 아니라 번제단과 향단과 모든 것이 이스라엘 중심에 있어야 한다는 것이었습니다. 그럼에도 불구하고 다윗의 정치의 핵심은 사람의 통치가 아니라 말씀의 통치였습니다.

2. 하나님의 응답

다윗은 먼저 성전을 새로 건축하고자 하는 자신의 계획을 나단 선지자와 의논했습니다. 왜냐하면 다윗은 자신의 생각과 하나님의 생각이 얼마든지 다를 수 있다는 것은 언약궤를 옮기면서 깨달았기 때문입니다. 다윗은 언약궤를 새 수레에 얹어서 옮겨도 된다고 생각을 했는데 하나님이 진노하시는 바람에 웃사가 죽고 언약궤를 옮기는 것은 중단이 되었던 것입니다. 그래서 이번에 새 성전을 짓는 문제도 먼저 나단 선지자에게 의논을 했습니다. 나단 선지도 가만히 생각을 해보니까 성전을 새로 짓는 것이 전혀 나쁜 계획 같지 않았습니다. 오히려 나단 선지 생각에 너무나도 좋은 생각인 것 같아서 다윗 왕에게 왕이 마음에 생각하신대로 하시라고 했습니다. 그러나 그날 밤에 하나님의 말씀이 나단 선지에게 임하기를 다윗이 성전을 짓지 못하게 하라고 하시는 것이었습니다.

3-4절, "그 밤에 하나님의 말씀이 나단에게 임하여 가라사대 가서 내 종 다윗에게 말하기를 여호와의 말씀이 너는 나의 거할 집을 건축하지 말라"

우리가 생각하기에 하나님의 집을 건축하는 것은 너무나도 좋은 일인 것 같은데 하나님께서는 다윗에게 하나님의 집을 건축하지 못하게 하셨습니다.

여기서 우리가 알게 되는 것은 우리 생각에는 아무리 옳은 것 같아도 하나님의 뜻에는 맞지 않는 것이 너무나도 많다는 것입니다. 다윗이 그렇게 선한 마음으로 하나님의 성전을 짓겠다고 하는데도 하나님은 짓지 말라고 하셨습니다. 그 이유는 하나님의 성전은 인간이 짓고 싶다고 해서 지을 수 있는 것이 아니기 때문입니다. 결국 성전은 하나님 자신이 지으시는 것입니다. 성전은 단순히 이스라엘 백성들이 모여서 예배드리는 곳이 아니고 하나님의 신성이 나타나고 하나님의 영광이 나타나는 곳이기 때문에 하나님만이 지을 수 있는 것입니다.

그리고 하나님께서는 다윗에게 하나님이 이스라엘 백성들을 애굽에서 인도하여 내신 때부터 사사기를 거쳐서 오늘까지 온 것을 말씀을 하십니다. 하나님께서는 지금까지 이스라엘 백성들을 인도하시면서 한 번이라도 왜 너희들은 내 성전을 짓지 않으냐고 말씀하신 적이 없으신 것입니다. 그 이유는 성전은 인간이 짓고 싶다고 해서 짓는 것이 아니라 하나님 자신이 지으셔야 하기 때문입니다. 그 대신에 하나님은 다윗에게 지금까지 없었던 축복을 약속하셨습니다.

7-8절, "연하여 내 종 다윗에게 이처럼 말하라 만군의 여호와께서 이처럼 말씀하시기를 내가 너를 목장 곧 양을 따르는데서 취하여 내 백성 이스라엘의 주권자를

삼고 네가 어디를 가든지 내가 너와 함께 있어 네 모든 대적을 네 앞에서 멸하였은즉 세상에서 존귀한 자의 이름 같은 이름을 네게 만들어 주리라"

하나님께서는 다윗을 양을 치던 그 비천한 자리에서 이끌어 내셔서 이스라엘의 왕이 되게 하셨습니다. 그것은 다윗이 무엇인가 잘한 것이 있어서 그런 것이 아니라 하나님께서 일방적으로 다윗을 사랑하셨고 은혜를 주셨기 때문입니다. 그런데 다윗은 그 하나님의 은혜에 아주 딱 맞게 행동을 했습니다. 절대로 자기 자신을 높이지 않고 철저하게 하나님의 말씀만을 앞세우고 하나님의 말씀이 온 이스라엘을 다스리게 했습니다.

하나님께서는 다윗에게서 이 두 가지 열심을 보았습니다. 그 하나는 하나님의 언약궤를 예루살렘으로 옮겨서 왕인 자신도 하나님의 말씀의 다스림을 받겠다는 것을 확실히 하였고 그 다음에는 하나님이 영원히 이스라엘을 다스리도록 하기 위해서 아예 예루살렘에 성전을 지으려고 한 것이었습니다.

이것은 다른 말로 표현하면 이스라엘 전체를 하나님의 성전으로 삼으려고 한 것이었습니다. 이스라엘 전체가 하나님 앞에서 죄 용서 받는 나라이고 이스라엘 전체가 하나님께 기도하는 나라이고 이스라엘 전체가 하나님의 말씀의 다스림을 받는 나라라는 것이었습니다.

하나님께서는 다윗이 성전을 짓기도 전에 예루살렘에 성전을 짓겠다는 말만 듣고서도 기뻐하셨습니다. 그래서 다윗에게 큰 두 가지 약속을 주셨습니다.

하나는 다윗 시대부터는 이스라엘이 훨씬 더 복된 나라가 될거라는 약속입니다.

9-10절 상, "내가 또 내 백성 이스라엘을 위하여 한 곳을 정하여 저희를 심고 저희로 자기 곳에 거하여 다시는 옮기지 않게 하며 악한 유로 전과 같이 저희를 해하지 못하게 하여 전에 내가 사사를 명하여 내 백성 이스라엘을 다스리던 때와 같지 않게 하고 또 네 모든 대적으로 네게 복종하게 하리라"

하나님께서는 지금까지 이스라엘 백성들에게 안정을 주시지 아니하셨습니다. 왜냐하면 아직 이스라엘이 충분히 신앙적으로 성숙되지 않았다고 생각하신 것입니다. 그래서 이스라엘 백성들을 광야에서 훈련하셨듯이 가나안 땅에서도 훈련하셨습니다. 그래서 많은 대적들에게 쫓기게 하시고 또 여기저기를 떠돌아다니면서 고생을 하게 하셨습니다. 왜냐하면 하나님이 보시기에 안정을 주시고 복을 주시기에는 아직 멀었기 때문입니다.

예를 들어서, 아버지가 어느 대기업체 회장이라 하더라도 아들이 너무 경험이 부족하고 철이 없으면 회사를 맡기지 않고 말단부터 시작해서 이리저리 다니면서 일을 배우게 합니다. 그러다가 아들이 충분히 경험이 쌓이고 큰일을 감당할 수 있겠다는 판단이 서면 그때는 회사의 아주 큰 덩어리를 맡기게 되는 것입니다. 하나님께서 다윗을 목동의 자리에서 선발하셔서 훈련시키시고 이스라엘의 왕까지 되게 하신 것은 일종의 시험이었습니다. 즉 이스라엘이 어느 정도 생각이 성숙했나 하는 것을 시험해보시는 것이었습니다. 다윗은 합격이었습니다.

다윗은 성공하고 높아진 후에도 자기 자신을 높이려고 하지 않고 철저하게 하나님을 높이려고 했습니다. 그랬더니 하나님은 이스라엘 전체를 축복하셔서 안정의 시기를 허락하셨습니다. 여기서 안정의 시기라고 하는 것은 부흥의 계속되면서 축복의 황금기가 오는 것을 말합니다. 하나님은 다윗과 이스라엘의 이름을 높여주시고 정치적인 안정을 주시며 대적들을 모두 다 쫓아내시고 물질적인 복을 부어주셨습니다.

우리가 알아야 할 것은 하나님께서는 우리가 충분히 성숙하기까지는 불안정하게 하신다는 것입니다. 그래서 직장도 정식 자리를 안주시고 집도 여기 저기 떠돌아다니게 하시고 세상적으로도 전혀 인정받지 못하게 하십니다. 하나님께서 부흥을 주시고 어느 정도 물질적인 축복을 주시기도 하시는데 그때가 바로 시험의 때인 것입니다. 대개 사람들은 어느 정도 유명하게 되고 잘살게 되면 자기를 높이고 자기 멋대로 하려고 난리를 칩니다. 그러면 부흥은 다시 없어지게 되는 것입니다. 그러나 하나님이 우리를 축복하시고 높이실 때 우리가 더 겸손하게 되고, 우리가 더 하나님의 일에 열정을 가질 때 하나님은 범사에 복을 부어주셔서 안정하게 하시고 괴롭히는 원수도 없어지게 하시고 물질적으로도 큰 복을 주시고 세상적으로도 유명하게 하시는 것입니다.

그리고 하나님은 다윗에게 두 번째 큰 복을 허락해주셨습니다. 그것은 바로 하나님이 다윗의 집을 세워주신다는 것입니다.

10절 하, "또 네게 이르노니 여호와가 너를 위하여 집을 세울찌라"

여기서 우리가 이해하기 곤란한 것은 왜 하나님이 다윗의 집을 세워주시겠다고 하시는가 하는 것입니다.

우리가 먼저 알아야 할 것은 하나님의 집은 사람이 세우는 것이 아닙니다. 사람이 돈이 있고 목재가 있고 건축 기술이 있다고 해서 하나님의 집을 세울 수가 없습니다. 그 이유는 하나님의 집은 건물이 아니기 때문입니다. 하나님의 집은 하나님이 신성을 가지고 오셔야 하나님의 집이 될 수 있습니다. 그래서 하나님의 집은 사람의 열정이나 돈으로 세울 수 없고 오직 하나님의 성령으로 세울 수 있습니다.

그 대신 하나님은 다윗의 집을 세워주시겠다고 하셨습니다. 그런데 이미 다윗은 집이 있습니다. 다윗이 성전을 짓겠다고 하는 것도 언약궤가 있는 성막이 자기 궁보다 못하기 때문이었습니다. 그런데 하나님께서 다윗의 집을 세워주시겠다고 하신 것은 정말 특별한 뜻이 있습니다. 이말씀은 눈에 보이는 왕궁을 세워주겠다는 뜻이 아닙니다.

우리가 나라라고 하면 그냥 큰 건물만 세운다고 해서 나라가 되는 것이 아닙니다. 나라가 되려고 하면 그 안에 많은 인재들이 있어야 합니다. 그런데 그 인재들 중에서도 귀한 인재들이 하나님의 말씀에 헌신된 인재들입니다. 말씀에 헌신된 사람들은 한 사람 한 사람이 보석 같은 존재들이고 이들이 기도하면 하나님이 능력과 축복을 부어주십니다. 그런 사람들로 다윗의 나라는 가득 차게 되는 것입니다. 그래서 한창 부흥이 일어날 때에는 하나님의 말씀으로 헌신되고 지적으로도 뛰어나고 능력 있는 사람들이 넘쳐나게 됩니다. 그래서 하나님께서 다윗의 집을 세워주신다고 하신 것은 다윗에게 말씀에 헌신된 많은 인재들을 붙여주셔서 부흥의 불길이 더 강하게 타오르도록 해주시겠다는 뜻입니다.

그런데 실제로는 더 중요한 의미가 있습니다. 그것은 바로 하나님께서 다윗의 후손과 언약을 세우는 것입니다. 지금까지 하나님께서 이스라엘 백성들과 세운 언약은 모세의 언약이었습니다. 모든 이스라엘 백성들이 하나님의 말씀에 충성되면 가나안땅을 영원한 기업으로 주신다는 것입니다. 그래서 이스라엘 백성들이 우상만 섬기지 않고 잘하든지 못하든지 말씀만 붙들면 가나안땅은 빼앗기지 않게 되어 있습니다. 그러나 이스라엘 백성들이 현실적으로는 모두 말씀을 붙들고 간다는 것이 불가능했습니다. 왜냐하면 머리로는 말씀대로 살아야지 하면서도 몸이 말을 듣지 않기 때문입니다. 그런데 하나님께서 다윗에게 주신 약속은 앞으로 다윗이나 다윗의 후손들이 무조건 하나님의 말씀 붙들고 나가면 부흥을 주시고 축복을 주신다는 것입니다.

즉, 하나님은 이스라엘 백성 전체를 보시지 않고 다윗의 후손들만 말씀에 헌신해도 이스라엘의 부흥을 주신다는 약속이었습니다. 그래서 다윗의 후손들은 다른 사람들이 뭐라고 하든지 간에 자기 한 사람 한 사람이 하나님의 말씀하나 붙들고 죽을 각오로 믿으면 모든 적들을 이기고 부흥을 주시는 것입니다. 하나님께서는 다윗이 말씀대로 통치하려는 것을 보시고 만족하셔서 이 두 가지 복을 주신 것입니다. 이제부터는 안정과 축복의 시기를 허락하신다는 것입니다. 말하자면 지금까지 보따리 장사를 한다고 힘들었다면 이제부터는 백화점 안에서 자기 브랜드를 내걸고 크게 장사를 하게 되는 것입니다. 그리고 이제는 다윗의 자손 한 사람 한 사람만 잘 믿으면 이스라엘에 계속 정치적인 안정을 주시고 복을 주신다는 것입니다. 이제는 더 이상 시행착오를 할 필요가 없고 지도자 한 사람만 모세나 다윗 같이 정신을 차리고 하나님의 말씀에 미쳐서 죽자고 하나님의 말씀대로 나가면 하나님이 영원히 복을 주시는 것입니다.

3. 다윗의 자손이 세우는 성전

하나님께서는 다윗이 하나님의 전을 건축하겠다는 계획을 허락지 아니하십니다. 그 이유는 다윗이 지금 세우려고 하는 것이 눈에 보이는 건물로서의 성전이기 때문입니다. 그러나 하나님께서 세우시려는 성전은 이스라엘 백성 전체로 이루어지는 눈에 보이지 않는 성전입니다. 그래서 그 성전은 다윗이 세우지 못하고 다윗의 몸에서 날 후손이 세우게 됩니다.

11-12절, "네 수한이 차서 네가 열조에게로 돌아가면 내가 네 뒤에 네 씨 곧 네 아들 중 하나를 세우고 그 나라를 견고하게 하리니 저는 나를 위하여 집을 건축할 것이요 나는 그 위를 영원히 견고하게 하리라"

하나님께서 세우시려는 성전은 결코 사람 눈에 보이는 건물로서의 성전이 아니었습니다. 하나님께서 모세에게 성막을 짓게 하실 때에도 진정한 성전은 하나님 자신이었습니다. 결국 이것은 사람의 힘으로는 불가능한 것이었습니다. 하나님의 성전은 하나님만이 지으실 수 있었습니다. 그것도 하나님의 아들이 사람의 몸으로 오셔서 그 육체 안에 하나님의 모든 신성과 능력을 가지고 와서 터트리셔야 하는 것입니다. 그래서 하나님께서는 모세 때 어린양의 피로 이스라엘 백성 전체를 성전으로 삼아 주셨습니다. 그러나 진정한 성전은 하나님의 아들이 오셔서 죽어야 하는 것입니다.

하나님께서 일시적으로 성전의 리모델링은 허락하셨습니다. 그것은 바로 솔로몬이 지은 백향목 성전이었습니다. 그래서 솔로몬이 지은 성전은 모세의 성전을 요즘식으로 말하면 리모델링한 것이었습니다. 재료를 천막 대신에 나무와 돌로 바꾸고 성전 형식을 좀 더 크게 했습니다. 그러나 하나님께는 예수님이 오실 때까지 천막으로 있는 것도 상관이 없으셨습니다.

오히려 하나님께서는 성전이 텐트로 있다가 예수님이 오셔서 십자가 위에서 죽으실 때 성전 휘장이 찢어지는 것을 더 원하셨을 것입니다.

그럼에도 불구하고 하나님께서 솔로몬에서 성전 건축을 허락하셨던 것은 정치적인 위상에 맞게 성전을 맞추신 것입니다. 그럼에도 불구하고 솔로몬이 성전 하나를 짓고 복이란 복을 다 받은 것은 하나님의 성전을 짓는 것이 그렇게 복된 일이라는 것을 보여주시기 위해서입니다.

오늘 하나님이 기뻐하시는 성전은 우리 성도 한 사람 한 사람으로 만들어지는 살아 있는 성전입니다. 즉 우리가 하나님의 말씀으로 은혜를 받아서 우리의 모난 부분은 깎이고 우리의 속사람은 고난을 통과해서 정금으로 변해서 한 공동체가 되는 것입니다. 바로 이 성전을 통해서 하나님은 우리에게 기적을 베풀어 주실 것입니다. 우리에게 하늘 문을 열어 주셔서 하늘의 복이 부어지게 하시고 병이 낫게 하시고 기적이 일어나게 하시며 놀라운 기도 응답을 주실 것입니다. 그래서 성전이라고 하는 것은 돈이 있다고 해서 지을 수 있는 것이 아닙니다. 이것은 하나님의 말씀과 성령으로 우리 한 사람 한 사람이 변화되어 지어지는 것입니다.

하나님께서는 다윗의 후손과 하나님의 관계를 이렇게 말씀하셨습니다.

> 13-14절, “나는 그 아비가 되고 그는 나의 아들이 되리니 나의 자비를 그에게서 빼앗지 아니하기를 내가 네 전에 있던 자에게서 빼앗음과 같이 하지 않을 것이며 내가 영영히 그를 내 집과 내 나라에 세우리니 그 위가 영원히 견고하리라 하셨다 하라”

여기서 다윗은 자기 외에 다른 한 주인공을 보게 되었습니다. 그는 누군지 모르겠지만 엄청나게 고난을 받을 것입니다. 그러고는 결국 하나님의 아들이 되며 다윗의 왕위에 앉아서 이스라엘을 영원히 다스릴 것입니다. 다윗은 이점을 분명히 내다보았습니다. 다윗은 단지 자기 시대에 완전한 하나님의 나라가 도래하지 않을까 생각했는데 사실은 진짜 주인공은 따로 있었던 것입니다. 그래서 다윗은 하나님의 미래 계획을 듣고 하나님 앞에서 감격하게 됩니다.

16-17절, "다윗왕이 여호와 앞에 들어가 앉아서 가로되 여호와 하나님이여 나는 누구오며 내 집은 무엇이관대 나로 이에 이르게 하셨나이까 하나님이여 주께서 이것을 오히려 작게 여기시고 또 종의 집에 대하여 먼 장래까지 말씀하셨사오니 여호와 하나님이여 나를 존귀한 자 같이 여기셨나이다"

다윗은 처음에 자기 자신이 대단한 줄 알았는데 알고 보니까 하나님의 손에 사용되는 것이 진정으로 대단한 일이었습니다. 하나님께서는 당신의 아들을 통하여 모든 일을 하십니다. 아무 것도 아닌 우리 인간들을 하나님의 계획에 불러서 사용하시는 것입니다. 그런데 우리가 하나님의 말씀에 충성되게 행할 때 하나님은 우리를 존귀하게 하시고 우리를 통해서 계속적인 부흥이 일어나게 하시는 것입니다.

이 세상에 하나님 같으신 분은 없습니다. 왜냐하면 우리 인간들에게 복을 주시기 위해서 아무 것도 아닌 이스라엘을 애굽에서 건져내시고 아무 것도 아닌 다윗을 택하셔서 하나님의 부흥을 나타내게 하셨기 때문입니다. 그래서 다윗은 하나님이 말씀하신 것을 견고하게 하시라고 기도를 드립니다. 왜냐하면 우리 인간들은 너무나도 간사하고 변덕스럽기 때문에 우리 인간들이 하는 것을 보면 도저히 하나님의 뜻이 이루어질 수 없기 때문입니다. 결국 모든 것은 하나님이 하시는 것이며 우리는 그 손에 붙들려 사용될 뿐입니다. 이 세상에서 가장 어리석고 불쌍한 사람이 자기가 대단한 것처럼 생각하는 사람들입니다. 이런 사람은 하나님의 시험에 불합격한 사람입니다.

하나님께서 우리를 비천한 자리에서 들어 쓰실 때 우리는 다른 사람이 뭐라고 하든지 간에 하나님의 말씀만 죽도록 붙들고 충성합시다. 그러면 하나님께서 다윗에게 복을 주셨듯이 우리들에게 복을 주실 것이고 다윗을 존귀하게 하셨듯이 우리를 존귀하게 하실 것입니다. 중요한 것은 지금도 다윗의 언약은 효과가 있다는 것입니다. 우리 한 사람 한 사람이 하나님의 말씀만 붙들고 충성할 때 하나님은 다른 사람들이 어떻게 하든지 상관없이 우리에게 부흥을 주실 것이며 생활의 안정을 주실 것이며 큰 집을 허락하여 주실 것입니다.

18장에서 20장까지에서 다윗이 사울에게 쫓길 때와는 달리

모든 전쟁에서 백 퍼센트 승리를 거두는 것을 봅니다.

바로 이 시기가 다윗에게는 전성기였습니다.

오늘 많은 성도들이 이런 대부흥의 축복을 경험하지 못하는 이유는

연단의 기간을 통과하려고 하지 않기 때문입니다.

연단을 통과하지 않고 바로 세상적으로 성공하게 되는 것은 결코 좋은 것이 아닙니다.

우리는 반드시 연단을 통과해 우리 속사람과 믿음이 정금과 같이 되어야 합니다.

그때 우리는 신앙이 이 현실 생활에서도 실제적인 능력이 될 뿐만 아니라

엄청난 축복인 것을 깨닫게 되는 것입니다.

CHAPTER 13

다윗의 전성기

대상 18:1-20:8

우리는 신앙생활을 하면서 이 기독교 신앙이 과연 나의 생활에서 실제적인 힘이 될 수 있을까 하는 문제를 두고 고민을 할 때가 많이 있습니다. 직장이나 동네에서 나를 엄청나게 괴롭히는 사람이 있을 때 내가 기도한다고 해서 갑자기 하나님이 도와주셔서 그 사람을 때려눕히거나 없어지게 하실까 하는 것입니다. 또는 식구 중에서 어느 누가 병들어 죽게 되었을 때 내가 결사적으로 하나님께 기도하고 매달리면 하나님께서 히스기야의 병을 고쳐주셨듯이 그 사람의 병을 고쳐주시겠느냐 하는 것입니다.

혹은 개인적으로나 집안에서 돈 문제로 큰 어려움을 겪고 있을 때 하나님께 기도를 하면 하나님께서 갑자기 돈을 많이 생기게 하셔서 그 어려움이 없어지게 하실까 하는 것입니다. 아마 이것이 누구에게나 단숨에 이루어진다면 예수 믿지 않을 사람이 없을 것이고 기독교 신앙은 마치

요술 방망이 같이 될 것입니다. 그러나 우리에게 실제로 나타나는 현실은 하나님의 약속이나 우리의 기대와 정반대일 때가 많습니다. 우리가 어떤 사람에게 괴롭힘을 당할 때 하나님은 그 사람을 당장에 때려눕히시기 보다는 우리로 하여금 고통을 견디게 하실 때가 많습니다. 그리고 우리가 돈이 없어서 너무나도 힘들 때에도 하나님은 우리에게 당장 돈이 생기게 하시지 않으시고 인내하면서 기다리게 하실 때가 많습니다. 또 자신이나 가족에게 병이 생겼을 때에도 하나님은 즉시 우리를 치료하시지 않고 상당한 기간 고통을 받게 하실 때가 많습니다. 그래서 많은 그리스도인들이 젊은이들은 우리의 신앙이 당장 우리가 처한 어려움에 도움이 되지 않는다고 실망해서 신앙을 버릴 때가 많습니다.

즉, 많은 성도들이나 젊은이들은 기독교 신앙이 정신적으로나 사상적으로 너무나도 훌륭한 것은 사실이지만 지금 당장 어려움에 빠진 사람에게는 별로 도움이 되지 않는다고 생각을 하는 것입니다. 그렇다면 기독교 신앙이라고 하는 것은 이미 성공한 사람들의 자기 자랑밖에 되지 않을 것입니다. 즉 세상에 성공하고 또 생활에 여유가 있으니까 기독교 신앙을 택하는 것 밖에 안 되는 것입니다.

그런데 다윗은 하나님께서 자기 자신을 두 단계로 다루시는 것을 체험했습니다. 첫 번째는 하나님께서 다윗으로 하여금 어려움 가운데 하나님을 붙잡게 하는 단계였습니다. 하나님께서는 다윗이 사울 왕에게 쫓길 때 사울을 이길 수 있는 힘을 주시지 않으셨습니다. 그 대신에 다윗으로 하여금 계속 쫓기고 도망치면서 죽도록 하나님만 붙들게 하셨습니다. 다윗은 이 과정을 통해서 하나님을 의지하는 법을 배우게 되었고 더 하나님과 가까워지게 되었습니다. 하나님께서는 하나님의 백성들이 어려움에 빠졌다고 해서 당장 병을 고쳐주시거나 돈을 주시거나 혹은 갑자기

초인적인 능력을 주셔서 그 어려움에서 벗어나게 하시지 않으십니다. 그 대신에 하나님께서는 우리 믿는 자들이 그 연단을 통과함으로서 더 겸손하게 하시고 더 진실하게 하시고 더 하나님을 의지하도록 훈련을 시키십니다. 그래서 우리가 어려운 일을 당했을 때 하나님께서 당장 그 즉시 어려움에서 건지시지 않는 이유는 우리를 연단하시려는 것입니다. 그러나 하나님은 매순간 우리를 지키시고 도와주셔서 하나님이 결코 멀리 계시지 않으시고 나와 가까이 계시는 것을 많이 체험하게 하십니다. 악한 자가 아무리 나를 죽이려고 해도 머리털 하나 상하게 하지 못하도록 지켜주시는 것입니다.

두 번째 단계는 하나님께서 우리가 어느 정도 연단이 되었다고 판단하셨을 때 그때부터 높이 들어서 모든 적을 다 이기게 하십니다. 이때는 하나님께서 주의 백성들에게 물 붓듯이 능력을 부어주셔서 모든 전쟁에서 다 이기게 하시고 물질적으로도 많은 복을 받게 하시고 세상적으로도 아주 유명하게 하십니다. 하나님께서는 자기 종으로 하여금 자기를 대적하는 모든 원수들을 다 쳐서 이기게 하십니다. 이때 주의 종들은 세상적으로도 아주 유명하게 되고 개인적으로도 전성기를 누리게 됩니다.

18장에서 20장까지에서 다윗이 사울에게 쫓길 때와는 달리 모든 전쟁에서 백 퍼센트 승리를 거두는 것을 봅니다. 바로 이 시기가 다윗에게는 전성기였습니다. 오늘 많은 성도들이 이런 대부흥의 축복을 경험하지 못하는 이유는 연단의 기간을 통과하려고 하지 않기 때문입니다. 연단을 통과하지 않고 바로 세상적으로 성공하게 되는 것은 결코 좋은 것이 아닙니다. 우리는 반드시 연단을 통과해 우리 속사람과 믿음이 정금과 같이 되어야 합니다. 그때 우리는 신앙이 이 현실 생활에서도 실제적인 능력이 될 뿐만 아니라 엄청난 축복인 것을 깨닫게 되는 것입니다.

1. 이스라엘의 가시가 빠지다

■

하나님은 우리를 사랑하심에도 불구하고 우리가 교만하지 못하도록 가시를 하나씩 주실 때가 있습니다. 어떤 사람에게는 쉽게 고쳐지지 않는 지병이 가시일 때도 있고 어떤 사람은 너무나도 자신을 괴롭히는 사람이 가시일 수도 있습니다.

예를 들어서, 직장에서 성격이 아주 까다로운 상사를 모셔야 한다든지 혹은 며느리의 경우 병든 시어머니를 모시거나 혹은 중증 장애를 가진 자녀를 돌보아야 한다드지 짐이 될 수 있습니다. 그런데 우리가 하나님의 말씀을 붙들고 살아가면서 마음속에 부흥이 일어나게 되는데 어느 순간 이 가시가 빠져버릴 때가 있습니다.

이때 우리가 얼마나 마음이 홀가분해지고 자유로워지는지 모릅니다. 어떤 때는 과연 이것이 꿈인지 생시인지 몰라서 자기 살을 꼬집어 볼 때가 있습니다. 이것이 바로 축복의 황금기 때 하나님이 주시는 선물입니다.

이스라엘 백성들에게는 여러 개의 가시가 있었습니다. 그 중에서 가장 가까운 곳에 있던 가시가 블레셋이었습니다. 이스라엘 백성들은 블레셋 때문에 내내 고통을 받았고 심지어 사울 왕은 블레셋과 싸우다가 아들들과 함께 전사하기도 했습니다. 그런데 놀라운 것은 다윗이 왕이 되었을 때 드디어 이 블레셋이라는 가시가 빠지게 되었습니다.

18장 1-2절, "이 후에 다윗이 블레셋 사람을 쳐서 항복받고 블레셋 사람의 손에서 가드와 그 동네를 빼앗고 또 모압을 치매 모압 사람이 다윗의 종이 되어 조공을 바치니라"

블레셋이라는 가시는 이스라엘 백성들에게는 영원히 빠지지 않는 가시였습니다. 블레셋 사람들은 철저하게 이스라엘의 부흥과 발전을 막았습니다. 심지어는 하나님께서 힘이 센 삼손을 보내셨지만 삼손도 블레셋을 완전히 이기지는 못했습니다.

사울은 왕으로 있으면서 40년 내내 블레셋과 싸웠습니다. 그럼에도 불구하고 이스라엘은 블레셋을 이기지 못했습니다. 그런데 드디어 다윗 때에 블레셋이 완전히 이스라엘 앞에 맥을 못추게 되었습니다. 다윗은 블레셋을 완전히 굴복시켰습니다. 이것은 결코 다윗이 잘해서 된 것이 아니었습니다. 이것은 하나님이 주신 선물이었습니다.

우리가 하나님의 말씀을 붙들고 믿음으로 살려고 함에도 불구하고 처음에는 어려움들이 계속 옵니다. 하나님은 그런 가운데서 다른 것은 주시지 않고 우리에게 말씀만 주십니다. 우리는 그 말씀을 통해서 울기도 하고 위로를 받기도 하며 아파하기도 합니다. 아무리 어려운 환경 가운데서도 하나님의 말씀만 붙들면 마음이 뜨겁고 신앙에 활기가 있습니다. 이것이 바로 부흥인 것입니다. 이렇게 부흥이 몇 년 계속되다가 어느 날부터 자기도 모르는 사이에 갑자기 지금까지 자기를 괴롭게 하던 가시가 없어진 것을 깨닫게 됩니다.

즉, 육체의 질병이 치료가 되는 경우도 있고 혹은 자기를 그 동안 계속 괴롭히던 사람이 없어지기도 하고 부채의 문제가 해결이 될 때도 있습니다. 이것은 바로 하나님께서 부흥의 대가로 주신 선물이며 이때부터는 더 적극적인 축복의 시기가 시작됩니다. 이때부터 하나님께서는 물불을 가리지 않고 복을 부어주시는데 인생의 최고로 축복된 시기가 주어지게 됩니다. 이때 하나님은 모든 적을 다 이기게 하시고 모든 계획에 다 성공하게 하시고 하는 일마다 복을 주시고 물질적으로도 많은 복을 받게 하십니다. 다윗의 전성기 때 다윗은 소바 왕 하닷에셀을 꺾게 됩니다.

18장 3-4절, "소바 왕 하닷에셀이 유브라데강 가에서 자기 권세를 펴고자 하매 다윗이 저를 쳐서 하맛까지 이르고 그 병거 일천승과 기병 칠천과 보병 이만을 빼앗고 그 병거 일백승의 말만 남기고 그 외의 병거의 말은 다 발의 힘줄을 끊었더니"

사람들은 이때 다윗에게 하나님의 축복의 전성기가 이른 줄을 알지 못했습니다. 그래서 각 나라들은 다윗이 다스리는 이스라엘이 옛날같이 약하고 빌빌거리는 나라인 줄 알고 쉽게 생각하고 공격을 했다가 엄청난 패배를 당하게 되었습니다. 이 당시 이스라엘 위에는 아람이라는 민족이 있었는데 독립된 나라가 되지 못하고 여러 족속으로 나누어져 있었는데 각 부족들이 모두 다 호전적이었고 다윗이나 이스라엘을 너무나도 적대시하고 있었습니다. 이것은 시편 2편을 보면 너무나도 잘 나타납니다.

시편 2장 1-3절, "어찌하여 열방이 분노하며 민족들이 허사를 경영하는고 세상의 군왕들이 나서며 관원들이 서로 꾀하여 여호와와 그 기름 받은 자를 대적하며"

실제로는 다윗 주위에 있는 모든 민족들이 다윗과 이스라엘을 미워했습니다. 그 이유는 다윗과 이스라엘은 자기들과 달랐기 때문입니다. 이들은 이방신을 섬기지 않았고 오직 한 분 여호와만 섬겼는데 너무나도 깨끗하고 너무나도 정의로웠기 때문이었습니다. 그래서 이스라엘 주위에 있는 나라들은 모두 다윗을 시기했고 할 수만 있으면 다윗과 싸워서 이스라엘을 멸망시키려고 했습니다. 그러나 이때는 이미 하나님께서 다윗에게 능력을 물 붓듯이 부어주실 때였습니다. 다윗은 이때 모든 전쟁에서 백 퍼센트 승리하게 됩니다.

이 세상에서 인간들이 하는 일 중에서 백 퍼센트 승리라는 것은 없습니다. 사람이 하는 일은 언제나 이길 수도 있는 것이고 질 수도 있는 것입니다. 그러다가 마지막 가장 중요한 전쟁에서 이기면 다 이기는 것입니다. 그러나 하나님께서 물 붓듯이 능력을 부어주실 때에는 모든 전쟁에서 다 이기게 됩니다.

사람들이 소위 말하듯이 '신들린 듯이' 이기게 되는데 실제로 하나님의 능력이 임하게 됩니다. 이때 자기 힘만 믿고 다윗에게 덤벼들었던 왕이 유브라데강 부근에서 세력을 떨치던 소바왕 하닷에셀이었는데 다윗과 싸워서 대패를 하게 됩니다. 그래서 병거 1,000승과 마병 7,000 그리고 보병 2만 2,000을 빼앗기게 됩니다.

놀라운 것이 다윗의 군대는 말이 없는데 어떻게 그많은 병거와 마병을 이겼을까 하는 것입니다. 이것은 하나님께서 다윗과 이스라엘 백성들에게 말과 병거를 이길 수 있는 지혜와 능력을 주셨기 때문입니다. 이제 다윗도 병거 1,000승과 마병 7,000명을 가질 수 있었습니다. 그런데 다윗에게 놀라운 것은 하나님의 말씀대로 병거를 끌 수 있는 말 100마리를 남겨두고는 모든 말의 힘줄을 끊어서 쓸 수 없게 만들어버린 것입니다.

결국 하나님의 말씀이 편의주의를 이긴 것입니다. 우리가 생각하기에 이스라엘 백성들도 말을 전쟁에 사용한다면 엄청나게 유리할 수 있을 것입니다. 그리고 말을 가진다고 해서 반드시 죄를 짓는 것은 아니었습니다. 그러나 다윗은 말을 의지하지 않고 하나님을 의지하기 위해서 말들을 전부 다 못쓰게 만들어버렸습니다. 우리들은 머리로는 하나님의 말씀대로 해야 한다는 것을 알지만 실제로 현실에 부딪쳤을 때에는 하나님의 말씀대로 하는 것이 결코 쉽지가 않습니다.

예를 들어서, 이스라엘 백성들에게 병거와 마병이 있는 것과 없는 것 사이에는 전력에 있어서 엄청난 차이가 있었습니다. 그러나 다윗은 미련하게도 하나님의 말씀에 순종을 했습니다. 다윗은 자신들이 연약해야 하나님을 온전히 의지한다는 것을 알았기 때문입니다. 이스라엘에 말이 없어야 기를 쓰고 하나님을 붙들게 되지 않겠습니까? 그래서 지혜로운 성도는 자신에게 무엇인가 약한 부분이 있는 것을 더 좋아합니다. 약한 부분이 있어야 하나님 앞에서 겸손하게 되고 더 결사적으로 기도에 매달리게 되기 때문입니다. 우리가 인간적으로 아무것도 부족한 것이 없고 이 세상에서 가장 강한 사람이 되는 것보다는 무엇인가 부족하면서 하나님을 붙드는 것이 더 낫습니다.

다윗이 소바 왕 하닷에셀을 이기니까 같은 아람 족속인 다메섹이 쳐들어 왔습니다. 이때 다윗은 하나님의 능력으로 다메섹 군대를 이겨서 2만 2,000명을 죽이게 됩니다. 이것이 바로 하나님께서 대부흥의 전성기 때 주시는 복입니다. 이때는 아무리 많은 적들이 쳐들어와도 하나님의 종과 그 백성들을 이길 수가 없습니다. 하나님께서 주의 종들에게 물 붓듯이 능력을 부어주시는 때인 까닭입니다.

그리고 이때는 물질적으로도 많은 복을 받게 됩니다. 이전까지는 다윗이 전쟁을 하더라도 주로 가난한 자들을 돕는 전쟁을 했기 때문에 물질적으로 별로 도움이 되지 못했습니다. 그러나 대부흥의 시기에는 하나님께서 물질적으로도 많은 복을 받게 하십니다.

6절, "다메섹 아람에 수비대를 두매 아람 사람이 다윗의 종이 되어 조공을 바치니라 다윗이 어디로 가든지 여호와께서 이기게 하시니라"

다윗은 이제부터 전쟁만 이긴 것이 아니라 적지에 수비대를 두고 조공까지 받게 되었습니다. 그런데 성경에 뭐라고 말씀하고 있는가 하면 '다윗이 어디로 가든지 여호와께서 이기게 하셨다' 고 했습니다. 이것은 하나님께서 이제 다윗에게 복을 주셔도 되겠다고 생각하셔서 복을 주시기 시작하셨던 것입니다. 이것이 바로 축복의 시기에 나타나는 현상입니다. 즉 우리가 무엇인가 잘 해서 복을 받는 것도 아니고 기도를 많이 해서 복을 받는 것도 아닙니다. 하나님께서는 우리의 상태와 상관없이 무조건 복을 부어주시는 분입니다. 이때 우리는 그 동안 하나님의 손에 붙들리고 연단 받은 것이 얼마나 복된 일인지 알게 됩니다. 그리고 그때 고생한 것은 비교가 안 될 정도로 하나님이 넘치고 또 넘치도록 복을 부어주시는 것입니다.

이때 다윗이 물질적으로도 얼마나 복을 받았는가 하면 하닷에셀의 신복들이 가졌던 금 방패를 다 빼앗았는데 그 값만 해도 엄청났습니다. 그리고 하닷에셀의 성읍과 군대에서 엄청난 놋을 빼앗았는데 이것이 나중에 솔로몬이 성전을 지을 때 놋바다나 놋기둥이나 놋그릇을 만드는데 사용되었습니다. 옛날에는 놋도 아주 귀했고 비싼 것이었습니다. 다윗은 하닷에셀을 이김으로 어마어마한 재물을 가질 수 있게 되었습니다.

다윗이 소바 왕 하닷에셀을 물리치자 그 동안 하닷에셀에게서 엄청나게 고통을 받던 하맛 왕이 너무나도 고마워하게 되었습니다. 그래서 하맛 왕은 자기 아들을 다윗에게 보내어서 감사하고 많은 금그릇과 은그릇을 다윗에게 선물로 바쳤습니다. 그래서 다윗은 금그릇과 은그릇과 놋그릇이 많아지게 되었습니다. 그런데 다윗은 재물에는 별로 욕심이 없는 사람이었습니다. 그래서 재물이 생기기만 하면 하나님의 성전에 바쳤습니다.

그리고 하나님께서는 또 다른 이스라엘의 가시가 빠지게 하셨습니다. 그것은 바로 에돔 사람들이었습니다.

18장 12절, "스루야의 아들 아비새가 염곡에서 에돔 사람 일만 팔천을 쳐 죽인지라"

에돔은 이스라엘 백성들로 치면 형제의 나라였습니다. 에서와 야곱은 친형제였습니다. 그럼에도 불구하고 에돔 족속은 신앙이 달랐습니다. 그리고 이스라엘이라고 하면 자다가도 일어날 정도로 미워했고 이스라엘을 괴롭히는 데 아주 적극적으로 앞장서는 자들이었습니다. 그런데 에돔은 이스라엘 남쪽 바위 지역에 있기 때문에 군대가 들어가기가 어려운 지형이었습니다. 그래서 에돔 족속들은 두고두고 이스라엘 백성들에게 가시 노릇을 하였습니다. 그런데 드디어 아비새가 에돔 사람들 1만 8,000명을 죽임으로 에돔은 완전히 기가 꺾이게 되었습니다. 그래서 하나님께서 다윗을 축복하실 때 먼저 그 동안 이스라엘의 가시 노릇을 하던 나라들을 다 뽑아버렸습니다. 그러고는 모든 싸움에서 다 이기게 하시고 물질적으로도 엄청난 부자가 되게 하셨습니다. 그것은 하나님께서 그렇게 하시기를 원하시기 때문입니다. 그래서 우리가 복을 받으려고 하면 다윗처럼 복을 받아야 합니다.

우리가 다윗처럼 복을 받으려면 먼저 하나님이 주시는 고난의 훈련을 통과해야 하고 다른 것은 다 버리고 하나님의 말씀만을 결사적으로 붙들어야 합니다. 그러면 계속 부흥이 일어나다가 어느 날 자기를 평소에 괴롭히던 질병의 가시나 사람의 가시나 현실적인 어려움의 가시들이 자기도 모르는 사이에 뽑히게 됩니다. 이때부터가 본격적인 축복의 시즌인 것입니다.

2. 가장 어려운 전쟁

사람이 병에 걸렸을 때 가장 어려운 것이 합병증이 생긴 경우입니다. 이때는 자칫 잘못하면 생각지도 못한 것 때문에 병이 급격하게 악화될 수 있습니다. 그러나 이것을 노련하게 대처해서 해결을 할 때 진정한 명의가 될 수 있습니다.

다윗에게 가장 상대하기 어려운 상대는 암몬이었습니다. 왜냐하면 암몬은 대단히 복합적인 기질을 가지고 있었기 때문입니다.

일단 다윗은 이미 죽은 왕 나하스와는 우호적이었습니다. 나하스는 사울 왕과는 적대적이었는데 다윗과는 우호적이었습니다. 그러니까 다윗과 암몬 왕의 우호관계는 서로 마음이 맞아서 사이가 좋은 것이 아니라 정략적으로 손을 잡았다고 볼 수 있습니다. 이런 경우에는 상황의 변화에 따라서 언제든지 관계가 깨어질 수 있지만 일단은 싸우는 것보다는 나으니까 평화로운 관계로 있는 것입니다. 그러나 새로 암몬 왕이 된 나하스의 아들 하눈은 성격이 굉장히 격한 사람이었습니다. 누군가가 조금만 자극을 주어도 언제든지 폭발할 수 있는 사람이었고 어디로 튈지 모르는 위험한 성격의 소유자였습니다. 하눈의 성격은 기름으로 비유한다면 휘발유 같은 성격의 소유자였습니다. 그러니까 하눈은 아주 상대하기 어렵고 조금이라도 자기 마음에 맞지 않으면 무슨 짓이라도 저지를 수 있는 사람이었습니다.

다윗은 아버지 나하스가 죽고 아들 하눈이 암몬 왕이 되었을 때 조문 사절을 보내었습니다. 이것은 암몬과는 앞으로도 평화롭게 지내겠다는 뜻이었습니다. 그런데 하눈의 신하들이 이것을 의심했습니다. 하눈의 신하들은 하눈에게 다윗이 조문 사절단을 보낸 것은 조문하기 위해서가 아니라 미리 정탐을 해서 공격하기 위해서라는 것이었습니다.

물론 신하들은 여러 가지 자신의 의견을 말할 수 있습니다. 그러나 그 모든 것의 최종적인 결정은 왕이 해야 하는데 하눈은 의심을 잘 하고 이스라엘에 대하여 쉽게 분노하는 성격이었습니다. 그래서 하눈은 다윗의 의도를 의심해서 신하들에게 모욕을 주었습니다. 그래서 우선 하눈은 다윗의 신하들의 수염을 잘랐습니다. 중동 지방 사람들은 수염이 사람의 어른 되는 것을 나타내기 때문에 아주 중요하게 생각합니다. 중동에서는 수염이 없는 자는 어린 아이 취급을 당합니다. 그리고 하눈은 다윗의 신하들의 옷을 잘라서 아랫도리를 나체로 만들었습니다. 중동 사람들은 다른 사람들 앞에서 자기 나체를 보인다는 것은 죽는 것만큼 치욕으로 생각합니다. 그래서 미군이 이라크 죄수들의 옷을 벗기고 고문한 것을 이라크 사람들은 거의 죽음 자체로 생각을 했던 것입니다.

다윗은 자기 신하가 암몬에 조문사절단으로 갔다가 엄청난 치욕을 당한 소식을 듣고서는 예루살렘에 오지 말고 여리고에서 수염이 자랄 때까지 있으라고 했습니다. 그럼에도 불구하고 다윗은 암몬과 전쟁을 해야 하는지 말아야 하는지 확신이 서지 않았습니다. 그 이유는 다윗이 암몬과 싸우러 가면 반드시 그 허점을 노려서 북쪽의 아람군대가 다시 쳐들어 올 것 같았기 때문입니다. 그런데 암몬 왕은 다윗이 분명히 쳐들어온다고 판단을 해서 아람 민족들로부터 엄청난 군대를 임대했습니다. 즉 은 1,000 달란트의 돈을 가지고 군대를 샀는데 은 1,000 달란트는 은 34톤에 해당되는 것입니다. 즉 은을 8톤 트럭에 4대나 될 정도로 엄청난 돈을 주고 병거 3만 2,000승과 마병들의 삯을 내었다고 했습니다. 결국 다윗은 전쟁을 하지 않을 수 없게 되었습니다. 왜냐하면 이 많은 군대를 가만히 두면 결국 이스라엘로 쳐들어 올 것이기 때문입니다. 그래서 결국 다윗은 요압과 이스라엘 군대를 보내어서 아람 군대와 암몬 연합군과 싸우게 했습니다. 이때 암몬 군대는 랍바라는 수도인 성 안에 있고 아람 군대는 너무 많아서 성 안에 있지 못하고 성 밖에서 따로 진을 치고 있었습니다. 이때 다윗이 이 전쟁에 참가하지 못하는 이유는 여전히 북쪽이 위험할 수 있었기 때문입니다. 이런 것이 참으로 판단하기 어려운 문제입니다.

우리는 아무리 하나님이 함께 하시고 부흥과 축복의 시기라 하더라도 우리가 할 수 있는 노력은 다해야 합니다. 그래도 판단이 힘든 어려움들이나 위기가 닥칠 때에는 하나님께 물어보아야 하고 또 신중하게 결정을 해야 합니다. 그래서 다윗은 여전히 예루살렘을 지키고 요압과 그 동생 아비새는 암몬 족속과 또 그들이 세낸 아람 민족과 싸우러 갔는데 과연 어느 쪽과 싸워야 할지 만만치가 않았습니다. 이때 요압은 결단을 내리기를 자기가 아람 군대를 치고 동생이 암몬족을 치기로 했습니다. 그런데 그냥 치는 것이 아니라 이스라엘 군대 중에서 최정예 소수부대를 뽑아서 데리고 나가 그 엄청난 아람 군대를 치고 동생에게 암몬 성에 있는 암몬 족속을 치자고 했습니다. 그러면서 우리가 담대히 하자고 했습니다. 하나님의 백성과 성읍을 위해서 담대하자고 하면서 서로 싸우다가 어느 쪽이든지 약하게 보이면 돕자고 했습니다. 즉 이번 전쟁에서 우리가 적을 완전히 이길 수는 없고 할 수 있는 한 최선을 다하자고 했습니다. 하나님은 다윗과 함께 다윗의 신하들도 축복하셨습니다. 요압이 죽을 힘을 다해서 돈 주고 산 아람군대를 치니까 이들이 갑자기 타격을 받아서 무너지기 시작했습니다. 그러니까 암몬 군대가 성 안으로 도망을 쳐버렸습니다. 즉 밖에 있는 군대는 도망을 치고 성에 있는 군대는 성안으로 들어가 버렸습니다. 그런데 요압은 더 이상 전쟁을 하지 않고 예루살렘으로 돌아왔습니다. 그 이유는 북쪽에서 대대적인 공격이 있었기 때문입니다.

19장 16절, "아람 사람이 자기가 이스라엘 앞에서 패하였음을 보고 사자를 보내어 강 건너편에 있는 아람 사람을 불러내니 하닷에셀의 군대 장관 소박이 저희를 거느린지라"

다윗이 예루살렘을 지켰던 이유는 바로 이 복병 때문이었습니다. 즉 겉으로 전혀 들어나지 않으면서 다윗을 위협하는 적이 북쪽에 있었는데 이들이 진짜 위협적인 적들이었습니다. 그래서 이 전쟁에서 다윗은 직접 전쟁에 나가서 소박과 싸우는데 대승리를 거두게 됩니다.

19장 18절, "아람 사람이 이스라엘 앞에서 도망한지라 다윗이 아람 병거 칠천승의 군사와 보병 사만을 죽이고 또 군대 장관 소박을 죽이매"

다윗과 이스라엘 백성들이 싸운 전쟁 중에서 아마 이 전쟁이 가장 어려운 전쟁이었을 것입니다. 그런데 결과적으로는 다윗이 이 전쟁에서도 이겨서 엄청난 전과를 올리게 됩니다. 그리고 이 전쟁의 결과로 다시는 아람 사람들이 암몬 족속을 돕지 않게 되었습니다. 오히려 아람 사람들이 암몬 족속을 돕는 것을 아주 싫어하게 되었습니다.

왜냐하면 아람 사람들이 암몬 족속들을 도울 때마다 다윗에게 판판이 져서 엄청난 피해를 입었기 때문입니다. 그래서 이제부터는 암몬 족속들이 아무리 달콤한 소리로 유혹을 하고 미끼를 던져도 절대로 그들과 연합하지 않겠다고 결심을 하게 되었습니다. 그런데 이것이 이스라엘의 평화에는 결정적으로 중요한 것이었습니다.

3. 다윗의 최후의 전쟁

■

오늘 본문에는 나타나지 않지만 다윗은 예루살렘에 있으면서 한 가지 중요한 죄에 빠지게 됩니다. 그것은 바로 신하의 부인인 밧새바와의 스캔들이었습니다. 아마 다윗 자신도 일부러 죄를 지으려고 해서 죄를 짓게 된 것은 아니었을 것입니다. 다윗도 인간이기 때문에 계속적인 승리와 축복 가운데 마음이 상당히 방심하게 되었던 것 같습니다. 하나님께서 축복을 부어주실 때에는 기도를 많이 하건 적게 하건 내가 무엇을 하든지 하나님은 복을 부어주십니다. 이때 우리가 자칫 잘못하기 쉬운 것이 그만 내 자신을 대단한 사람으로 생각을 해서 방심하게 되는 것입니다. 즉 내가 이만큼 유명한 사람이 되었는데 조금 죄를 짓는 것쯤이야 어떻겠느냐 하는 생각이 들게 되는 것입니다.

사실 사람이 계속 긴장만 하면서 살 수는 없습니다. 사람이 어느 정도 성공하고 나면 성공한 것을 즐기고 싶은 마음이 드는데 그때 마귀가 틈타기 쉬운 것입니다.

그런데 놀라운 것은 다윗이 죄를 지었지만 전쟁에서는 계속 이기고 하나님의 복은 계속되는 것입니다. 이것은 이미 하나님께서 부어주신 복이 있었기 때문입니다. 그러나 이때 이미 영적으로는 부흥의 불이 꺼지고 있었습니다.

우리에게 가장 어려운 것이 바로 이것입니다. 우리가 어렵고 힘들 때에는 하나님만 붙들고 영적으로 엄청나게 긴장을 하게 됩니다. 그러나 하나님께서 계속 복을 부어주시고 세상적으로 유명하게 되면 그때는 옛날 같이 하나님을 붙들게 되지 않고 오히려 죄를 짓고 싶은 생각이 들게 되는 것입니다. 그래서 이때 다윗은 너무나도 교묘하게 자기 죄를 감추고 위선적으로 행동을 하게 됩니다. 그런데도 불구하고 하나님은 모르시는 체 하시면서 계속 다윗을 이기게 하시고 유명하게 하시고 물질의 복을 주셨습니다. 하나님께서는 이처럼 변함없이 다윗을 사랑하셨지만 이미 다윗의 마음속에는 죄의 담이 생기고 있었습니다.

부흥이 계속 되는 것은 겉으로 나타나는 외형적인 성공으로는 알 수 없습니다. 이것이 너무나도 판단하기 어려운 것처럼 보이는 것입니다. 속에는 죄가 곪아가고 있는데 겉으로는 하나님의 복이 계속되고 있는 것처럼 보이는 것입니다. 그래서 우리는 감당할 수 없을 정도로 너무 유명해지거나 너무 많은 일을 하는 것은 결국 자기 자신이나 다른 사람들을 위해서 좋지가 않습니다. 결국 다윗에게 가장 무서운 적은 자기 자신이었습니다.

우리도 가끔 자기 자신을 전혀 통제할 수 없을 때가 있을 것입니다. 그것이 바로 우리에게 가장 무서운 적입니다. 지금까지 모든 믿음의 사람들이 자기 자신과의 싸움에서 져서 실패를 했습니다. 우리를 그렇게 괴롭히던 육체의 가시가 뽑히고, 사람의 가시가 뽑히고, 하나님께서 수년동안 부흥을 주셔서 복이란 복은 다 받았는데 우리 안에는 더 무서운 적이 있는 것입니다. 자기 안에 있는 적을 이기려면 공동체로 모여서 함께 말씀을 보면서 자기 자신을 다스려 나가야 하는 것입니다.

20장을 보면 해가 바뀌었을 때 드디어 요압은 다시 암몬의 수도 랍바를 공격해서 함락을 시키게 되었습니다. 이때 다윗은 다시 엄청난 물질적인 복을 받게 되는데 그것은 암몬 왕의 왕관을 차지하는 것이었습니다. 그런데 그 금왕관이 얼마나 큰지 무게만 한 달란트였습니다. 이때 한 달란트는 지금 무게로 치면 30킬로그램 정도 됩니다. 아마 다윗이 이 무거운 금관을 언제나 머리에 쓰지는 않았을 것입니다. 그러나 다윗은 암몬의 수도를 함락시킴으로 어마어마한 금관을 차지하게 됩니다. 그리고 모든 암몬 족속들을 노예로 만들어서 톱질이나 쓰레질 같은 것을 시켰다고 말하고 있습니다.

그리고 다시 블레셋이 이스라엘에 반항을 했는데 블레셋 군대에는 세 사람의 거인이 있었습니다. 특히 옛날에는 전쟁을 힘으로 하는 것이었기 때문에 거인장사는 쉽게 이길 수가 없었습니다. 그래서 다윗이 싸우는 요령을 보면 어려운 적을 두고서 힘을 다 빼는 것이 아니라 쉬운 적들부터 정복한 후에 나중에 어려운 적을 꺾는 방법을 썼습니다. 그래서 암몬의 랍바도 가장 마지막에 함락을 시켰고 블레셋의 거인 장수들도 맨 마지막으로 쳐서 이겼습니다. 그런데 이때는 이미 이스라엘 안에서도 이런 거인을 이길 수 있는 용사들이 준비돼 있었습니다.

십브개라는 삽배를 쳐서 이겼습니다. 그리고 골리앗의 동생 라흐미도 거인이었는데 이 사람은 야일의 아들 엘하난에게 참패했고 가드 전쟁에서는 육손 육발가락인 블레셋 장수가 있었는데 시므아의 아들 요나단의 손에 죽었습니다.

20장 8절, "가드 장대한 자의 소생이라도 다윗의 손과 그 신복의 손에 다 죽었더라"

결국 하나님께서는 블레셋의 거인들까지 다 죽게 하심으로 이스라엘이 승리하게 하셨습니다. 이것이 바로 하나님이 주시는 대 부흥의 시기이고 축복의 시기인 것입니다. 교회가 시험 들지 않고 십년 이십년 계속 부흥이 되면 축복의 황금기가 오게 됩니다. 그때 하나님은 우리에게서 가시를 다 뽑아주실 것입니다. 질병의 가시도 뽑아주시고, 괴롭히던 사람도 다 없어지게 하시고, 직장도 안정시켜주시고, 좋은 집도 주시고, 물질적으로도 많은 복을 주실 것입니다. 그때 우리가 자칫 잘못하면 영적으로 교만해지기 쉽고 영적인 공허함을 이기지 못해서 죄에 빠지기 쉽습니다. 결국 나중에 가장 이기기 어려운 적은 자기 자신인 것을 발견하게 되는 것입니다. 그래서 우리는 나중에 교만해서 넘어지지 않기 위해서 지금 나에게 있는 가시를 너무 싫어하지 말고 사랑하십시다. 누군가가 나를 미워하고 욕하면 교만하지 말라는 뜻인 줄 알고 감사하면서 받아들입시다. 또 하나님이 나에게 여러 가지 부족한 것을 주실 때는 그것 또한 교만하지 말라는 뜻으로 알고 감사하면서 잘 받아들여야 하겠습니다.

주님은 사도 바울에게 육체의 가시를 주시면서 바울이 이 가시가 없어지도록 세 번이나 간절히 기도했는데도 허락하지 아니하셨습니다. 그러면서 바울이 너무 자고하지 않도록 이것을 주셨다고 하셨습니다. 우리는 우리에게 주어진 처지에 만족하고 감사하십시다. 너무 부자가 되려고 하지 말고, 다른 사람의 처지와 비교하지 말고, 영적인 부흥의 불을 꺼트리지 말고 끝까지 지키는 성도들이 다 되시기 바랍니다.

CHAPTER 14

다윗의 인구 조사

대상 21:1-30

최근 일본의 자동차 회사 토요타가 미국과 유럽에 판매했던 자동차 천만 대를 리콜하게 된 것을 두고서 사람들은 '일등의 오만' 이 불러온 결과라는 말을 하고 있습니다. '일등의 오만' 이라는 것은 사람이 너무 뛰어나서 일등만 계속하게 되면 자기도취에 빠지게 되어 그 후부터는 다른 사람들의 불평이나 지적을 시시하게 생각해서 듣지 않게 되는 것입니다. 그래서 나중에는 이런 오류가 누적이 되어 산더미 같이 커져서 터지게 되는데 그때는 수습하기가 어렵게 되는 것입니다. 그래서 하나님의 백성들은 너무 뛰어나서 자기도취의 독선이나 오류에 빠지지 않아야 하고 중간 중간에 자주 책망도 받고 야단도 맞아서 고칠 것은 고쳐야 하는 것입니다.

하나님께서는 그 동안 우리나라에 여러 가지 어려움을 많이 주셨습니다. 그 중에 IMF라는 엄청난 경제적인 위기도 있었고, 북한의 핵 실험도 있었고, 내부적으로 엄청난 이념적인 대립과 갈등이 있기도 했습니다. 그런데 이제는 이 모든 것들이 큰 도움이 된다고 합니다. 다만 그 동안 징계의 채찍 없이 고도로 성장하기만 한 것이 있다면 우리나라 교회입니다. 그러나 무엇이든지 매 맞지 않고 실패나 어려움 없이 급성장하는 것은 마치 브레이크가 없는 자동차 같이 위험한 것입니다. 결국 하나님의 백성들은 하나님께 징계의 채찍도 맞고 주위의 충고를 달게 받아야 독선에 빠지지 않게 됩니다.

하나님께서는 그 동안 오로지 부흥과 축복의 길을 달려온 다윗을 심하게 치셨습니다. 그것도 왕이 인구조사를 했다는 이유로 다윗과 이스라엘을 치셔서 전염병으로 많은 사람이 죽게 하셨습니다.

이스라엘의 역사를 보면 전염병이 크게 퍼져서 많은 사람들이 죽은 일이 두 번 정도 있었습니다. 이스라엘 백성들이 출애굽하고 광야 훈련을 거의 마쳤을 때 모압을 지나면서 모압 여인들의 육체에 현혹이 되어서 우상 숭배를 하고 성적으로 범죄를 했을 때의 일입니다. 이때 하나님께서 이스라엘 백성들을 염병으로 치셨는데 그때 2만 4,000명이 죽었습니다. 그리고 또 한 번은 다윗이 인구 조사를 했다가 하나님의 진노를 사게 되었는데 이때 하나님께서 이스라엘 백성들을 염병으로 치셔서 3일 동안에 무려 7만 명의 이스라엘 백성들이 죽었습니다.

여기서 우리에게 이해가 되지 않는 것은 다윗이 이스라엘 왕으로서 이스라엘 백성들의 인구를 조사한 것이 그렇게 큰 죄였는가 하는 것입니다. 그러나 하나님은 다윗이 하나님의 허락도 없이 인구 조사를 한 것을 큰 죄로 생각하셔서 무려 7만 명이 죽는 재앙으로 이스라엘을 치셨습니다.

1. 다윗의 인구 조사

1절, "사단이 일어나 이스라엘을 대적하고 다윗을 격동하여 이스라엘을 계수하게 하니라"

오늘 우리에게 가장 궁금한 것은 도대체 왜 다윗이 갑자기 인구 조사를 하려고 했으며 이것이 어째서 하나님 앞에 이렇게 진노를 사는 일이 되었을까 하는 것입니다. 오늘 말씀을 보면 다윗이 인구 조사를 하게 된 것은 사탄이 이스라엘을 대적하기 위해서 다윗을 격동질했다고 되어 있습니다. 즉 사탄이 이스라엘을 대적했다는 것은 그 동안 이스라엘이 너무 잘되고 있으니까 도저히 시기심이 나서 견딜 수가 없었던 것입니다. 그래서 이스라엘로 하여금 하나님 앞에서 잘못되게 해서 징벌을 받도록 하기 위해서 이런 일을 꾸민 것입니다. 사실 사탄이 주로 하는 것은 충동질하는 것입니다.

우리 안에는 언제나 죄 짓고 싶은 마음이 있습니다. 그러나 이것이 평소에는 신앙심이나 다른 사람들의 이목 때문에 눌려서 죄를 짓지 못하고 있다가 무엇인가 보거나 듣거나 생각할 때 사탄이 우리 속에 있는 죄 짓고 싶은 본성을 충동질해서 죄가 터져 나오게 되는 것입니다. 사탄은 우리 안에 있는 미움을 충동질하고 분노를 충동질하고 음란한 마음을 충동질해서 죄를 짓게 합니다. 그런데 일단 한 번 누구든지 죄를 짓고 나면 그 때부터 사탄은 인정사정 봐주지 않고 정죄를 해서 죄의식에 빠트립니다.

그런데 도무지 잘 이해가 되지 않는 것은 왜 다윗이 인구 조사를 한 것이 그렇게 큰 죄일까 하는 것입니다. 일단 한 나라의 왕은 자기 나라 안에 있는 사람들의 인구를 조사할 수 있습니다. 그리고 이것은 우리의 상식으로는 결코 죄가 될 수 없습니다. 그런데 이 인구 조사가 다윗에게는 엄청나게 큰 죄가 되었습니다. 도대체 그 이유가 어디에 있을까요?

우선 가장 중요한 이유는 다윗이 이번 인구 조사를 통해서 이스라엘 병력 시스템 전체를 고치려고 했다는 것입니다. 그리고 거기서 한 걸음 더 나아가서 이것을 통해서 아주 강한 군대를 가지고 크고 강한 나라를 세우려고 했던 것 같습니다. 지금까지 다윗은 하나님의 말씀으로 이스라엘 안에 큰 부흥을 가져왔고 하나님께서는 다윗과 함께 하셔서 다윗으로 하여금 이스라엘 주위에 있는 모든 적들을 다 이기게 하셨습니다. 그런데 다윗은 지금까지 많은 전쟁을 하면서 모든 이스라엘 인구를 다 조사해서 전체 병력을 가지고 전쟁을 한 것은 아니었습니다. 아마도 다윗은 군대가 필요한 그때마다 각 지파와 협력을 해서 자원하는 군대를 가지고 전쟁을 치렀던 것입니다. 그런데 다윗이 모든 전쟁을 다 이기고 모든 적들을 뿌리 뽑은 후에 다시 인구 조사를 한 것은 이제부터는 군대 시스템을 체계화해서 상설 군대를 조직하고 세계 대국을 건설하려고 한 것이 아닌가 생각합니다. 지금까지 다윗의 군대는 이스라엘 전체에서 의무적으로 군대를 뽑은 것이 아니고 그때그때 지파별로 자원하는 자들로 군대를 뽑았던 것입니다. 그런데 이렇게 해서는 다윗이 전 세계를 지배하는 강한 군대를 가질 수가 없었던 것입니다. 그래서 다윗은 아예 상시적으로 군대를 조직해서 아주 강력한 군대를 가지려고 했던 것 같습니다.

사실 옛날 왕들이 전쟁을 하는 데 가장 어려웠던 것이 군인을 뽑는 것과 농사를 짓는 것의 관계였습니다. 즉 왕들이 전쟁을 하기 위해서 군인을 많이 뽑으면 농사를 지을 사람이 없어서 국민들이 세금을 낼 수 없었습니다. 그래서 로마도 초창기는 군인들을 늘 뽑지 않고 백성들이 일 년을 전쟁을 하면 반드시 집으로 돌려보내어서 농사를 짓게 했습니다. 그런데 나중에 야만족을 막기 위해서 상설 군대를 뽑으니까 월급을 주기 위해서 세금을 올려야 했고 어떤 때에는 약탈을 하게 해서 자기 것을 챙기게 했습니다.

그래서 다윗이 갑자기 인구 조사를 하려고 했던 이유는 첫째는 이스라엘에 강한 군대를 두어야 하겠다는 것입니다. 그리고 한 걸음 더 나아가서 이 강한 군대 조직을 통해서 더 많은 나라를 정복하려고 했던 것입니다.

여기에 보면 사탄이 이스라엘을 칠 구실을 만들기 위해서 다윗을 충동질했다고 말씀하고 있습니다. 다윗이 어느 날 갑자기 어떤 생각이 떠오르게 되었는데 그만 그 생각에 집착을 하게 되었던 것입니다.

다윗은 처음에 하나님의 말씀 중심으로 부흥을 일으켰는데 그 동안 전쟁을 자꾸 하니까 전쟁에 재미를 붙이게 된 것입니다. 그래서 이제는 전쟁을 그만 두려고 하니까 온 몸이 근질근질해진 것입니다. 그리고 다윗은 나라가 커지니까 유익한 점이 너무 많았습니다. 우선 옛날에 이스라엘이 약했을 때에는 주위 모든 나라들이 우습게 여기고 공격을 했는데 나라가 커지니까 아무도 다윗을 건드리지 못했습니다. 또 나라가 크니까 유명해지게 되었고 물질적으로도 더 부요해지게 되었습니다. 그러니까 다윗도 이제는 생각이 변해서 더 큰 나라를 가지고 싶은 마음이 들게 되었던 것입니다.

그 동안 다윗은 전쟁을 하면서 그때그때 각 지파별로 자원하는 사람으로 전쟁을 하려고 하니까 늘 불규칙한 것입니다. '자원하는 군대' 라고 하는 것은 구속력이 있는 것이 아니기 때문에 군인들이 많이 올 수도 있고 적게 올 수도 있었습니다. 다윗은 이스라엘 전체 인구 숫자를 파악해서 의무적으로 군인들을 선발해서 이스라엘 전체를 장악하려고 했던 것입니다. 그런데 이것은 하나님의 뜻과 맞지 않았습니다. 하나님께서는 이스라엘 백성들에게 말이나 병거를 가지지 말라고 하셨던 것처럼 군대도 상설된 강력한 군대를 가지지 말라는 것입니다. 그 대신 그때그때 사람의 수가 많든지 적든지 하나님이 감동을 주시는 사람을 가지고 기도하면서 전쟁을 하라는 것이었습니다. 그래서 우리가 하나님을 의지하면 늘 불안할 수밖에 없습니다. 왜냐하면 결국 우리가 눈에 보이는 것을 의지하지 못하고 눈에 보이지 않는 하나님을 의지해야 하기 때문입니다. 미래가 불안한 것입니다. 하나님께서는 다윗에게 지금까지 내가 너를 지켜주었듯이 앞으로도 강한 군대를 가지지 말고 하나님을 의지하라고 하시는 것입니다.

거기에다가 다윗이 강한 나라들을 많이 이기면서 더 세계로 뻗어나가는 강대국을 생각하게 되었던 것 같습니다. 다윗은 지금까지 전쟁을 많이 하면서 이제는 전쟁에 상당한 노하우가 쌓이게 되었습니다. 그래서 다윗은 어떻게 하면 전쟁에서 이길 수 있는지 그 방법을 알게 되었고 이제는 더욱 더 많은 전쟁을 해서 아주 큰 나라를 이루고 싶었던 것 같습니다. 그러나 이것도 하나님의 뜻과 맞지 않았습니다. 즉 하나님께서는 다윗이 전쟁으로 이스라엘을 아주 큰 나라로 만드는 것을 원치 않으시고 다윗이 다시 하나님의 말씀으로 돌아와서 이스라엘에 말씀의 부흥을 일으키기를 원하셨던 것입니다.

사탄이 다윗을 '격동질시켰다' 고 하는 것은 다윗에게 어떤 순간적인 충동이 떠올랐는데 그것이 결코 하나님의 뜻이 아니었다는 말입니다. 우리가 보통 충동을 받게 되는 것은 다른 사람이 어떤 물건을 가진 것을 보고 자기도 가지고 싶어지거나 혹은 다른 사람이 어떻게 했다는 소리를 듣고는 자기도 그렇게 해보고 싶어지는 것입니다. 그런데 대개는 이런 충동들이 현실에 부딪치면 다 수그러들게 되는데 너무 충동이 강하게 되면 무슨 수를 써서라도 그것을 하고야 말게 되는 것입니다. 이때는 체면도 없고 자존심도 없고 수치심도 없어지게 됩니다.

그러나 다윗의 인구조사는 이스라엘 전체의 성격과 관계되는 것이었습니다. 다윗의 마음속에도 지금까지 많은 전쟁에서 성공을 거두었으니까 이제는 군사력을 바탕으로 해서 아주 큰 나라를 만들자는 강한 충동이 있었던 것입니다. 물론 이런 충동은 모든 왕들이 다 가지는 것이고 왕에게는 당연한 것입니다. 그러나 하나님께는 다윗의 이런 야망이나 욕심이 이스라엘의 본질을 흐리게 만드는 아주 잘못된 정책이었습니다. 하나님이 보시는 이스라엘에는 역시 말씀의 부흥이 필요했습니다. 전쟁이나 군사는 나라를 지키기 위한 부수적인 것에 불과했습니다. 그런데 지금 다윗은 가장 중요한 것을 내려놓고 군사적인 강대국으로 가려고 하는 것입니다. 이렇게 되면 다윗은 다른 지파들을 더 강하게 장악할 작정이었습니다.

다윗이 인구 조사 통계만 가지고 있으면 다른 지파들은 꼼짝 하지 못하고 필요한 군인들을 내어놓아야 합니다. 하나님께서 다윗에게 원하신 것은 더 강한 군대도 아니고 더 강하게 다른 지파를 장악하는 것도 아니고 더 큰 나라도 아니었습니다. 하나님이 원하시는 것은 다윗이 다시 목자의 심정으로 돌아가서 말씀으로 이스라엘을 부흥시키는 것이었습니다. 그런데 다윗은 이미 하나님의 말씀에 싫증을 느꼈습니다. 나도 좀 인간적으로 이스라엘을 확실하게 다스려보자는 마음이었습니다.

2절, "다윗이 요압과 백성의 두목에게 이르되 너희는 가서 브엘세바에서부터 단까지 이스라엘을 계수하고 돌아와서 내게 고하여 그 수효를 알게 하라"

'브엘세바에서부터 단까지'는 이스라엘 전체를 의미합니다.

그러면 다윗의 이런 명령에 대하여 왕의 신하들이나 백성들은 어떤 생각을 했을까요? 아마 사울 왕이 이런 명령을 내렸다면 신하들이나 백성들은 대찬성을 했을 것입니다. 왜냐하면 사울 왕의 신하들은 인간적인 방법으로 이스라엘이 부흥을 하고 성공하는 것을 좋아하는 사람들이었기 때문입니다.

그러나 다윗의 신하들은 달랐습니다. 다윗의 신하들 중에서 가장 야망이 있고 전쟁을 잘 하는 신하는 군대장관 요압이었습니다. 그러나 다윗 왕의 제안에 대하여 요압이 가장 먼저 반대를 했습니다.

3절, "요압이 가로되 여호와께서 그 백성을 지금보다 백배나 더하시기를 원하나이다 내 주 왕이여 이 백성이 다 내 주의 종이 아니니이까 내 주께서 어찌하여 이 일을 명하시나이까 어찌하여 이스라엘로 죄가 있게 하시나이까 하나"

다윗 왕의 신하들 중에서 가장 야망이 많고 전쟁을 좋아하는 요압조차도 마음속에 군대의 숫자나 인간의 머리 보다는 하나님을 의지해야 한다는 생각이 있었습니다. 그런데 다윗 왕이 군대의 숫자를 조사하게 한 것은 요압의 머리로도 왕이 사람의 숫자를 의지하려고 하는 것처럼 보였고 이것은 이스라엘에게는 죄가 된다고 생각했던 것입니다.

이스라엘에 무서운 것은 반드시 죄를 지어야 죄가 되는 것이 아니라는 것입니다. 이스라엘이 하나님을 의지하지 않고 사람의 숫자가 돈이나 군사력을 의지하는 것 자체가 이미 죄가 되는 것입니다. 이것을 보면 이스라엘의 생각이나 철학은 이 세상 사람들의 것과는 차원이 달라도 너무나도 다르다는 것을 알게 됩니다. 세상에서는 꼭 죄를 짓고 못된 짓을 해야지만 죄가 성립이 되지만 하나님의 백성들은 양심을 속이거나 하나님을 의지하지 않는 것 자체가 벌써 죄가 되는 것입니다.

그래서 요압은 왕에게 반대를 하면서 왕이 지금 가만히 있어도 이 백성은 다 왕의 백성이며 하나님께서 백 배나 많은 백성들을 주실 것이라고 했습니다. 사실 전쟁에서 이기는 것보다 더 좋은 것이 평화가 유지되는 것입니다. 평화가 유지되는 것은 군대가 백 배나 있어도 쉬운 것이 아닙니다. 요압은 다윗에게 지금 하나님께서 이스라엘에 평화를 주시고 이만큼 안정된 것으로 충분하니까 더 이상 무슨 일을 저지르지 말자는 것이었습니다. 그러나 다윗은 이미 사탄에게 충동질이 되어 있어서 무엇인가 하지 않고는 견딜 수 없게 되었습니다.

우리는 때때로 가만히 있기만 하면 되는데 가만히 있을 수가 없어서 일을 저지를 때가 많습니다. 이것이 바로 사탄의 충동질인 것입니다. 그래서 하나님의 백성들은 하나님의 뜻이 아닐 때에는 아무 것도 하지 않고 가만히 있을 수 있어야 합니다. 그냥 가만히 있기만 하면 되는데 사람들에게 가장 힘든 것이 아무 것도 하지 않고 가만히 있어야 한다는 사실입니다. 사실 사람을 감옥에 가두어 놓고 아무 일도 시키지 않으면 죄수들은 전부 미치려고 할 것입니다. 그런데 우리에게 가장 위대한 일은 하나님의 말씀을 듣고 기도하는 일입니다. 이것은 결코 아무 것도 하지 않는 것이 아닙니다. 우리는 가장 위대한 일을 하고 있는 것입니다. 그런데 사람들은 이것이 아무 것도 아니라고 생각합니다. 우리는 하나님의 말씀을 듣는 것이 큰일이고 기도하는 것이 위대한 일입니다.

그러나 다윗은 아무 것도 하지 않고 있는 것을 견딜 수가 없었습니다. 그래서 요압을 독촉해서 드디어 인구 조사를 하게 했는데 그 결과는 엄청났습니다. 이스라엘 백성들 중에서 전쟁할 수 있는 사람이 110만 명이었고 유다 백성들 중에는 47만 명이었습니다. 사무엘하에는 이 숫자가 이스라엘은 80만 명, 유다는 50만 명으로 되어 있습니다. 이런 차이에 대해서는 이미 있는 군대도 포함을 시켰느냐 뺏느냐의 차이라고 하는데 정확한 것은 알 수가 없습니다. 만약 이 말이 맞다면 현재 군인은 27만 명인데 앞으로 군인으로 더 뽑을 수 있는 숫자가 130만 명이 된다는 뜻입니다. 다윗은 모든 이스라엘 남자들을 군인으로 보겠다는 것입니다. 다윗은 모든 이스라엘을 말씀으로 부흥시키는 사람이 아니라 자기 부하가 되어서 전쟁에서 피를 흘리는 사람으로 생각했던 것입니다.

하나님은 다윗이 그럴 수 있는 자격이 없다고 하셨습니다. 이스라엘 한 사람 한 사람에 대하여 이들을 어떻게 쓰실 것인지는 하나님이 결정하는 것이지 왕이 결정할 문제가 아닌 것입니다. 그러나 사탄이 들어와서 눈이 뒤집혀 버린 다윗에게는 모든 남자들이 군인으로 보였습니다. 우리는 다른 사람들을 그렇게 볼 권리가 없습니다. 이스라엘 모든 남자들은 다 자기 나름대로 하나님의 은혜를 받아서 아름답고 행복하게 살 권리가 있습니다.

우리는 다른 사람들을 볼 때 내 마음대로 사용할 수 있는 사람으로 생각해서는 안 됩니다. 모든 사람들은 자기 행복을 찾아서 하나님 앞에서 행복하게 살 권리가 있는 것입니다.

그래서 요압도 왕의 명령을 괘씸하게 생각해서 인구를 조사하면서 레위인의 수와 베냐민 지파의 수는 계수하지 않고 빼버렸습니다.

그러나 이미 하나님은 이스라엘에 매를 드셨습니다.

7-8절, "하나님이 이 일을 괘씸히 여기사 이스라엘을 치시매 다윗이 하나님께 아뢰되 내가 이 일을 행함으로 큰 죄를 범하였나이다 이제 간구하옵나니 종의 죄를 사하여 주옵소서 내가 심히 미련하게 행하였나이다 하니라"

하나님께서 이미 이스라엘을 치셔서 여러 가지 어려운 일들이 일어나기 시작했던 것 같습니다. 그것이 구체적으로 무엇인지는 알 수가 없습니다. 그러나 이제 다윗도 제정신으로 돌아와서 자기가 크게 잘못했다는 것을 깨닫게 되었습니다. 다윗의 마음속에도 이스라엘을 자기 나라로 만들고 싶은 욕심이 있었고 또 이스라엘을 세계적으로 큰 나라로 만들어서 자기가 유명해지고 싶은 욕심이 있었던 것입니다. 그런데 사탄이 한창 충동질할 때에는 그것이 잘못된 것인 줄 몰랐는데 제정신이 들고 나니까 다윗의 마음에 죄책감이 들게 되었습니다. 사실 이 정도만 해도 다윗은 엄청나게 신앙적인 사람이었습니다. 왜냐하면 다른 사람들은 아무리 어려움을 당해도 자기가 무엇이 틀렸는지 깨닫지 못하기 때문입니다. 다윗은 자기가 하나님의 나라에 욕심을 부렸고 인간적인 생각을 했으며 이것이 크게 잘못된 것이라는 점을 알게 되었습니다.

2. 하나님의 징계의 채찍

하나님은 우리를 사랑하셔서 우리가 잘못하고 회개하면 다 용서해주십니다. 특히 하나님께서 무서운 채찍으로 때리시기 전에 자복하고 회개하면 다 용서해주십니다. 그러나 하나님께서 어떤 때에는 회개를 해도 징계의 채찍으로 때리실 때가 있습니다. 그때는 언제일까요? 우리가 언제든지 다시 같은 죄에 빠질 가능성이 있을 때입니다.

제가 초등학교도 들어가기 전에 어머니로부터 제 평생에 딱 한번 빗자루로 매를 맞았던 적이 있었습니다. 그때 저는 어머니 화장대 위에 있는 돈을 아무 죄의식 없이 가지고 나가서 무엇을 사먹었던 것 같습니다. 하루는 어머니께서 방문을 잠그시더니 빗자루를 들고 저를 때리셨습니다. 그러면서 남의 돈에 손을 대지 말라고 하셨습니다. 그때 저는 어머니의 매에 얼마나 놀랐는지 모릅니다. 그리고 무조건 머릿속에 '남의 돈에는 손을 대지 말아야 한다'는 것이 새겨지게 되었습니다.

하나님께서는 다윗도 인간이기 때문에 얼마든지 인간적으로 성공하고 싶고 인간적으로 유명해지고 싶은 가능성이 있다는 것을 알고 계셨습니다. 그래서 하나님은 한창 성공의 길을 달리고 있는 다윗을 징계의 채찍으로 치셨습니다. 그런데 하나님은 다윗에게 민주적으로 대하셨습니다. 매를 본인이 선택하게 하셨습니다.

9-10절, "여호와께서 다윗의 선견자 갓에게 이르시되 가서 다윗에게 말하여 이르기를 여호와의 말씀이 내가 네게 세 가지를 보이노니 그 중에서 하나를 택하라 내가 그것을 네게 행하리라 하셨다 하라"

우리가 생각하기에 하나님께서 다윗을 치기로 결정하셨으면 무조건 때리시면 되는 것이지 왜 굳이 다윗에게 그 매를 선택하게 하셨을까요? 그것은 하나님께서 다윗을 때리시는 것은 결코 다윗이 밉거나 싫어서 때리시는 것이 아닌 것을 보여주시려고 하는 것입니다. 하나님은 다윗과 충분히 의논을 하셔서 다윗 스스로 징계를 선택하게 하셨습니다. 우리 생각으로는 매를 맞지 않고 넘어갔으면 좋을 텐데 하나님은 그것은 허락지 않으셨습니다. 그런데 하나님께서 다윗에게 세 가지 중에 하나를 택하라고 하셨는데 그 어느 것 하나도 만만한 것이 없었습니다. 하나님이 다윗에게 선택하라고 하신 징계는 3년동안 기근이 내리는 것, 3달 동안 적에게 쫓기는 것, 그리고 3일 동안의 온역이었습니다.

3년 동안 기근이 내리면 어떻게 됩니까? 왕이나 이스라엘 백성들은 경제적으로 아주 궁핍해지게 될 것입니다. 지금까지 이스라엘 백성들은 영적으로도 부흥이 되고 경제적으로 크게 부흥이 되었는데 다시 가난해져야 하는 것입니다. 사람이 경제적으로 궁핍하면 아무 것도 할 수가 없습니다. 미래에 대한 계획을 세울 수도 없고 다른 사람들과 어울릴 수도 없습니다. 오직 경제적인 어려움이 풀릴 때까지 하나님만 붙들고 은혜 받는 수밖에 없는 것입니다. 그런데 3달 동안 적에게 쫓기면 어떻게 됩니까? 일단 하나님의 백성들은 자존심이 강한 사람들이기 때문에 사람에게 무시당하고 핍박당하는 것을 견디기 어려워합니다. 특히 하나님의 백성들이 다른 사람들에게 무시당하고 괴롭힘을 당하게 되면 너무나도 비참해지게 됩니다.

하나님께서는 다윗이나 이스라엘 백성들이 그 동안 너무 높아졌기 때문에 이제 좀 낮아지라고 하시는 것입니다. 이스라엘에 부흥이 계속되면서 그 동안 이스라엘을 괴롭히던 가시들이 다 빠져버렸습니다. 블레셋이라든지 에돔같은 가시들이 다 뽑혔습니다. 그런데 이제 가시가 다시 생기려고 하는 것입니다. 그리고 3일 동안 온역이 오면 어떻게 됩니까? 병이라고 하는 것은 그 자체가 고통스러울 뿐 아니라 낫지 않으면 죽게 됩니다. 즉 모든 것이 끝장이 나버리는 것입니다. 이 세상에서 다시는 아무 것도 할 기회가 없게 됩니다.

하나님께서 다윗에게 선택하라고 하신 이 세 가지는 하나님께서 우리 성도들을 연단하시기 위해서 자주 쓰시는 방법들입니다. 그 중에서 가장 많이 쓰시는 것이 경제적인 어려움입니다. 직장이 없고 돈이 없으면 사람은 낮아지게 되어 있습니다. 일단 돈이 없으면 큰 소리를 칠 수가 없고 아무 것도 할 수가 없게 됩니다. 이때 할 수 있는 것은 하나님의 말씀을 듣는 것 밖에 없습니다. 다윗이 이 방법을 택했더라면 이스라엘이 부흥할 수 있었을 것입니다. 왜냐하면 하나님의 백성들은 경제적으로 어려울 때 가장 순수해지고 가장 하나님의 말씀을 잘 붙들게 됩니다.

우리가 사람으로 괴롭힘을 당하는 것은 하나님께서 우리를 겸손하게 하시는 방법입니다. 우리는 너무나도 오만하기 때문에 자기가 최고라고 생각합니다. 그러나 시어머니나 직장의 못된 상사를 통해서 우리는 모난 부분이 깎이어지게 됩니다. 그래서 진정으로 남에게 고개를 숙이는 법을 배웁니다. 다윗이 다른 사람에게 다시 고개를 숙이면 어떨까요? 사실 못할 것도 없습니다. 3달 동안만 고개 숙이고 바보짓을 하면 하나님은 다시 다윗을 높여주실 것이고 다윗은 이 연단을 통해서 아주 부드러운 사람이 될 것입니다. (예를 들면, 배즙에 절인 양념갈비가 되는 것입니다.) 그런데 다윗은 지금까지 워낙 많은 사람들로부터 연단을 받았기 때문에 이제는 더 이상 사람들에게 고개를 숙이기 싫었던 것 같습니다.

하나님께서 쓰시는 가장 무서운 방법이 병으로 치시는 것입니다. 하나님이 우리를 병으로 치시면 일단 병 자체가 고통스러울 뿐 아니라 낫지 않으면 죽게 됩니다. 그래서 자기 스스로를 멀쩡하다고 생각했는데 병원에서 갑자기 암 판정을 받으면 너무나도 억울한 느낌이 들게 됩니다. '왜 하필 내가 이 병에 걸려야 하는 것일까?' 하는 생각이 들 것입니다.

우리는 사실을 사실로 인정하고 하루라도 빨리 진단을 받고 치료를 받아서 병에서 벗어나는 것이 최상책입니다. 그래서 만일 하나님이 우리에게 무엇을 택할 거냐고 물으면 어떻게 하시겠습니까? 할 수 있으면 병은 선택하지 않는 것이 좋습니다. 경제적으로 어렵거나 사람에게 치이는 것이 더 나을 것입니다. 왜냐하면 하나님이 치시는 것은 영원한 것이 아니고 반드시 끝이 있기 때문입니다. 그런데 다윗은 겁도 없이 염병을 선택했습니다. 그러나 우리가 가장 좋은 방법은 하나님의 말씀으로 책망을 받고 미리 고치는 것입니다. 이것이 가장 좋은 방법입니다.

13절, "다윗이 갓에게 이르되 내가 곤경에 있도다 여호와께서는 긍휼이 심히 크시니 내가 그의 손에 빠지고 사람의 손에 빠지지 않기를 원하나이다"

다윗은 하나님은 너무나도 자비로우시기 때문에 치시면서도 봐주실 것이라고 생각했습니다. 그러나 하나님이 때리시는 매는 너무나도 아팠습니다.

14절, "이에 여호와께서 이스라엘 백성에게 온역을 내리시매 이스라엘 백성의 죽은 자가 칠만이었더라"

하나님은 단 3일 만에 이스라엘 백성들 7만 명이 병으로 죽게 하셨습니다. 이것은 엄청난 숫자였습니다. 하나님께서 우리를 좀처럼 치시지 않으시지만 한번 매를 드시면 그 매는 너무 아프고 너무 무섭습니다. 하나님의 매는 육체적으로만 아픈 것이 아니라 정신적으로도 아프고 절망과 두려움이 함께 오는 매입니다. 그리고 한번 치시면 거의 죽음 직전까지 갈 수도 있습니다.

그래야 우리가 하나님이 두려운 줄 알고 벌벌 기게 되는 것입니다.

하나님께서는 온역으로 이스라엘 백성들이 7만 명이나 죽게 되자 후회하시면서 죽음의 천사에게 이제 네 손을 거두라고 하셨습니다. 이것은 하나님이 좋아서 이스라엘을 치는 것이 아닌 것을 보여줍니다. 하나님은 이스라엘이 진정 바른 나라가 되기를 바라셔서 이렇게 치시는 것입니다.

그러나 죽음의 천사는 하나님이 말씀하셔도 손을 거두지 않았습니다. 왜냐하면 이스라엘의 죄에 상응하는 대가가 필요했기 때문입니다.

그리고 다윗은 다윗 나름대로 장로들과 함께 굵은 베를 입고 하나님께 '내가 죄를 지었는데 왜 죄 없는 백성들을 치십니까? 내 집 식구들을 치시라' 고 기도를 했습니다. 그러나 왕이 이렇게 야망을 가지는 것은 백성들에게도 죄가 있기 때문입니다. 백성들이 욕심으로 살면 왕도 야망을 따라가게 되어 있는 것입니다. 그래서 백성들도 죄가 없다고 볼 수 없습니다. 결국 하나님의 백성들에게는 욕심이나 야망이 가장 큰 죄가 됩니다.

3. 하나님의 진노를 푸는 제사

하나님께서 약속하신 3일이 되어도 전염병은 잦아들지 않았습니다. 그 이유는 이스라엘의 죄가 너무 컸기 때문입니다. 원래 하나님의 기준으로 보면 이스라엘은 다 죽을 수밖에 없었습니다.

보통 염병 같은 무서운 전염병이 퍼지면 어떻게 해야 하겠습니까? 아마 가장 중요한 것이 병자들은 격리시키는 일일 것입니다. 그리고 요즘 같으면 페스트 백신을 구해서 환자들에게 주사를 놓아서 견디게 해야 할 것입니다. 그리고 페스트를 옮기는 쥐를 구제해야 할 것입니다.

그러나 성경에는 모든 재앙에는 하나님의 죽음의 천사가 등장을 합니다. 이 세상에서 일어나는 재앙 중에서 하나님의 허락 없이 일어나는 재앙은 없는 것입니다. 수십만 명이 죽는 지진의 재앙도 사람의 눈에는 보이지 않지만 죽음의 천사가 거기에 있습니다.

하나님께서는 갓 선지자를 통해서 하나님이 정하신 곳에서 하나님께

드리는 단을 쌓고 번제를 드리라고 했습니다. 우리가 생각하기에 무서운 전염병이 퍼졌는데도 불구하고 예방 조치를 하지 않고 제사를 드리는 것은 원시적인 일이라고 생각할 것입니다. 그러나 하나님의 백성들의 바른 예배는 하나님의 심판을 축복으로 바꾸는 능력이 있습니다.

우리가 이미 많이 살펴본 바이지만 하나님은 소멸시키는 불입니다. 인간들의 죄에 대하여 불같이 진노하십니다. 그래서 지진이나 전염병이나 전쟁이 재앙으로 터지는 것입니다. 그러나 하나님의 백성들이 하나님께 바른 방법으로 제사를 드릴 때 하나님은 그 진노를 거두시고 대신 복을 내려주십니다.

그래서 우리 주위에 재난이 생겼을 때 물론 우리가 인간적으로 해야 할 일도 해야 하지만 더 중요한 것은 바른 방법으로 하나님께 예배드리는 것입니다. 이 예배에서 우리는 교만과 죄를 자복하고 오직 하나님의 의를 붙들어야 합니다. 하나님의 의는 아들 독생자의 보혈로 우리가 죄 용서받는 것입니다. 우리가 모든 인간적인 자랑들을 다 버리고 오직 예수님의 보혈만 믿고 붙드는 것입니다.

하나님께서 다윗에게 지정한 장소는 이방인인 여부스 사람의 타작마당이었습니다. 이 타작마당은 예루살렘을 내려다보는 언덕인데 오래 전에 아브라함이 그 아들 이삭을 드리려 했던 곳입니다.

죽음의 천사는 사람의 눈에는 보이지 않는 법입니다. 그러나 그 타작마당의 주인인 여부스 사람 오르난의 눈에는 이 천사가 보였습니다. 그래서 그는 네 아들과 함께 밀을 타작하다가 하나님의 천사를 보고 숨었습니다. 왜 이스라엘 백성들의 눈에는 보이지 않는 죽음의 천사가 여부스 족속인 오르난과 그 아들들의 눈에는 보였는지 알 수 없습니다. 그들은 예루살렘 사람들이 죽든지 말든지 상관하지 않고 자기 밀만 타작했습니다. 그러나 하나님의 사자의 등장으로 이스라엘 백성들의 재난이 자신들에게도 관계가 있게 되었습니다. 왜냐하면 하나님의 백성들이 복을 받아야 세상도 복을 받을 수 있기 때문입니다. 그들은 하나님의 천사를 보고 숨어 있다가 다윗이 오는 것을 보고 뛰어 나가서 얼굴을 땅에 대고 절을 했습니다. 물론 이것은 다윗이 이스라엘 왕이기 때문에 복종하는 의미도 있지만 당신은 하나님의 종이니까 이 천사를 어떻게 좀 해달라는 뜻도 있었습니다.

다윗은 오르난에게 자기 계획을 설명했습니다. 즉 그 땅을 사서 거기서 하나님께 번제를 드려야 온역이 끝날 수 있다고 했습니다. 그랬더니 오르난은 당장 다윗에게 그 땅을 가지시라고 하면서 소도 번제물로 드리고 곡식 떠는 기계는 화목으로 바치고 밀은 소제물로 드린다고 했습니다. 그러나 다윗은 그것을 공짜로 받는 것을 원치 않았습니다. 왜냐하면 바른 예배는 반드시 대가가 필요하기 때문입니다.

우리는 아무 손해도 보지 않고 죄를 씻어낼 수가 없습니다. 우리가 하나님 앞에서 죄 용서 받으려면 상당한 대가를 지불하는 것을 아까워해서는 안 됩니다. 그것을 위해서 시간을 들어야 하고 노력을 들여야 하고 돈도 들어야 하는 것입니다. 우리가 이렇게 하는 것은 하나님의 은혜를 회복하고 죄 용서받는 것을 가장 중요하게 생각한다는 뜻입니다. 사람은 누구나 자기가 가장 중요하게 생각하는 것을 위해서 시간이나 돈을 사용하게 되어 있습니다.

다윗은 여부스 사람 오르난이 지금 당장은 죽음의 천사가 무서워서 모든 것을 다 가지라고 하면서도 나중에 뒤에서 딴 소리를 하거나 불평할 수 있다는 것을 알았던 것 같습니다. 그래서 금 육백 세겔이라는 어마어마한 돈을 주고 그 땅을 샀습니다. 이것이 사무엘하에는 은 오십 세겔을 주고 땅과 소를 샀다고 되어 있습니다. 엄청난 가격의 차이입니다. 아마도 역대기상의 액수가 맞을 것이라고 생각합니다. 다윗이 거기서 하나님께 단을 쌓고 번제를 드리고 기도했을 때 하나님은 하늘에서 불을 내리게 하셔서 그 제사를 받으셨습니다. 하나님께서 그 기도를 들으신 것입니다.

우리가 이것을 볼 때 기도응답 받는다는 것이 얼마나 어렵고 중요한 것인지 알 수 있습니다. 하늘에서 불이 떨어지면서 다윗과 이스라엘의 죄는 용서되고 다시 하나님 앞에서 의로운 자격을 얻게 됩니다. 이때 죽음의 천사는 칼을 칼집에 넣었고 염병은 그치게 되었습니다. 그리고 이때부터 다윗은 이 타작마당에서 계속 하나님께 번제를 드리게 되었습니다.

여기서 다윗의 신정정치의 문제가 드러나게 됩니다. 다윗은 하나님의 말씀으로 이스라엘을 다스려야 한다는 뜻으로 하나님의 언약궤만 예루살렘으로 가져왔습니다. 그래서 여호와의 장막과 번제단은 기브온에 있었습니다. 다윗의 신정정치는 언약궤와 성막의 분리를 가져왔던 것입니다. 그런데 이번에 다윗이 깨달은 것은 아무리 하나님의 말씀이 있어도 우리는 죄를 짓기 때문에 우리에게는 다시 번제단이 필요하다는 것이었습니다. 번제단이 없으니까 한꺼번에 7만 명이 염병으로 죽었습니다. 그래서 우리에게는 회개와 말씀이 언제나 함께 가야 하는 것입니다.

그 동안 우리나라 교회는 너무나도 축복만 강조했습니다. 그리고 교회에서 죄를 설교하는 것을 꺼려했습니다. 이것도 번제단이 없는 신앙입니다. 우리는 항상 하나님 앞에서 죄인입니다. 하나님 앞에서 우리 죄를 씻음 받읍시다. 그리고 하나님의 말씀과 기도의 능력으로 세상을 정복하기를 바랍니다.

이스라엘은 사람들의 이해관계를 조정해서 최고치를 만들어내는 나라가 아니고

하나님의 말씀에 순종하는 나라였습니다.

그래서 이스라엘 백성들에게는 하나님의 말씀을 아는 것이 중요했고

왕 자신도 하나님의 말씀에 순종하는 것이

전쟁에 이기는 것이나 정치를 잘하는 것보다 중요했습니다.

사울 왕 같은 사람은 아말렉과의 전쟁에서는 이겼지만

하나님의 말씀에 순종하지 않았기 때문에 버림을 받았습니다.

CHAPTER 15

성전 건축의 준비

대상 22:1-19

요즘 우리나라는 서울의 남대문을 복원 중에 있습니다. 남대문은 우리 민족의 자존심을 상징하는 건물입니다. 특히 우리나라 문화재를 소개한 홍보물들을 보면 우리나라 문화재들은 거의 사찰이나 불상이나 무덤이 많은데 남대문은 순수한 건물인 것이 특징입니다. 그런데 한 노인이 자기 땅값 보상이 적은 것에 휘발유를 들고 들어가서 이 귀중한 유적을 태워버렸습니다.

남대문은 일제 식민지 강점기에 일제도 허물지 못했고 한국전쟁 때도 소실되지 않고 육백년을 버틴 건물인데 딱 한 사람이 화풀이로 불을 질러버린 것입니다. 남대문이 지금은 문화재이지만 옛날에는 우리나라 수도를 지키는 중요한 문이었습니다. 전시에는 외적의 침략을 봉쇄하고 평상시에는 사람들이 드나드는 대문이었습니다.

오늘 우리들에게도 이런 대문이 필요합니다. 즉 세상의 모든 재앙은 막고 하나님의 축복은 열어주는 대문이 필요한 것입니다. 이스라엘 왕 중에서 이 문의 필요성을 가장 절실하게 느낀 사람이 다윗 왕이었습니다.

다윗은 이스라엘에 하나님의 말씀의 통치를 가져와서 대부흥을 일으킨 왕이었습니다. 여기서 하나님의 말씀의 통치라고 하는 것은 이스라엘 통치에서 하나님의 말씀에 순종하는 것을 가장 중요한 원리로 생각하는 것을 말합니다. 왕이 나라를 경영하려면 해야 할 것이 많습니다. 특히 정치라고 하는 것은 아주 복잡한 이해관계가 얽히고 설킨 곳이기 때문에 이것을 조정해나가는 것이 결코 쉽지 않습니다. 그래서 회사도 어느 정도 커지면 과장이나 부장이 밤낮으로 회의에 불려 다니기 바쁩니다. 관리직이 하는 일이 이런 복잡한 요구 사항들을 조정하는 일이기 때문입니다. 그러나 이스라엘은 달랐습니다.

이스라엘은 사람들의 이해관계를 조정해서 최고치를 만들어내는 나라가 아니고 하나님의 말씀에 순종하는 나라였습니다. 그래서 이스라엘 백성들에게는 하나님의 말씀을 아는 것이 중요했고 왕 자신도 하나님의 말씀에 순종하는 것이 전쟁에 이기는 것이나 정치를 잘하는 것보다 중요했습니다. 사울 왕 같은 사람은 아말렉과의 전쟁에서는 이겼지만 하나님의 말씀에 순종하지 않았기 때문에 버림을 받았습니다.

우리가 이런 것을 보면 다윗이 얼마나 대단한 사람이었는지 알 수 있습니다. 우리가 작은 교회조차도 하나님의 말씀대로 하려고 하면 반대나 어려움이 많습니다. 왜냐하면 사람들의 요구는 당장 눈앞에 나타나는 것이지만 하나님의 요구는 성경을 읽어야 알 수 있고 당장 눈앞에 나타나는 것도 아니기 때문입니다. 하물며 한 국가를 어거(馭車)하면서 하나님의 말씀에 따라 순종한다는 것은 웬만한 배짱이나 소신이 없으면 불가능한 것입니다.

다윗은 아예 우리는 하나님의 말씀에 순종하는 나라라는 뜻에서 하나님의 언약궤를 예루살렘으로 옮겨 놓았습니다. 그런데 이후에 다윗은 말씀의 통치에도 아주 중요한 문제가 있다는 것을 발견하였습니다. 그것은 다윗도 인간이기 때문에 사탄의 충동을 받거나 욕심을 부려서 죄를 짓게 되었을 때 말씀의 통치만으로는 이것이 해결되지 않는다는 문제였습니다. 말씀의 통치가 죄를 예방할 수 있고 또 부흥을 일으킬 수는 있는데 이미 저질러진 죄에 대해서는 대책이 없었습니다.

다윗은 하나님께서 정치적인 성공을 주시고 군사적인 승리를 주시자 교만해져서 군사대국이 되기 위해 인구 조사를 했습니다. 그런데 이것이 하나님 앞에서 죄가 되었고 무려 7만 명의 이스라엘 백성들이 온역으로 죽었습니다. 이때 다윗이 절실히 깨달은 것은 예루살렘에 언약궤만 와서는 안 되고 성전 전체가 와야 한다는 것을 알게 되었습니다. 우리 모든 인간들은 죄인이기 때문에 죄를 씻는 기능이 예루살렘 한 가운데 있어야 한다는 것이었습니다. 그래서 다윗은 예루살렘에 성전을 짓는 것을 계획하게 되었습니다.

1. 영적인 블랙 홀

천문학자들은 우주 공간에 블랙홀(black hole)이라는 것이 있다고 합니다. 그것을 블랙홀이라고 부르는 이유는 그곳이 굉장한 힘을 가지고 빛을 다 흡수해버려서 빛이 없기 때문이라고 합니다. 그런데 다윗은 이스라엘이 블랙홀을 발견하게 되었습니다. 그것은 바로 이스라엘에 재앙이 시작되는 지점이었습니다.

다윗은 그 동안 교만한 마음이 들어서 이스라엘을 완전히 장악하기 위하여 인구 조사를 할 생각을 했고 그것을 부하 요압을 시켜서 강행했습니다. 그런데 이것이 하나님의 진노를 사서 이스라엘 안에 염병이 퍼지게 되었는데 인간의 힘으로는 도저히 이 병을 중간에 막을 길이 없었습니다. 그런데 하나님께서는 다윗의 눈을 열어 주셔서 한 곳을 볼 수 있게 하셨습니다. 그것은 바로 죽음의 천사가 칼을 빼들고 있는 곳이었습니다. 다윗은 다른 곳에서는 도저히 이 재앙을 막거나 중단시킬 수 없었습니다. 그런데 이 여부스 사람 오르난의 타작마당에서 여호와께 번제를 드렸을 때 죽음의 천사가 칼을 칼집에 도로 넣으면서 재앙이 끝나는 것을 보게 되었습니다. 이때 다윗은 이렇게 고백을 했습니다.

1절, "다윗이 가로되 이는 여호와 하나님의 전이요 이는 이스라엘의 번제단이라 하였더라"

하나님께서 다윗에게 믿음의 눈을 열어주셔서 재앙을 막을 수 있는 정확한 장소를 알게 하셨습니다. 이때 다윗이 깨닫게 된 것이 성전이라고 하는 것은 아무데나 세운다고 해서 되는 것이 아니라 재앙이 터지는 바로 그 장소에 세워야 한다는 것을 알았습니다. 다윗은 성전의 장소를 알아내는 데 무려 칠만 명이 염병으로 죽는 희생을 치르고 그 장소를 알게 되었습니다.

우리가 고속도로를 자동차로 달리다보면 여기저기에 '사망 사고가 일어난 곳' 이라는 팻말이 서 있는 것을 볼 수 있습니다. 고속도로의 그 지점이 급경사가 지거나 혹은 내리막길이거나 해서 위험한 곳이었는데 사람이 죽고 난 후에야 비로소 사람들은 그곳이 위험한 곳인 줄 알게 된 것입니다.

마찬가지로 다윗은 하늘에 구멍이 뚫린 곳이 있는지 몰랐습니다. 하늘은 언제나 안전하고 태양이 뜨고 비가 내리는 것으로 생각했는데 죽음의 천사가 칼을 빼들고 서 있는 곳을 발견하게 된 것입니다. 그리고 바로 그곳에 번제단을 만들고 제사를 드리니까 죽음의 천사는 칼을 칼집에 집어넣고 그곳을 떠났습니다. 그래서 다윗은 다음에도 하나님의 진노가 나타난다면 바로 이곳일 것이라 생각하고 이곳에 번제단을 만들어야 이스라엘이 하나님의 진노를 피할 수 있다는 것을 알게 된 것입니다.

사실 사람들은 하늘이 여기 저기 구멍이 뚫려서 하나님의 재앙이 일어난다는 것을 모르고 있습니다. 소돔과 고모라 사람들은 하늘에 구멍이 뚫린 지도 모르고 음란한 죄를 짓다가 유황불이 내려서 멸망했습니다. 노아때 사람들도 하늘이 구멍이 뚫린 줄도 모르고 먹고 마시고 시집가고 장가 가다가 홍수로 모두 멸망하고 말았습니다.

요즘 남미 칠레 지역에 사는 사람들의 이야기를 들어보니까 오존층이 뚫려서 아이들이 일체 밖에 나가서 놀지를 못한다고 합니다. 혹시 밖에 나가서 다닐 때에도 얼굴에 반드시 선크림을 발라야 하고 선글래스를 써야 하고 긴 소매 옷을 입어야 피부암에 걸리지 않는다고 합니다. 그러나 사실 인간들이 죄를 지을수록 하늘은 블랙홀 같은 구멍이 뚫리게 되어 있고 언제 어디서나 지진이나 전염병이나 홍수 같은 대재앙이 일어날 수가 있습니다. 다윗은 이것을 막을 수 있는 것이 성전인 것을 알았습니다. 그래서 성전은 우리의 죄를 완전하게 씻는 곳이며 동시에 하나님의 재앙을 막는 역할을 하는 곳입니다.

그 동안 전 세계에 많은 재앙들이 있었지만 유난히도 우리나라에서 재앙이 적었던 이유는 바로 이 성전들이 있기 때문입니다. 성전은 번개가 칠 때 피뢰침 역할을 합니다. 높은 건물에 피뢰침을 달아놓으면 번개가 건물을 때리지 못하고 피뢰침을 통해서 땅 속으로 흡수됩니다. 마찬가지로 하나님의 백성들이 죄를 회개하고 부흥이 일어나게 되면 하나님의 심판이 땅 속으로 흡수되어서 재앙이 터지지 못합니다. 그래서 다윗은 이 하늘의 블랙홀을 발견한 후에는 무슨 일이 있어도 예루살렘에 성전이 있어야 한다는 결심을 하게 되었습니다.

2. 성전은 무엇으로 짓는가?

다윗은 영적인 블랙홀을 발견한 후 더욱 더 성전 건축의 필요성을 느끼게 되었습니다. 그러나 다윗 때에는 이런 재앙을 막을 수 있는 성전이 없었습니다. 우리는 여기서 성전에 분명하게 나타나지 않은 사실에 대하여 생각을 해보게 됩니다. 우선 정상적으로 성막은 어느 곳에든지 있을 수 있습니다. 그리고 언약궤는 다른 곳이 아니라 성전 안에 있는 지성소에 있는 것이 정상입니다. 그런데 엘리 제사장과 사무엘과 사울과 다윗 때 여호와의 성전에 이상이 있었던 것을 알 수 있습니다.

엘리 제사장 때 엘리 제사장의 두 아들 홉니와 비느하스가 블레셋 군대와 싸우는 곳에 언약궤를 가지고 가서 싸우다가 전쟁에 패하는 바람에 빼앗기고 난 후부터 언약궤는 성전에 있지 못하고 여러 곳을 전전하게 됩니다. 그런데 이상한 것은 언약궤가 블레셋에서 돌아온 후에도 언약궤는 성전으로 돌아가지 못한 것입니다. 그 이유가 어디에 있을까요? 그것은 성막이 불에 탔기 때문입니다. 그래서 번제단과 언약궤는 같은 곳에 있지 못하고 따로 따로 있게 된 것입니다. 그러면 누군가가 다시 성막을 만들면 되지 않았을까요? 그런데 이것을 사람이 마음대로 할 수가 없었습니다. 그래서 아마도 하나님의 허락이 없어서 이스라엘 백성들은 언약궤 따로, 번제단 따로 하는 식으로 하나님을 만났던 것입니다. 그러다가 인구조사로 이스라엘 백성들이 칠만 명이나 죽게 되자 다윗은 성전이 회복되어야 한다고 생각하게 된 것입니다. 그래서 다윗은 자기 아들 솔로몬에게 이것을 이야기합니다.

> 7-8절, "이르되 내 아들아 나는 내 하나님 여호와의 이름을 위하여 전을 건축할 마음이 있었으나 여호와의 말씀이 내게 임하여 이르시되 너는 피를 심히 많이 흘렸고 크게 전쟁하였느니라 네가 내 앞에서 땅에 피를 많이 흘렸은즉 내 이름을 위하여 전을 건축하지 못하리라"

다윗은 이 세상에서 어느 누구보다도 성전의 필요성을 잘 아는 사람이었고 그는 힘이 있었고 돈도 많았습니다. 그러나 하나님은 다윗에게 성전을 짓도록 허락하시지 않으셨습니다. 왜냐하면 성전은 사람의 힘으로 짓는 것이 아니기 때문입니다. 하나님께서는 다윗에게 분명히 말씀하셨습니다. "너는 전쟁에서 피를 많이 흘렸기 때문에 성전을 지을 수 없다." 전쟁에서 피를 많이 흘렸다는 것은 두 가지 의미로 생각할 수 있습니다. 하나는 다윗이 많은 전쟁에서 승리할 정도로 힘이 있다는 뜻입니다. 큰 전쟁에서 승리한 사람은 전쟁 영웅이 됩니다.

예를 들어서 맥아더 장군 같은 사람은 전쟁 영웅입니다. 그러나 이 세상에서 힘이 있다고 해서 성전을 지을 수 있는 것은 아닙니다. 사람도 돈이 있고 힘이 있다고 해서 성전을 지을 수 없습니다. 왜냐하면 그런 사람이 짓는 성전은 자기 이름을 나타내는 것 밖에 되지 않기 때문입니다. 지금 예배당도 마찬가지입니다. 돈이 많이 있다고 해서 큰 예배당을 지을 수 있다고 생각해서는 안 됩니다. 왜냐하면 성전은 하나님이 은혜를 주셔야 하고 하나님이 허락을 하셔야 지을 수 있기 때문입니다. 두 번째로 다윗이 전쟁에서 피를 많이 흘렸다고 하는 것은 그가 본의든 아니든 사람을 많이 죽였다는 것을 의미합니다. 그러나 성전은 다른 사람을 죽이는 곳이 아니라 사람을 살리는 곳입니다. 사람들이 짐승을 끌고 와서 머리에 손을 얹고 죽일 때 죄인이 살 수 있습니다. 특히 이 성전은 하나님의 아들이 오셔서 자신을 죽이는 것으로 완성이 됩니다. 그래서 다른 사람을 많이 죽인 다윗은 이 성전의 주인공이 될 수가 없었던 것입니다. 물론 다윗은 죽이고 싶어서 죽인 것이 아니었습니다. 이것은 모두 이스라엘을 지키기 위한 어쩔 수 없는 방위책이었습니다. 그럼에도 불구하고 하나님의 성전은 사람을 많이 죽인 사람이 세울 수 없다는 것이 하나님의 뜻이었습니다. 즉 성전을 세울 분은 그것마저도 하나님께 다 맡길 수 있는 사람이어야 했던 것입니다.

하나님께서는 스가랴 선지자를 통해서 말씀하시기를 "이는 힘으로 되지 아니하며 능으로 되지 아니하며 오직 나의 신으로 되느니라"(슥 4:6)고 하셨습니다.

우리는 다윗이 예루살렘에 천막이 아닌 나무와 돌로 성전을 짓겠다고 생각한 것이 얼마나 탁월한 생각이었는지 알 수 있습니다. 원래 성전은 하나님의 임재의 상징으로서 천막으로 되어 있어서 이스라엘 백성들이 어디에 가든지 움직일 수 있는 성전이었습니다. 그래서 다른 사람들은 원래 성전은 천막이었으니까 천막인 것이 당연하다고 생각하고 있었습니다. 그러나 다윗은 성전에 대하여 깊은 생각을 가지고 있었습니다. 이제는 시대가 변했기 때문에 성전을 건물로 지어도 되겠다는 것입니다.

이제는 다윗이 예루살렘에 수도를 정하면서 이스라엘 백성들은 가나안 땅에 정착할 수 있게 되었습니다. 그래서 더 이상 천막으로서의 성전은 필요치 않게 되었습니다. 그리고 이스라엘이 세계 여러 나라에서 중심적인 역할을 감당하게 됨에 따라서 세계 많은 나라 왕들이나 신하들이 성전에 와서 하나님을 경배하게 되었습니다. 그런데 이제는 성전이 이방 사람들의 눈에는 좀 초라하게 보이는 것이 사실이었습니다. 거기에다가 다윗 때에는 성막이 없어지는 바람에 언약궤는 예루살렘에 있고 번제단은 기브온 산당에 있게 되었습니다. 그래서 다윗은 이제 드디어 하나님의 언약궤와 번제단을 예루살렘에 정착시켜야 하겠구나라는 생각을 하게 된 것입니다. 이것은 어쩌면 다윗만이 할 수 있는 탁월한 생각이었다고 볼 수 있습니다. 그러나 문제는 하나님께서 다윗이 성전을 짓는 것을 허락지 아니하신 것입니다. 그 이유가 무엇일까요? 역시 성전은 인간이 필요해서 지을 수 있는 것이 아니기 때문입니다. 구원은 하나님이 주시는 은혜입니다. 하나님께서 허락을 하셔야 성전을 지을 수 있는 것입니다.

오늘 우리들이 짓는 성전은 눈에 보이는 건물이 아닙니다. 우리 한 사람 한 사람이 말씀으로 변화되어서 벽돌이 되고 기둥이 되어서 지어지는 사람 성전인 것입니다. 이것이 원래 하나님이 원하셨던 성전이고, 우리를 하나 되게 하는 것은 하나님의 말씀이고 성령입니다.

3. 다윗의 준비

■

다윗은 자기가 하나님의 성전을 지을 수 없다고 해서 완전히 포기하지 아니하였습니다. 그 대신 다윗은 솔로몬이 성전을 지을 수 있도록 충분한 재료를 준비시켜 놓았고 돌 같은 것도 다듬어 놓았고 못을 만들 쇠도 많이 준비했습니다.

2-4절, "다윗이 명하여 이스라엘 땅에 우거하는 이방 사람을 모으고 석수를 시켜 하나님의 전을 건축할 돌을 다듬게 하고 다윗이 또 문짝못과 거멀못에 쓸 철을 한없이 준비하고 또 심히 많아서 중수를 셀 수 없는 놋을 준비하고 또 백향목을 무수히 준비하였으니 이는 시돈 사람과 두로 사람이 백향목을 다윗에게로 많이 수운하여 왔음이라"

우리는 하나님께서 다윗에게 그의 몸에서 날 아들이 성전을 지을 것이라고 하셨으면 아들에게 모든 것을 다 맡기면 될 것이지 자기가 이렇게 많은 재료를 준비할 필요가 있을까 하는 생각이 들게 됩니다. 그런데 다윗은 생각을 해보았습니다. 성전을 짓는 일이 과연 혼자 힘으로 가능한 일인가 하는 것입니다.

우리가 팔레스타인 사정을 모르면 이것을 이해하기가 어려울 것입니다. 팔레스타인은 큰 나무가 없는 나라입니다. 그래서 만약 성전을 제대로 지으려면 좋은 나무를 전부 외국에서 수입해야 했습니다. 또 팔레스타인에는 좋은 돌이 없었습니다. 그래서 성전을 좋은 돌로 지으려면 이것도 전부 외국에서 수입을 해와야 했습니다. 그리고 팔레스타인에는 철이나 놋도 생산되지 않았습니다. 그러니까 솔로몬이 성전을 지으려고 하면 아무 것도 없는 상태에서 하나에서 열 가지 전부 다 외국에서 새로 구해야만 했습니다. 그래서 다윗은 자기가 많은 부분을 준비하기로 했습니다. 왜냐하면 하나님의 일은 어떤 일을 해내는 것도 중요하지만 그것을 준비하는 것이 더 중요하기 때문입니다.

예를 들어서 어느 나라에서 올림픽을 한다고 하면 그것이 하루아침에 되는 일이 아닙니다. 먼저 10년 전이나 아니면 늦어도 7, 8년 전쯤에 올림픽 위원회로부터 올림픽을 한다는 승인을 받아야 합니다. 그러고는 먼저 장소를 물색하고 그 다음에 큰 경기를 할 수 있는 경기장을 지어야 합니다. 경기장을 하나만 짓는다고 해서 되는 것이 아니고 다양한 경기를 소화할 수 있는 여러 경기장을 지어야 합니다. 그리고 경기할 때가 가까워지면 개막식이나 폐막식 같은 준비를 해야 합니다. 그러고 나서 경기를 치르게 되는 것입니다. 그러나 성전은 한 번 경기를 하고 끝나는 것이 아니라 두고두고 하나님이 계시면서 이스라엘 백성들의 죄를 씻어주시고 이스라엘에 복을 내려주시는 하나님의 집입니다. 그래서 어떤 의미에서는 하나님의 일을 해서 영광을 받는 것도 중요하지만 더 중요한 것은 이름도 없이 빛도 없이 성전을 준비하는 것입니다. 이것은 영적인 부흥에 있어서도 마찬가지입니다. 우리 생각에는 어느 한 순간에 마틴 루터라든지 칼빈 같은 위대한 믿음의 영웅들이 혜성같이 나타나서 큰 부흥을 일으키는 것 같지만 실제로 이런 사람들 앞에 부흥을 준비하는 사람들이 있었습니다. 그래서 많은 사람들이 기름을 준비했을 때 거기에 불을 던지니까 부흥의 불이 붙는 것입니다. 다윗은 자기 자신이 이스라엘의 부흥을 위해서 준비하는 사람이 되기를 원했습니다. 그래서 사실 다윗은 엄청나게 많은 것을 준비했습니다.

14절, "내가 환난 중에 여호와의 전을 위하여 금 십만 달란트와 은 일백만 달란트와 놋과 철을 그 중수를 셀 수 없을 만큼 심히 많이 예비하였고 또 재목과 돌을 예비하였으나 너는 더할 것이며"

다윗은 솔로몬이 혼자의 힘으로는 성전을 지을 수 없다는 것을 알았습니다. 왜냐하면 솔로몬은 어리고 연약하며 지어야 할 하나님의 전은 너무나도 크고 화려했기 때문입니다. 그래서 다윗은 모든 것을 다 준비해 놓고 솔로몬은 짓기만 하면 되도록 해놓았습니다. 이것을 보면 다윗은 이스라엘에 성전이 지어지는 것을 얼마나 중요하게 생각했는지 알 수 있습니다. 그리고 솔로몬에게도 특별히 부탁을 했습니다. 네가 왕으로서 해야 할 최우선적인 사명이 성전을 짓는 일이라는 것입니다. 그래서 솔로몬은 왕이 되자마자 기브온의 산당에서 일천번제를 드리게 됩니다.

4. 하나님이 주신 약속

하나님께서는 솔로몬이 하나님의 성전을 지었을 때 다른 것을 약속하지 아니하셨습니다. 오직 한 가지 그가 하나님의 아들이 될 것이라고 하셨습니다.

10절, "저가 내 이름을 위하여 전을 건축할찌라 저는 내 아들이 되고 나는 저의 아비가 되어 그 나라 위를 이스라엘 위에 굳게 세워 영원까지 이르게 하리라 하셨나니"

하나님께서는 솔로몬이 성전을 지으면 돈이 많은 부자가 되게 하겠다거나 혹은 모든 원수를 이기는 능력을 주겠다고 약속하지 아니하셨습니다. 오직 그는 내 아들이 되고 나는 그의 아비가 되리라고 하셨습니다. 하나님께서 다윗의 후손들을 하나님의 아들들로 입양하시겠다는 말씀입니다. 다윗의 후손들은 분명히 사람인데 하나님의 아들의 자격을 얻게 됩니다. 그러면 어떻게 되는 것입니까? 하나님의 능력이 나타나게 됩니다.

하나님께서 성전을 통해서 우리에게 주시려고 하는 복은 바로 이것입니다. 하나님은 우리에게 세상의 힘이나 능력을 주시려는 것이 아닙니다. 하나님께서는 성전을 통해서 우리에게 이 세상 어느 곳에도 없는 하나님의 능력을 주시려고 하십니다. 우리에게서 신적인 능력이 나타나게 하시려는 것입니다. 도대체 이것이 어떤 능력입니까? 하나님은 우리로 하여금 하나님의 말씀의 깊은 내용을 이해하고 깨닫게 하십니다. 그리고 이 세상에서는 사람의 힘으로 해결되지 않는 것들이 기도로 해결되게 하십니다. 특히 우리가 하나님의 말씀을 듣고 기도할 때 큰 부흥이 일어나게 되는데 우리는 이 부흥의 힘으로 모든 사탄의 공격과 시험을 이길 수 있습니다. 이것이 하나님께서 인간들에게 주시는 최고의 복입니다.

그리고 또한 아버지는 아들이 못한다고 절대로 버리지 않습니다. 대개 하인은 일을 하다가 불필요하거나 일을 잘 하지 못하면 버릴 수도 있습니다. 그러나 아버지는 아들이 아무리 못해도 버리지는 못합니다. 아들은 남이 아니기 때문입니다. 우리는 하나님 앞에서 못하는 것에 대해서는 걱정할 필요가 없습니다. 우리가 못하는 것은 하나님께서 책임을 지시게 되어 있습니다.

그리고 또한 아들은 신분상의 권리가 있습니다. 그래서 아들이 아버지에게 아들의 자격으로 요구를 하면 아버지는 들어주시게 되어 있습니다. 예를 들어서 종이나 하인은 주인에게 자기 의견을 말하거나 부탁을 드릴 수 없습니다. 종이나 노예는 무조건 주인이 시키는 대로 해야 하는 것입니다. 그러나 아들은 그렇지 않습니다. 아들은 아버지에게 자기 사정을 말할 수 있고 아버지는 그 사정을 들어주셔야 합니다. 이것이 아들이 가지는 엄청난 특권입니다. 단지 아들은 집만 가출하지 않으면 되는 것입니다. 우리가 하나님의 말씀만 붙들고 있으면 하나님은 절대로 우리를 버리지 못하며 우리에게 신적인 능력을 주시게 됩니다.

하나님은 솔로몬에게 몇 가지 복을 주시겠다고 하셨습니다.

그 첫째는 하나님께서 솔로몬에게 평화를 주시는 것입니다. 그래서 솔로몬은 전쟁의 사람이 아니라 평화의 사람이었습니다.

9절, "한 아들이 네게서 나리니 저는 평강의 사람이라 내가 저로 사면 모든 대적에게서 평강하게 하리라 그 이름을 솔로몬이라 하리니 이는 내가 저의 생전에 평안과 안정을 이스라엘에게 줄 것임이니라"

하나님은 솔로몬이 성전 건축에 전념할 수 있도록 평화를 주실 것이라고 하셨습니다. 일단 전쟁이나 큰 어려움이 있으면 하나님께 모든 마음을 집중시킬 수가 없습니다. 그래서 하나님은 솔로몬이 성전 짓는 일에만 열중할 수 있도록 일체 대적이 일어나지 않게 지켜주시겠다고 약속하셨습니다. 이것은 우리들에게도 중요한 교훈입니다. 우리에게 생활의 안정이 오고 물질적인 축복이 오게 되면 더 육체적으로 편하게 잘 사는 것을 생각하기 쉽습니다. 그러나 이런 평화와 축복은 더 은혜를 받고 더 큰 부흥을 일으키도록 하기 위해서 하나님이 주시는 선물입니다.

그리고 두 번째는 지혜와 명철을 주시겠다고 하셨습니다.

12절, "여호와께서 네게 지혜와 총명을 주사 너로 이스라엘을 다스리게 하시고 너의 하나님 여호와의 율법을 지키게 하시기를 더욱 원하노라"

이스라엘 백성들이 부흥하는 데 가장 중요한 것은 하나님의 말씀을 아는 것입니다. 그런데 역시 가장 중요한 사람은 왕입니다. 왜냐하면 이스라엘 왕은 이스라엘의 부흥을 이끌어가는 사람이기 때문에 하나님의 말씀에 대한 통찰력이 있어야 합니다. 솔로몬은 이미 왕이 되자마자 하나님께 일천번제를 드림으로 하나님의 응답을 받았습니다. 이때 하나님은 솔로몬에게 물어보셨습니다. 즉 하나님께서 솔로몬에게 '내가 네게 무엇을 해주기를 바라느냐' 고 물으셨을 때 솔로몬은 지혜를 달라고 했습니다. 왕은 먼저 자기 자신이 하나님의 말씀에 헌신되어있어야 하고 하나님의 말씀의 원리를 알아야 합니다. 그래야 하나님과 이스라엘 백성 사이에 장애가 없어서 마음껏 하나님의 은혜와 축복이 이스라엘 백성들에게 부어지게 됩니다.

하나님의 백성들에게 가장 답답한 것은 교회나 이스라엘을 하나님의 말씀으로 이끌어가지 않고 세상적인 방법으로 이끌어가는 것입니다. 그러면 일단 부흥의 불이 꺼지게 됩니다. 그리고 교인들이 하나님의 말씀을 들어야 양으로 변하고 보석으로 변하게 되는데 변하지 않으니까 더 사나워지고 더 쉽게 병들게 되는 것입니다. 그러나 모든 것을 하나님의 말씀의 원리대로 하면 성도들의 마음이 그렇게 시원해질 수가 없습니다. 그리고 자신의 모든 일들을 신이 나서 하게 됩니다.

그리고 세 번째는 솔로몬이 하나님의 말씀대로만 하면 부흥과 축복이 오게 됩니다.

13절, "네가 만일 여호와께서 모세로 이스라엘에게 명하신 모든 율례와 규례를 삼가 행하면 형통하리니 강하고 담대하여 두려워 말고 놀라지 말찌어다"

우리가 생각하기에 우리가 이 세상에서 형통하고 강하려고 하면 세상

물정을 잘 알아야 하고 또 다른 나라에 앞서서 문물을 받아 들어야 할 것입니다. 백 년 전 우리나라와 일본을 비교 해봐도 일본은 우리보다 일찍 서구 문물을 받아 들여서 세계 강국이 되고 우리나라는 일본의 침략으로 주권을 잃어버리고 말았습니다. 그러나 이스라엘에는 놀라운 비밀이 하나 있습니다. 그것은 하나님의 말씀만 지켜도 절대로 망하지 않는 것입니다. 하나님의 불말과 불병거가 지켜주기 때문입니다. 그러나 이렇게 하는 것이 심히 두려운 이유는 눈에 보이지 않기 때문입니다. 그래서 급변하는 세상 가운데서 하나님의 말씀을 지키려면 하나님의 말씀에 헌신을 해야 합니다. 죽을 각오를 하고 하나님의 말씀을 붙들어야 지킬 수가 있는 것입니다.

솔로몬은 아버지 다윗이 명한대로 성전을 지어서 복이란 복은 다 받았습니다. 솔로몬은 전 세계에서 가장 지혜 있고 부유하고 가장 유명한 사람이 되었습니다. 하나님은 솔로몬을 통해서 하나님의 성전을 짓는 것이 얼마나 큰 복인가 하는 것을 보여주시는 것입니다.

오늘 우리가 짓는 성전은 눈에 보이는 건물이 아닙니다. 건물은 단지 우리가 예배를 드리는 장소일 뿐입니다. 성전은 하나님의 말씀을 듣고 은혜 받아서 변화된 성도들의 모임입니다. 우리들이 모일 때마다 하나님은 우리를 통해서 부흥을 주시고 기적을 주시고 하늘의 축복을 부어주십니다.

오늘도 하나님께서 모든 사탄의 시험이 그치게 하시고 평화를 주시기를 바랍니다. 우리는 하나님의 자녀라는 것을 기억하시고 부족하지만 당당하게 하나님 앞에 나아가서 응답받는 신앙을 소유하시기 바랍니다.

CHAPTER 16

이스라엘의 조직

대상 23:1-27:34

우리나라에서 새로운 정권이 들어서게 되면 대통령이 가장 먼저 하게 되는 것이 새로운 장관들의 명단을 발표하는 것입니다. 결국 이 새로운 장관들의 인물 됨됨이는 대통령이 구상하고 있는 정책의 뼈대를 이루는 가장 중요한 부분입니다. 장관이 얼마나 유능하고 헌신적인 사람이냐에 따라서 대통령이 구상하고 있는 정책이 성공할 수도 있고 실패할 수도 있기 때문입니다.

나라를 구성하고 있는 뼈대는 행정 조직입니다. 우리나라 정부도 수많은 행정 조직으로 되어 있고 거기에 많은 공무원들이 배치되어서 나라 일을 돌아가게 하고 있습니다. 우리 국민들이 열심히 세금을 내어야 하는 이유도 이 많은 공무원들을 먹여 살려야 나라 일이 제대로 돌아갈 수 있기 때문입니다.

역대상 23장부터 27장까지는 다윗 때 이스라엘의 행정 조직을 설명하고 있습니다. 우리가 여기서 이스라엘의 행정 조직을 보면 큰 충격을 받게 됩니다. 그 이유는 다윗의 행정 조직에서 가장 중요한 것은 행정 관료들이 아니기 때문입니다. 또한 군인들의 조직도 아니었습니다.

다윗의 이스라엘 행정 조직에서 가장 중요한 것은 성전을 섬기는 레위인이나 제사장들의 조직이었습니다. 다윗도 한때 이스라엘에서 군사조직을 중요하게 생각을 해서 인구조사를 시켰던 적이 있었습니다. 그러나 다윗의 군사조직 중심의 계획은 이스라엘 백성들 7만 명이 재앙으로 죽는 것으로 비참하게 끝나고 말았습니다. 왜냐하면 군사조직 중심의 이스라엘은 결코 하나님이 원하신 이스라엘의 모습이 아니었기 때문입니다. 이스라엘 백성들에게서 가장 중요한 것은 제사장 조직이었습니다. 왜냐하면 이스라엘의 사활을 결정하는 것은 외적의 침략이나 경제 정책의 문제가 아니었습니다.

이스라엘 백성들에게 가장 중요한 것은 어떻게 하면 이스라엘 가운데 계신 하나님께 바른 예배를 드리느냐 하는 것입니다. 이스라엘 백성들의 믿음이 하나님의 뜻에 부합이 되면 이스라엘 백성들은 저절로 복을 받게 됩니다. 그러나 그렇지 않으면 아무리 군대 수가 많고 물질적으로 풍부하다 하더라도 결국은 망할 수밖에 없습니다. 그래서 비유를 들면 이스라엘 백성들은 하나님의 은혜가 흘러나오는 샘물과 같습니다. 만약 이스라엘에 하나님의 은혜의 샘물이 마르지 않고 계속 흐르면 이스라엘은 모든 면에서 복을 받게 됩니다. 그러나 이스라엘 백성들이 하나님의 은혜의 샘물을 시시하게 생각해서 하나님을 섬기는 일을 등한시 한다면 결국 이스라엘은 망할 수밖에 없는 것입니다. 그것이 바른 하나님의 말씀이고 기도입니다.

다윗의 이스라엘 행정 조직을 보면 몇 가지 특징을 볼 수 있습니다.

첫째는 조금 전에 말씀드린 것처럼 이스라엘 행정 조직의 중심은 제사장 중심입니다. 우리가 생각하기에는 이스라엘이 잘 돌아가려고 하면 행정 관료 중심이 되어야 할 것 같은데 결코 그렇지가 않았습니다. 이스라엘이 사느냐 죽느냐 하는 것은 바른 예배와 바른 순종에 있었던 것입니다. 그리고 두 번째는 이러한 이스라엘의 행정조직이 다윗 때 완성이 되었다는 사실입니다. 이스라엘 초대왕 사울은 이스라엘 행정 조직을 전쟁을 잘 하는 군인들 중심으로 짰습니다. 그리고 다윗을 도와주었다고 의심을 받은 제사장들을 85명이나 죽여버렸습니다. 그러니까 사울 왕 때에는 제사장의 기능이 완전히 죽었고 이스라엘에 기도가 말라버렸습니다. 그랬더니 사울 왕 자신도 우울증으로 많이 고통을 받았고 또 다른 사람들을 많이 괴롭혔습니다. 그리고 나중에는 결국 사울 왕 자신이 정신적인 고통을 견디다 못해서 무당을 찾아가서 상담을 받는 지경까지 가게 되고 나중에는 전쟁터에서 비참하게 죽었습니다. 그리고 3대왕 솔로몬 때는 행정 조직이 엄청나게 비대해지는데 그 중에서도 성전을 건축 공사하는 조직이 커지고 또 솔로몬 왕의 식탁에 음식을 제공하는 지방 조직이 강화되었습니다. 그러나 다윗의 행정 조직은 가장 간략하면서도 핵심적인 부분을 보여주고 있습니다. 그리고 세 번째로 다윗의 행정 조직은 움직이는 성전의 이념에 훨씬 더 가까이 다가갔다고 말할 수 있습니다.

옛날 모세의 성전은 주로 보이는 건물이나 기구 중심이었습니다. 그리고 나머지는 주로 전쟁이나 행진을 위한 가족 중심의 군대 조직이었습니다. 그런데 다윗의 행정 조직은 사람이 하나님 성전의 모든 것을 담당하는, 사람으로 이루어지는 성전의 이상에 가장 가깝게 접근한 구조였습니다. 결국 하나님께서 원하신 것은 이스라엘 사람들 전체가 하나님의 성전이 되는 것입니다. 역시 그 성전의 뼈대는 레위인이요 제사장이었습니다. 하나님께서는 이 성전을 통해서 사람들의 죄를 씻어주시고 병을 낫게 하시며 우리를 축복하시려는 것입니다.

오늘 우리 사회에서 사람들은 교회가 무엇 때문에 존재하는지 잘 모르는 사람들이 거의 대부분일 것입니다. 우리는 하나님의 성전이며 영적인 제사장으로 존재하는 것입니다. 우리가 오늘 말씀을 통해서 살펴보려고 하는 것은 교회의 역할이 무엇이며 어떻게 해야 이 민족이 복을 받고 우리가 능력 있는 삶을 살 수 있을까 하는 것입니다.

1. 연약한 자를 쓰시는 하나님

다윗 때 이스라엘은 이미 국민들의 수가 엄청나게 많아서 보통 큰 나라가 아니었습니다. 아마 이런 나라를 제대로 이끌어가려고 하면 너무나도 많은 행정 조직이나 관리들이 필요할 것입니다. 그러나 다윗에게 가장 중요한 것은 제사장과 레위인들의 배치였습니다. 행정 관료도 아니요 군사 조직도 아니었습니다. 다윗이 가졌던 중요한 확신은 제사장과 레위인들이 자신의 역할을 바로 감당하기만 하면 이스라엘은 저절로 복을 받게 된다는 것이었습니다.

23장 1-2절, "다윗이 나이 많아 늙으매 아들 솔로몬으로 이스라엘 왕을 삼고 이스라엘 모든 방백과 제사장과 레위 사람을 모았더라."

다윗은 아주 나이가 많이 들어서 늙을 때까지 왕위에 있었습니다. 다윗이 아주 늙도록 왕의 자리에 있었던 가장 중요한 이유는 솔로몬이 아직 자라지 않았기 때문이었습니다. 사실상 솔로몬은 다윗의 아들들 중에서 가장 왕이 될 자격이 없는 사람이었습니다. 우선 다윗의 다른 아들들은 다윗이 피난 생활을 하거나 혹은 헤브론에서 왕으로 있으면서 낳은 아들들이었습니다. 그래서 솔로몬의 형들은 모두 솔로몬보다 아버지 다윗과 함께 한 경험이 많았고 나이도 솔로몬보다 훨씬 많았습니다. 그리고 형들은 생김새도 아주 훌륭하게 뛰어난 사람들이었습니다. 더욱이 솔로몬의 어머니 밧새바는 다윗 왕과 불륜을 저지른 사람이었습니다. 그럼에도 불구하고 하나님께서 굳이 나이도 어리고 자격도 없는 솔로몬을 왕으로 세우신 것은 그만큼 솔로몬이 하나님 앞에서 겸손하도록 하기 위해서입니다. 이상하게도 하나님의 종들 중에서 자격이 많은 사람들은 너무 잘난 체하거나 자기가 잘나서 그 자리에 오른 줄 알고 하나님의 말씀을 잘 들으려고 하지 않는 것입니다. 그래서 하나님께서는 자신의 종을 세우실 때 아무 자격 없는 자를 세우셔서 하나님만 의지하게 하시는 것입니다.

다윗은 이 점에 있어서 하나님의 성공 작품이었습니다. 왜냐하면 다윗은 일찌감치 자기는 자격이 없다는 것을 깨닫고 하나님을 의지하고 붙들었기 때문입니다. 그래서 하나님의 종들은 자격은 없는데도 큰일을 감당해야 하기 때문에 믿음이 없으면 정신병에 걸릴 수밖에 없습니다. 사울 왕이 바로 그 경우였습니다. 하나님께서는 이스라엘 초대 왕을 세우는데 가장 작은 베냐민 지파에서 세우셨습니다. 그러니까 사울 왕은 계속 열등감과 자격지심에 시달리다가 나중에는 정신적으로까지 문제가 생기게 되었습니다. 그래서 사울은 자기가 힘이 달리니까 더 강한 군사 조직으로 이스라엘을 만들려다가 결국 하나님께 버림받고 말았습니다.

그래서 하나님은 밧새바의 아들을 왕으로 세우심으로 아무 자격이 없는 자를 왕으로 만드셨습니다. 그런데 솔로몬은 나중에 하나님의 복을 많이 받으니까 스스로 지혜 있는 것으로 만족을 했고 자기 왕위를 지키기 위해서 엄청나게 많은 외국 공주와 결혼을 함으로써 실패하고 말았습니다. 결국 우리는 언제나 부족함에도 불구하고 하나님의 은혜로 아슬아슬하게 살아갑니다. 그래서 사도 바울은 연약할 때가 오히려 더 강하다는 말을 했습니다.

다윗이 솔로몬에게 이런 행정 조직을 물려주게 된 것은 인간 한 사람으로는 약하기 때문입니다. 물론 하나님의 성령이 부어지고 엄청난 부흥이 일어날 때에는 이런 조직 없이도 얼마든지 이스라엘을 이끌어갈 수가 있습니다. 그 대표적인 인물이 모세였고 여호수아였습니다. 이때 하나님께서는 하늘에서 성령을 물 붓듯이 부어주셨기 때문에 모세와 여호수아는 강력한 하나님의 능력으로 이스라엘 백성들을 이끌어나갔습니다. 그러나 이제는 이스라엘 백성들이 너무 커졌고 이미 가나안 땅을 모두 정복했기 때문에 이제는 이것을 제도화할 필요가 있었던 것입니다. 결국 사람은 누구나 다 약하기 때문에 혼자서 많은 사람이나 조직을 능력 있게 이끌어나갈 수가 없습니다. 그러나 이것을 조직화하면 여러 사람이 힘을 합칠 수 있기 때문에 힘을 덜 들이고도 계속적으로 부흥을 일으킬 수가 있습니다.

모세 같은 경우에도 혼자 너무 이스라엘의 모든 짐을 다 지고 가니까 그 장인 이드로가 그렇게 하지 말고 조직을 만들어서 힘을 나누어 지라고 했습니다. 다윗 때 이미 이스라엘 안에는 제사나 헌금이나 찬송 같은 일이 너무 방대해지게 되어서 어느 한 사람이 이 모든 짐을 다 지게 되면 금방 탈진이 될 수 있었습니다. 그래서 다윗은 제사장 중심의 특이한 이스라엘 행정 제도를 완비해서 아들 솔로몬에게 물려주었습니다. 이것을 기초로 해서 부흥의 불길을 더 크게 일으키라는 뜻이었습니다.

2. 간단한 구조

다윗 때 이스라엘 인구는 이미 수백만 명이나 되었고 그들을 이끌어나가려고 하면 아주 복잡한 행정 조직이 필요했을 것입니다. 그러나 다윗은 그렇게 하지 않고 아주 간단한 핵심을 붙잡았습니다. 그것은 바로 하나님께 예배드리는 제사장과 레위인 중심의 조직이었습니다. 다윗은 이것을 가장 중요하게 생각해서 길고 자세하게 설명했고 끝에 가서 간단하게 행정조직과 군대조직을 설명하고 있습니다.

23장 3-6절, "레위 사람은 삼십세 이상으로 계수하였으니 모든 남자의 명수가 삼만 팔천인데 그 중에 이만 사천은 여호와의 전 사무를 보살피는 자요 육천은 유사와 재판관이요 사천은 문지기요 사천은 다윗의 찬송하기 위하여 지은 악기로 여호와를 찬송하는 자라 다윗이 레위의 아들 게르손과 그핫과 므라리의 각 족속을 따라 그 반열을 나누었더라"

레위인은 숫자를 헤아릴 때 다른 지파 남자들과는 달리 삼십 세 이상을 계수하였습니다. 레위인들은 역시 하나님의 일을 다루기 때문에 다른 일보다 더 지혜나 인생 경륜이 필요하다고 생각했기 때문입니다. 그래서 예수님께서도 삼십 세가 되셨을 때부터 일을 하시기 시작하셨습니다. 우리 생각에 예수님이 주위에 육체적인 병이나 정신적인 문제로 고통받는 자들을 얼마나 많이 보셨겠습니까? 그리고 예수님은 이스라엘에 오랫동안 부흥의 불길이 꺼져서 답답해 하고 힘들어 하는 사람들을 많이 보셨을 것입니다. 그럼에도 불구하고 예수님은 나이 삼십이 될 때까지 꾹 참고 기다리셨습니다. 우리 생각 같아서는 예수님께서 이미 열두 살에 성전에 가셔서 율법 선생들과 성경 토론을 벌일 정도였으면 일찍 십대부터 병자들을 고치고 말씀을 가르치셨으면 훨씬 더 효과적이었을 것 같은데 그렇게 하시지 않으셨습니다.

하나님의 일을 하기 위해서는 어느 정도 나이나 인생 경륜이 있어야 하기 때문입니다. 특히 제사장이나 레위인들은 다른 사람의 죄를 도와주는 사람인데 이 일은 인간에 대한 깊은 이해가 필요합니다.

다윗은 이스라엘이 하나님의 복을 받고 모든 재앙을 이기고 모든 원수들을 물리치는 비결은 바로 이 3만 8,000명의 레위인들에게 달렸다고 보았습니다. 즉 바로 3만 8,000명의 레위인들이 하나님의 말씀에 바로 서서 열정적인 제사를 드리고 하나님의 말씀을 붙들 때 이스라엘 안에는 부흥이 일어나게 되고, 이 부흥과 함께 하나님의 축복이 임합니다. 결국 이 레위인들이 이스라엘의 부흥을 일으키는 불꽃이었던 것입니다.

그런데 이 많은 레위인을 어떻게 배치했는가 하는 것은 오늘 본문에 처음으로 나타납니다. 이것이 오늘 본문이 가지는 놀라운 점입니다. 우선 여기에 보면 3만 8,000명 중에서 2만 4,000명이 성전에 배치되어 제사 드리는 일을 담당했습니다. 그러니까 레위인의 2/3가 제사 드리는 일에 헌신이 되었습니다. 그리고 6,000명이 유사와 재판관을 맡았는데 이 유사(儒士)와 재판관은 모든 이스라엘 지파 안에 흩어져서 말씀을 가르치고 상담하는 일을 했습니다.

이스라엘 백성들에게 하나님의 말씀을 가르쳐야 죄를 예방할 수가 있습니다. 물론 죄를 짓고 난 후에 성전에 와서 씻음을 받는 것도 중요하지만 말씀을 들으면 미리 죄를 예방할 수 있습니다. 그래서 유사나 재판관은 그 일을 맡아서 감당을 했습니다. 나머지 8,000명 중에서 성전 문지기가 4,000명이었고 악기로 하나님을 찬양하는 자들이 4,000명이었습니다. 여기서 우리가 보면 성전 문지기가 굉장히 많았던 것을 볼 수 있습니다. 그 이유는 성전에는 거룩한 자만이 들어올 수 있기 때문입니다. 성전 안에는 이방인들은 들어올 수가 없고 죄를 지은 자도 들어올 수 없었습니다. 성전 문지기들은 성전의 거룩함을 지키는 자들이었던 것입니다. 그런데 성전 문지기가 얼마나 멋이 있어 보였던지 다윗은 자기가 왕궁에 있는 것보다 성전 문지기로 있는 것이 더 좋다고 고백을 했습니다.

결국 이스라엘이 망하고 유다 성전이 불타게 되는 것은 성전을 지키지 못했기 때문입니다. 성전 문지기들이 왕족이나 제사장들이나 귀족들이 우상을 가지고 들어오는 것을 내버려두었기 때문에 성전 기능이 마비가 되었고 나중에는 이스라엘 전체가 하나님의 진노로 불타게 되었습니다. 그래서 지금도 성전을 지키는 것이 아주 중요합니다.

오늘도 무엇인가 아는 사람들은 교회 안에 자꾸 세상을 끌어들이려고 애를 쓰고 있습니다. 마치 그렇게 해야 시대에 앞서 가는 것 같고 전도가 잘 될 것 같은 생각을 하는데 그것은 잘못된 생각입니다. 우리는 성전에서 하나님의 거룩하심을 지켜야 합니다. 누구든지 회개하는 자는 하나님의 성전에 들어와서 기도할 수 있지만 회개할 생각도 전혀 없이 성전을 더럽히려는 생각으로 들어오는 자들은 그냥 두어서는 안 됩니다. 예수님께서는 성전에서 장사하는 자들을 노끈으로 채찍을 만들어서 내어 쫓으셨습니다.

23장 7절 이하에는 레위인들의 족보가 나옵니다. 이스라엘의 레위인들은 반드시 이 세 집 중 하나의 후손이어야 했습니다. 게르손과 고핫과 므라리입니다. 이 세 족속에 속하지 않은 제사장은 엉터리 제사장입니다.

하나님께서는 제사장은 반드시 제사장 집안에서 어렸을 때부터 신앙 훈련을 받게 하셨습니다. 어렸을 때부터 제사장의 집안에서 큰 아이들은 다른 아이들에 비해서 신앙적인 감각이 훨씬 더 예민하고 뛰어난 것을 볼 수 있습니다. 그래서 자주 목회자 가정의 자녀들이 어렸을 때부터 하나님의 임재를 예민하게 느끼고 자신의 죄에 대해서도 다른 아이들에 비해서 훨씬 더 심각하게 반응하는 것은 그만큼 일찍 준비될 필요가 있기 때문입니다.

레위의 아들 중에서 제사장은 고핫 자손 중에서도 아론의 후손이어야 했습니다. 모세의 두 아들도 레위 사람이기는 했지만 그들은 아론의 자손이 아니었기 때문에 제사장은 되지 못했습니다. 사실 모세의 두 아들은 미디안 여자 십보라의 아들이었는데 십보라가 거의 흑인에 가까웠기 때문에 모세의 두 아들도 얼굴이 흑인에 가까웠을 것입니다. 그러나 그들은 성전에서 레위인으로 봉사를 했습니다. 피부색은 문제가 되지 않았던 것입니다.

그런데 레위인들의 큰 역할의 변동은 이스라엘 백성들이 가나안 땅에 정착하면서 일어나게 되었습니다.

23장 25-26절, "다윗이 이르기를 이스라엘 하나님 여호와께서 평강을 그 백성에게 주시고 예루살렘에 영원히 거하시나니 레위 사람이 다시는 성막과 그 가운데서 쓰는 모든 기구를 멜 것이 없다 한지라"

옛날에는 이스라엘 백성들이 이동 생활을 했기 때문에 레위인들이 주로 성막을 이동시키는 일을 맡아서 했습니다. 이스라엘 백성들이 이동을 할 때에는 성막을 분해했다가 어느 곳에 멈추게 되면 성막을 조립하는 일을 맡아서 했습니다. 그런데 예루살렘에 하나님의 언약궤가 정착을 하게 되니까 레위인들이 할 일이 없어졌습니다. 이때 다윗은 이스라엘에 부흥을 더 크게 일으키는 바람에 레위인들이 다른 일을 맡아서 하게 했습니다.

그들은 성전에서 제물들을 정결케 하는 일을 하고 진설병이나 고운 가루를 지지거나 반죽하는 일도 하고 특히 하나님께 찬송하는 일과 아침저녁으로 번제 드리는 일을 맡아서 했습니다. 그래서 할 일이 없다고 가만히 있으면 안됩니다. 특히 오늘 시대의 성전은 제사 기능이 없어졌습니다. 그 대신 우리는 예배드리는 일에 필요한 섬김을 물색하고 아이들을 돌보는 일이나 헌금하고 찬송하고 다른 물질적인 봉사를 하거나 새벽이나 저녁 시간에 기도하는 일을 해야 하는 것입니다.

3. 레위인의 조직

레위인 중에서 가장 중요한 사람은 역시 제사장이었습니다. 제사장은 모든 레위인이 다 할 수 있는 것이 아니라 아론의 후손만이 할 수 있었습니다.

왜 하나님께서 아론의 후손만 제사장으로 세우셨는지는 알 수 없습니다. 우리가 생각하기에 아론은 모세의 형이기는 하지만 모세에 비해서는 약한 사람이었습니다. 그래서 이스라엘 백성들이 시내산 밑에서 금송아지 우상을 만들 때에도 줏대 없이 동참을 했던 적이 있었습니다. 그럼에도 불구하고 하나님은 아론과 그 아들들을 제사장으로 세우셨습니다. 그래서 제사장이라고 해서 죄가 없는 것이 아닙니다. 제사장도 죄인이기 때문에 반드시 제사장의 옷을 입어야만 했습니다. 제사장의 옷이 제사장의 허물을 가리워주기 때문입니다.

하나님께서 죄인으로 죄인들을 돕게 하신 것은 중요한 뜻이 있는 것 같습니다. 왜냐하면 그만큼 자기도 죄인이기 때문에 죄인들을 이해할 수 있습니다. 그래서 제사장들은 죄인들이 와서 죄를 고백하며 짐승을 죽일 때 옆에서 같은 마음으로 아파하게 됩니다. 제사장들은 완전히 객관적인 상태에서나 구경하는 자세로 제사를 드릴 수가 없습니다. 저는 목회자들을 생각할 때 자기 자신도 암 환자이면서 다른 암환자를 도와주는 의사나 간호사를 생각하게 됩니다. 의사나 간호사가 전혀 병이 없다면 환자를 이해하지 못하고 자꾸 야단을 치게 될 것입니다. '너는 왜 자꾸 아프기만 하느냐? 너는 왜 자꾸 넘어지느냐?' 하는 식일 것입니다. 그러나 자기 자신이 아파본 사람은 아픈 자의 심정을 이해하게 되고 마치 지푸라기라도 잡는 심정으로 기도해 달라는 마음을 이해하게 될 것입니다. 그래서 예수님이 말씀하신 대로 기도해 달라고 하면 일흔 번씩 일곱 번이라도 기도해주게 될 것입니다.

24장에는 아론의 자손 제사장에 대한 설명이 나오는데 아론에게는 네 명의 아들이 있었습니다. 나답과 아비후와 엘르아살과 이다말입니다. 나답과 아비후는 반드시 제단 숯불을 분향해야 하는데 다른 불을 쓰는 바람에 하나님이 치셔서 즉사를 하고 말았습니다. 아무리 제사장이라 하더라도 하나님의 말씀대로 하지 않으면 즉사하게 되는 것입니다. 그래서 대제사장도 지성소에 들어갈 때에는 죽을 수 있기 때문에 언제나 허리에 끈을 매고 들어갔습니다. 발에서 방울 소리가 나지 않으면 죽은 것이기 때문에 끈을 당겨서 끄집어내려는 것입니다. 그만큼 제사장은 예배를 드리거나 기도를 할 때 하나님의 임재를 두렵게 느껴야만 합니다. 엘리 제사장의 두 아들 홉니와 비느하스는 그렇게 하지 않고 성전에서 못된 짓을 많이 하다가 결국 그 집안 전체가 패가망신을 하고 말았습니다.

아론의 네 아들 중에서 나답과 아비후가 죽고 엘르아살과 이다말만 살게 되는데 결국 이스라엘 제사장은 이 두 집안에서 나오게 됩니다. 그런데 이다말 집안인 엘리의 두 아들이 문제를 일으키는 바람에 이 아다말의 집안은 저주를 받아서 노인들이 없어지게 됩니다. 그래서 나중에는 엘르아살의 후손인 사독이 중요한 역할을 감당하게 됩니다. 그러나 다윗 때에는 대제사장이 양쪽 집에서 한 사람씩 해서 두 사람이었습니다. 그런데 족장의 수는 이다말보다는 엘르아살이 배나 많았습니다. 즉 이다말이 여덟 명이고 엘르아살은 열여섯 명이었습니다. 그런데 다윗은 양쪽 집안을 전혀 차별하지 않고 제비를 뽑아서 스물네 반차로 나누어서 하나님 앞에 분향하게 했습니다.

25장에는 이스라엘의 찬양대를 소개하고 있습니다. 이스라엘의 찬양대는 역시 레위의 세 아들 게르손과 고핫과 므라리의 후손들 중에서 탁월한 찬양 인도자들이 나오게 됩니다.

25장 1절, "다윗이 군대 장관들로 더불어 아삽과 헤만과 여두둔의 자손 중에서 구별하여 섬기게 하되 수금과 비파와 제금을 잡아 신령한 노래를 하게 하였으니 그 직무대로 일하는 자의 수효가 이러하니라"

여기에 보면 다윗이 찬양대를 선발하고 지도자를 세우는데 군대장관과 함께 그 일을 하는 것을 볼 수 있습니다. 이것은 다른 말로 표현하면 찬양대는 영적인 군대라는 것을 의미합니다. 찬양대는 손에 칼이나 창이나 방패만 들지 않았지 하나님 앞에서 찬양하는 군대였던 것입니다. 다윗은 찬양하는 사람들을 하나님 앞에서 노래하는 천사와 같은 존재로 생각했습니다.

실제로 찬양하는 사람들은 영적인 훈련이 많이 되어야 합니다. 왜냐하면 그들은 하나님 앞에서 가장 먼저 나아가는 자들이기 때문입니다. 군대에서도 가장 먼저 진격을 하는 부대는 최정예부대입니다. 해병대라든지 공수 특전단이라든지 가장 훈련이 잘 된 부대가 가장 먼저 적진에 진격해 들어가게 되어 있습니다. 마찬가지로 우리가 하나님께 예배를 드리는 것은 하나님 앞에 우리가 진격해 들어가는 것과 같습니다.

우리가 하나님을 설득해서 하나님의 마음을 움직이게 하려면 찬양대가 가장 훈련이 잘 되어 있어야 합니다. 그래서 찬양 인도자는 레위의 세 족속 중에서 가장 훈련되고 영성이 있는 세 사람을 세웠습니다. 찬양은 단순히 음악만 가지고 하는 것이 아니라 음악과 신앙이 함께 가야 하는 것입니다. 다윗의 찬양 인도자 세 사람이 아삽과 헤만과 여두둔인데 이들에게 아들이 많이 생겼습니다. 그런데 그 아들들이 모두 찬양대가 되고 연주자들이 되었습니다.

25장 2절, "아삽의 아들 중 삭굴과 요셉과 느다냐와 아사렐라니 이 아삽의 아들들이 아삽의 수하에 속하여 왕의 명령을 좇아 신령한 노래를 하며"

25장 3절, "여두둔에게 이르러는 그 아들 그달리야와 스리와 여사야와 하사뱌와 맛디디야 여섯 사람이니 그 아비 여두둔의 수하에 속하여 수금을 잡아 신령한 노래를 하며 여호와께 감사하며 찬양하며"

25장 4-5절, "헤만에게 이르러는 그 아들 북기야와 맛다냐와 웃시엘과 스브엘과 여리못과 하나냐와 하나니와 엘리아다와 깃달디와 로암디에셀과 요스브가사와 말로디와 호딜과 마하시옷이라 이는 다 헤만의 아들들이니 나팔을 부는 자며 헤만은 하나님의 말씀을 받드는 왕의 선견자라 하나님이 헤만에게 열 네 아들과 세 딸을 주셨더라"

참으로 귀한 것은 이 찬양 인도자의 아들들이 모두 다 아버지의 뒤를 이어서 자신들도 찬양 인도자가 되었다는 것입니다. 그들은 한평생 이 길을 걸으면서도 불평하지 않았습니다. 왜냐하면 이들은 하나님의 정예부대였기 때문입니다.

악기를 연주하는 사람들이 최정예부대라는 것을 실감하려면 스코틀랜드 군악대를 보면 이해가 될 것입니다. 스코틀랜드 군악대는 킬트를 입고 피리 같을 것을 불면서 최전방에서 행진을 하는데 절대로 적을 두려워하지 않습니다. 오히려 적들이 그 군악대의 당당하게 연주하면서 행진하는 모습을 보면 겁을 집어 먹고 도망치게 됩니다. 특히 헤만의 자손들은 나팔 부는 자들이었습니다. 이스라엘 군대의 나팔 소리는 자는 영혼을 깨우는 소리이며 사탄을 달아나게 만드는 위협적인 소리인 것입니다.

그런데 하나님을 찬양하는데 아주 익숙한 사람들의 숫자가 288인이었는데 스물 네 개의 조로 나누어서 열두 명씩 파트를 나누었습니다. 거기에 각각 책임자와 부책임자가 있었습니다.

그리고 26장에는 성전 문지기의 족보가 나옵니다. 보통 성전 문지기라고 하면 사람들이 시시하게 생각하기 쉬운데 결코 그렇지가 않았습니다. 다윗은 문지기들을 뽑을 때 할일이 없는 사람들 중에서 뽑은 것이 아니라 레위 지파 중에서 최정예 사람들을 뽑았습니다. 그래서 찬양대장인 아삽의 아들 중에서 고레의 아들들이 문지기가 되었고 다윗 때 자기 집에서 하나님의 언약궤를 지켰던 오벧에돔의 자식들이 문지기가 되었습니다. 그런데 하나님께서는 오벧에돔에게 복을 주셔서 자식이나 손자가 육십 명이나 되었고 형제들이 전부 다 능력이 있는 자들이었습니다.

26장 5절 끝, '이는 하나님이 오벧에돔에게 복을 주셨음이며'

26장 8절, "이는 다 오벧에돔의 자손이라 저희와 그 아들들과 그 형제들은 다 능력이 있어 그 직무를 잘하는 자니 오벧에돔에게서 난 자가 육십 이명이며"

오벧에돔은 다윗이 하나님의 언약궤를 예루살렘으로 옮기려고 하다가 실패했을 때 자기 집으로 모셔갔던 사람이었습니다. 다른 사람들은 하나님의 궤가 가면 다 죽는다고 해서 벌벌 떨고 있는데 이 사람은 하나님의 궤를 사랑했습니다. 그래서 하나님의 언약궤가 오벧에돔의 집에서는 전혀 재앙을 일으키지 않고 온 집안에 복이 되었습니다. 하나님은 축복의 하나님이십니다. 우리가 하나님을 잘못된 방법으로 모시려고 하니까 재앙을 당하는 것이지 하나님의 말씀대로 섬기기만 하면 복이 부어지는 것이 정상입니다.

성전 문지기를 정하는데도 제비를 뽑아서 했습니다. 어떤 사람은 따뜻한 동쪽을 맡겠다고 하고 어떤 사람은 고참이니까 동쪽이나 곳간을 맡겠다고 하지 못하도록 제비를 뽑아서 결정을 했습니다.

26장 13절, "각 문을 지키기 위하여 그 종족을 따라 무론대소하고 다 제비 뽑혔으니"

26장 14절, "셀레마는 동방에 당첨되었고 그 아들 스가랴는 명철한 의사라 저를 위하여 제비 뽑으니 북방에 당첨되었고"

젤레마는 동쪽에 뽑혔는데 아들은 아주 뛰어난 의사였습니다. 그런데도 북쪽에 제비가 뽑혀서 북쪽 문을 맡았습니다.

26장 15절, "오벧에돔은 남방에 당첨되었고 그 아들들은 곳간에 당첨되었으며" 아버지는 남쪽이어도 아이들은 또 곳간 문을 지키는 자들이 되었습니다. 그리고 이후에는 성전의 곳간을 맡은 자들이 기록되어 있습니다.

그 중에 모세의 자손들도 곳간을 맡게 됩니다.

26장 24절, "모세의 아들 게르솜의 자손 스브엘은 곳간을 맡았고"
26장 26절, "이 슬로못과 그 형제는 성물의 모든 곳간을 맡았으니 곧 다윗왕과 족장과 천부장과 백부장과 군대의 모든 장관이 구별하여 드린 성물이라"

그러고 나서 비로소 다윗은 이스라엘의 행정 조직과 군대 조직을 설명하고 있습니다. 이것은 이스라엘 백성들이 하나님을 바로 믿고 예배하면 하나님께서 자동적으로 이스라엘을 지켜주신다는 것을 믿기 때문입니다.

27장 1절, "이스라엘 자손의 모든 족장과 천부장과 백부장과 왕을 섬기는 유사들이 그 인수대로 반차가 나누이니 각 반열이 이만 사천 명씩이라 일 년 동안 달마다 들어가며 나왔으니"

다윗은 이스라엘의 군대를 항상 2만 4,000명 선이 유지되게 했습니다. 그런데 이 2만 4,000명이 일 년 내내 근무하는 것이 아니라 한 달 단위로 돌아가며 근무하게 했습니다. 그러니까 이스라엘 전체 군대는 30만 명 정도가 유지되지만 모두 한 달씩 나누어서 근무하기 때문에 생활하는 데 큰 부담이 되지도 않고 그렇다고 해서 나라 일에도 공백이 생기지 않게 되었습니다.

결국 이스라엘의 군대는 다른 나라를 공격해서 땅이나 재물을 빼앗는 군대가 아니었습니다. 이스라엘의 군대는 하나님의 천사들이었고 이스라엘 백성들은 하나님의 말씀에 순종하는 종들이었습니다.

그리고 27장 16절 이하에 이스라엘의 행정 책임자들의 이름이 나옵니다.

다른 나라에서는 이 사람들이 가장 중요한 사람들이었고 귀족들이었겠지만 이스라엘에서는 그렇지 않았습니다. 아마도 그래서 이 사람들이 다윗을 별로 좋아하지 않았던 것 같습니다. 다른 나라는 왕들이 모두 귀족들과 손을 잡고 일을 하는데 다윗은 제사장과 손을 잡고 일을 하는 것 같았기 때문입니다. 그래서 다윗과 이런 장관들 사이에는 언제나 눈에 보이지 않는 팽팽한 긴장이 있었습니다. 그래서 만약 다윗의 왕가에서 조금이라도 부흥이 약해지면 이 사람들은 가시 역할을 했습니다.

다윗의 집에서 강한 부흥이 일어나면 지방 장관들이 말없이 따라오며 순종을 하는데 만약 다윗의 자손들이 하나님의 말씀대로 살지 않고 세상 방법을 따라가면 이들은 결국 반역을 일으켰습니다. 솔로몬은 일부러 지방 장관들을 왕의 식탁의 재료를 공급하는 일을 시켰습니다. 그것이 결국 불만의 원인이 되더니 솔로몬의 아들 르보호암 때는 북쪽 열 지파가 나라를 떼어서 나가버렸습니다.

결국 하나님의 말씀만이 이스라엘을 하나로 만들 수 있지 힘으로 누르거나 윽박지른다고 해서 하나가 될 수 있는 것은 아닙니다.

하나님은 다윗에게도 많은 복을 주셔서 다윗의 재산을 관리하는 사람들이 종목별로 다 정해야 할 정도였습니다. 예를 들어서 왕의 전체적인 곳간은 누가 맡고 포도원은 누가 맡고 포도주는 누가 맡고 감람나무와 뽕 나무를 맡은 사람도 따로 있었고 소떼도 몇 떼로 나누어서 맡은 자가 다 달랐습니다. 또 낙타를 맡은 사람도 따로 있었고 나귀를 맡은 사람 양떼를 맡은 사람도 다 따로 있었습니다. 그리고 다윗의 삼촌 요나단은 지혜가 있어서 왕의 상담역이 되었고 학모니의 아들 여히엘은 왕자들의 가정교사가 되었습니다.

그리고 아히도벨은 왕의 상담역이 되었는데 그는 결국 다윗을 배반해서 압살롬과 함께 반역을 일으키게 됩니다. 그러니까 이 모든 기록들은 압살롬의 반역이 일어나기 전의 일을 기초로 해서 적은 것입니다.

이스라엘도 나라이기 때문에 군대가 필요하고 행정 조직도 필요했지만 가장 중요한 것은 하나님께 바르게 예배드리는 것이었습니다. 이것이 되면 다른 것은 모두 다 저절로 되었습니다. 우리나라에 많은 정부 기관들이 있지만 가장 중요한 것은 교회가 부흥되고 바른 하나님의 말씀과 신앙을 지키는 것입니다. 그러면 하나님께서 우리나라를 불말과 불병거로 지켜주시며 정치나 경제나 모든 면에 큰 복을 주실 것입니다.

오늘 우리나라는 구세대의 여러 가지 어려운 문제들에도 불구하고

여전히 하나님의 축복이 많이 나타나고 있습니다.

이때 앞선 어른 세대가 자녀들에게 물려줄 수 있는 것은

단순한 영어 실력이나 물건을 만들 수 있는 기술 정도가 아니라

엄청난 하나님의 능력을 우리 것으로 만들 수 있는 능력인 것입니다.

어른들은 화려하고 거창한 건물이나 재산을 물려줄 것이 아니라

진정한 하나님의 능력을 나의 것으로 만들 수 있는 비법을 가르쳐주어야 하는 것입니다.

그 핵심은 두 가지입니다.

하나는 '하나님의 말씀' 이고 다른 하나는 '성전' 인 것입니다.

CHAPTER 17

성전 건축의 유언

대상 28:1-29:30

요즘 신문에서는 젊은 세대를 'G세대' 라고 부릅니다. 여기서 'G' 는 '글로벌' (global)의 약자인데 주로 88올림픽 이후에 태어난 세대를 말합니다. G세대의 특징은 우리나라 경제가 한창 부흥하고 있을 때 태어났고 또 우리나라가 한창 국제화하고 있을 때 자란 세대라는 점입니다. 이들이 자란 시대는 이미 우리나라가 선진국에 들어가고 있을 때여서 물질적으로도 풍요로웠고 다른 선진국 사람들에 대해서도 꿀릴 것이 없는 세대입니다. 그래서 이 G세대의 가장 큰 특징은 이들이 겁이 없고 자기주장이 강하며 어디로 튈지 모른다는 점입니다. 그런데 이 세대 아이들이 동계 올림픽에 나가서 옛날에 우리 어른 세대에서는 꿈에도 생각할 수 없었던 금메달들을 주렁주렁 따가지고 돌아왔습니다.

지금 우리나라 어른들은 세종시 문제로 분열이 되어서 서로 멱살을 잡고 싸우며 아무 것도 하지 못하고 있는데 새로운 세대는 그런 것에 신경을 쓰지도 않고 꿋꿋이 뻗어가고 있는 것입니다. 오늘 우리가 생각해야 할 것은 과연 우리의 미래를 위해서 가장 중요한 것이 무엇일까 하는 것입니다.

부모는 돌아가실 때가 되면 자식들에게 여러 가지를 부탁할 것입니다. 그 중에서 부모가 성공한 기업을 가지고 있다면 이 기업들이 계속 잘 뻗어나갈 수 있도록 부탁을 할 것입니다. 혹은 부모 자신이 이루고 싶었던 꿈이 있었는데 이루지 못하고 죽게 된다면 그것을 이루어달라고 부탁을 할 것입니다. 그러나 많은 경우 부모의 세대에 중요했던 것과 자녀들의 세대에서 중요한 것이 다를 수 있을 것입니다. 일본 같은 경우에는 아버지는 아들에게 방직 공장을 물려주었는데 아들은 그것을 자동차 회사로 발전시켜서 성공한 경우도 있습니다.

다윗은 이스라엘 국가의 실제적인 체계를 세운 왕이었습니다. 다윗은 전쟁을 해서 주위에 있는 많은 나라들을 굴복시키고 이스라엘의 영토를 확정한 왕이었습니다. 그리고 다윗은 국가 통치에 필요한 행정 체계라든지 군사 체계도 완성을 시켰습니다. 이때 이미 이스라엘은 인구도 많았고 물질적으로도 아주 번성할 때였습니다.

다윗은 이제 이 큰 나라를 아직 어린 아들 솔로몬에게 넘겨주려고 하고 있습니다. 이때 다윗은 아들에게 이스라엘이 계속 번성하기 위해서는 무역을 많이 해서 돈을 버는 것이라고 말하지도 않고 전쟁을 더 많이 해서 영토를 확장시키는 것이라고도 말하지 않았습니다. 다윗은 아들에게 이스라엘이 번성하는 데 가장 중요한 것은 성전을 짓는 것이라고 하면서 성전 건축의 부탁을 아들에게 유언으로 넘겨주었습니다.

이것은 굉장히 중요한 의미가 있습니다. 다윗은 이스라엘이 평범한 나라가 아니라 하나님의 능력이 있는 나라라는 것을 알았습니다. 그래서 이스라엘 백성들이 이 엄청난 하나님의 능력을 축복으로 감당할 수 있기 위해서는 다른 어떤 것보다도 성전을 지어야 한다고 유언을 했습니다.

오늘 우리나라는 구세대의 여러 가지 어려운 문제들에도 불구하고 여전히 하나님의 축복이 많이 나타나고 있습니다. 이때 앞선 어른 세대가 자녀들에게 물려줄 수 있는 것은 단순한 영어 실력이나 물건을 만들 수 있는 기술 정도가 아니라 엄청난 하나님의 능력을 우리 것으로 만들 수 있는 능력인 것입니다. 어른들은 화려하고 거창한 건물이나 재산을 물려줄 것이 아니라 진정한 하나님의 능력을 나의 것으로 만들 수 있는 비법을 가르쳐주어야 하는 것입니다. 그 핵심은 두 가지입니다. 하나는 '하나님의 말씀'이고 다른 하나는 '성전'인 것입니다.

1. 이스라엘 지도자들의 소집

■

다윗은 나이가 많아 늙어서 죽게 되었을 때 이스라엘 모든 지도자들을 모아놓고 자신의 가장 중요한 부탁을 하게 되었습니다. 그것은 바로 모든 백성들이 힘을 합쳐서 하나님의 성전을 지어야 한다는 것이었습니다.

28장 1-3절, "다윗이 이스라엘 모든 방백 곧 각 지파의 어른과 체번하여 왕을 섬기는 반장들과 천부장들과 백부장들과 및 왕과 왕자의 산업과 생축의 감독과 환관과 장사와 용사를 예루살렘으로 소집하고 이에 다윗왕이 일어서서 가로되 나의 형제들, 나의 백성들아 내 말을 들으라 나는 여호와의 언약궤 곧 우리 하나님의 발등상을 봉안할 전 건축할 마음이 있어서 건축할 재료를 준비하였으나 오직 하나님이 내게 이르시되 너는 군인이라 피를 흘렸으니 내 이름을 위하여 전을 건축하지 못하리라 하셨느니라."

다윗은 이스라엘 2대왕으로 말씀의 통치의 체계를 세운 왕이었습니다. 이스라엘 초대왕 사울은 말씀의 통치에 관심이 없었습니다. 사울 왕은 이스라엘을 인간적인 방법으로 다스렸습니다. 그래서 사울 왕은 이스라엘을 군사적으로 일으켜보려고 애를 많이 썼지만 결국 블레셋이라는 현실의 벽을 넘지 못하고 좌절하고 말았습니다. 그래서 사울 왕 때에는 이스라엘의 영토도 확정이 되어 있지 못했고 블레셋의 식민지에서 겨우 벗어난 상태였습니다. 그런데 다윗은 왕이 되면서 다른 것을 붙들지 않고 하나님의 말씀을 붙들었습니다. 그래서 자기 자신이 먼저 하나님의 말씀에 순종하는 것을 제일 중요하게 생각했고 모든 것에 하나님의 말씀을 앞세웠습니다. 그랬더니 하나님이 이스라엘에 부흥을 주시면서 이스라엘이 굉장히 강해지게 되었습니다. 그래서 다윗은 주위에 있는 모든 적들을 다 평정했고 나라의 영토를 확정지었습니다.

그리고 다윗은 이스라엘을 모든 행정 체계나 군사 체계까지 다 갖춘 나라로 만들었습니다. 하지만 다윗은 이것으로 모든 것이 끝났다고 생각하지 않았습니다. 다윗이 이스라엘에서 가장 중요하게 생각한 것은 이스라엘의 정신이었습니다.

이스라엘은 인간 왕이 다스리는 나라가 아니라 하나님이 말씀으로 다스리는 나라였습니다. 그래서 다윗이 보기에 이스라엘이 하나님의 축복을 계속 받는 비결은 백성들에게 하나님의 말씀을 많이 가르치고 말씀대로 살게 하는 것이었습니다. 이것을 위해서 다윗은 예루살렘에 하나님의 언약궤를 옮겨놓았습니다. 다윗은 하나님의 뜻에 맞는 목자였던 것입니다.

이 세상 나라의 왕들은 모든 것을 자기 뜻대로 다스리기를 원합니다. 그래서 모든 나라에서 가장 중요한 것은 왕의 뜻입니다. 왕이 전쟁을 원하면 전쟁을 하는 것이고 왕이 무역을 원하면 무역을 하는 것입니다. 그런데 이스라엘은 왕의 뜻이 중요한 것이 아니라 하나님의 말씀이 가장 중요합니다.

이스라엘은 하나님이 말씀으로 다스리는 나라입니다. 그런데 어떻게 하나님의 말씀을 들을 수 있습니까? 우선 가장 중요한 것은 왕이나 백성들이 하나님의 말씀을 많이 배워서 자발적으로 하나님의 뜻에 순종해야 합니다. 그리고 구체적인 일이 있을 때마다 하나님께 물어서 기도의 응답으로 그 일을 하는 것입니다.

이것이 하나님의 백성들이 복을 받는 가장 중요한 원리입니다. 하나님의 백성들이 하나님의 복을 받으려고 하면 가장 중요한 것이 영적인 부흥이 일어나야 합니다. 여기서 영적인 부흥이라고 하는 것은 하나님과 우리 사이가 말씀으로 바로 연결되어 있는 것입니다. 그때 하나님께서 우리에게 성령을 부어주시는데 굉장히 기쁘고 능력이 있게 됩니다. 그래서 하나님의 백성들에게 가장 중요한 것은 계속적으로 하나님의 말씀을 선포하고 가르치는 것입니다. 그리고 그 말씀을 붙들고 기도하면 부흥이 일어나게 됩니다.

다윗은 전쟁을 많이 치른 왕이었습니다. 왜냐하면 이스라엘 주위에 많은 적들이 있었고 아직 이스라엘은 영토조차도 확보하지 못하고 있었기 때문입니다. 이것이 이스라엘의 현실이었습니다. 이스라엘 백성들은 하나님의 말씀만 배운다고 해서 저절로 영토가 만들어지는 것이 아니라 이스라엘을 망하게 하려는 적들과 싸워서 이겨야만 했습니다. 그런데 하나님께서 주신 부흥의 힘으로 다윗과 이스라엘 백성들은 모든 적들을 다 물리치고 에돔이나 블레셋 같은 가시까지 다 뽑아버리게 되었습니다. 하나님께서 우리에게 부흥을 주실 때에는 평소에 우리를 괴롭히던 질병의 가시나 사람의 가시나 금전적인 가시들이 다 뽑히게 됩니다. 그래서 평소 우리를 괴롭히는 질병이나 사람이나 금전적인 가시가 있을 때 너무 억지로 뽑으려고 하는 것은 좋지 않습니다. 우리가 하나님을 사랑하고 말씀을 사랑해서 내 안에 영적인 부흥이 일어나게 되면 어느 정도 시간이 지난 후에 이런 가시들이 다 뽑힙니다.

다윗이 지금 소집한 이스라엘 대표들은 바로 이 부흥의 주역들이었습니다. 이 사람들은 방백들이나 천부장이나 백부장이나 환관들이었지만 직책을 떠나서 모두 하나님의 말씀에 헌신된 자들이었고 이스라엘 구석구석에서 부흥의 불길을 일으킨 자들이었습니다. 다윗은 늘그막에 이 사람들을 불러놓고 '나의 형제들, 나의 백성들' 이라고 부르고 있습니다. 하나님께서는 부흥이 일어날 때 충성된 많은 종들을 주십니다. 이 사람들은 다윗이 했던 것처럼 자기가 있는 영역에서 자기 야망이나 욕심으로 일하지 않고 항상 하나님의 말씀을 앞세우고 하나님을 앞세우는 사람들이었습니다. 결국 다윗 때에는 이스라엘의 부흥의 불길이 다윗으로부터 시작해서 이스라엘 구석구석까지 퍼져 있었습니다. 이 사람들은 모두 다윗과 함께 싸웠던 사람들입니다. 이들은 모두 우상과 싸우고 인본주의와 싸우고 세상적인 방법과 싸웠던 사람들이었습니다.

다윗은 하나님의 말씀의 통치로 이스라엘의 대부흥과 성공을 가져왔지만 한 가지 가장 중요한 것이 빠져 있다는 것을 알게 되었습니다. 그것은 바로 성전이었습니다. 다윗은 하나님의 말씀을 최고로 생각해서 지금까지 달려왔지만 이스라엘에는 보물이 하나 더 있었습니다. 그것은 바로 죄를 씻는 성전입니다.

하나님이 이스라엘에 주셨던 두개의 보물은 '율법의 말씀'과 '성전'이었습니다. 다윗은 이스라엘의 인구조사를 할 욕심이 생겼는데 이것이 하나님 앞에서 죄였습니다. 우리가 보기에는 왕이 인구조사하는 것이 죄가 될 수 없습니다. 그러나 다른 것이 죄가 아니라 하나님의 말씀에서 탈선하는 것이 죄입니다.

다윗이 인구조사를 한 것은 이스라엘을 하나님의 말씀으로 이끄는 것이 아니라 자기 야망과 욕심의 방향으로 탈선시키는 것이었습니다. 이 한 번의 욕심으로 다윗은 3일 동안에 7만 명의 백성을 잃었습니다. 그런데 다윗은 오르난의 타작마당에서 천사가 칼을 빼들고 있는 것을 보고 거기에 제사를 드렸고 염병은 그치고 더 이상 사람들은 죽지 않았습니다. 다윗은 바로 이것이 성전의 위력이라는 것을 알게 되었습니다. 그래서 다윗은 이스라엘에 말씀도 있어야 하지만 성전도 있어야 한다는 것을 깨닫게 되었습니다. 그러나 하나님은 다윗에게 성전을 짓지 못한다고 말씀하셨습니다. 다윗은 성전을 짓지 못할 이유가 없었습니다. 다윗은 돈도 있었고 열정도 있었습니다. 그러나 성전은 사람의 돈이나 열정으로 짓는 것이 아닙니다. 성전은 하나님이 성령으로 지으시는 것입니다.

그래서 하나님은 다윗에게 너는 군인이라 피를 흘렸기 때문에 내 이름으로 된 성전을 짓지 못한다고 하셨습니다. 즉 하나님의 성전은 사람을 죽이는 심정으로는 지을 수가 없습니다. 하나님의 성전은 다른 사람을 죽이는 것이 아니라 다른 사람을 살려야 하기 때문입니다.

2. 하나님의 택하심

■

다윗은 이스라엘의 왕이 될 자격이 전혀 없는 사람이었습니다. 다윗은 목동 출신이었고 그 아버지는 유다 지파 중에서도 별 볼일 없는 사람이었습니다.

그런데 하나님은 일방적으로 다윗을 택하셔서 이스라엘의 왕으로 삼으셨습니다.

28장 4절, "그러나 이스라엘 하나님 여호와께서 전에 나를 내 부친의 온 집에서 택하여 영원히 이스라엘 왕이 되게 하셨나니 곧 하나님이 유다 지파를 택하사 머리를 삼으시고 유다의 족속에서 내 부친의 집을 택하시고 내 부친의 아들들 중에서 나를 기뻐하사 온 이스라엘의 왕을 삼으셨느니라"

다윗은 자기가 어떻게 이스라엘 왕이 되었는지 전혀 이해할 수가 없었습니다. 왜냐하면 다윗은 그럴 수 있는 자격이나 가능성이 전혀 없었기 때문입니다. 이것은 오직 하나님의 택하심이었습니다.

하나님께서는 모든 자격을 다 갖춘 사람보다는 아무 것도 가진 것이 없는 낮은 사람을 쓰시는 것을 기뻐하십니다. 그런데 하나님께서 택하신 사람은 하나님의 말씀을 너무나도 사랑하고 하나님의 말씀 하나만을 결사적으로 붙듭니다.

다윗이 나온 베들레헴은 이스라엘 고을 중에서 아주 작은 도시였습니다. 그리고 다윗의 아버지 이새도 결코 대단한 인물이 아니었습니다. 다윗은 그 집의 여덟 형제 중에서 막내아들이었습니다. 그리고 다윗은 그 당시에서는 가장 별 볼일이 없는 목동이었습니다. 그러나 다윗에게는 오직 한 가지 하나님의 말씀을 사랑하는 믿음이 있었습니다. 이 믿음이 하나님의 능력을 끌어오게 하였고 결국 다윗은 하나님의 능력으로 골리앗을 이기고 하나님의 능력으로 모든 환란을 다 이기고 결국 이스라엘 왕까지 되었습니다.

다윗은 왕이 된 후에 하나님의 말씀만 붙잡았습니다. 그랬더니 부흥이 일어나면서 이스라엘이 아주 강대국이 되었고 물질적으로도 많이 부강하게 되었습니다. 다윗은 솔로몬에게도 이것을 그대로 적용시키고 있습니다.

28장 6절, "내게 이르시기를 네 아들 솔로몬 그가 내 전을 건축하고 내 여러 뜰을 만들리니 이는 내가 저를 택하여 내 아들을 삼고 나는 그 아비가 될 것임이라"

솔로몬은 다윗의 아들들 중에서 전혀 왕이 될 순번이 아니었습니다. 솔로몬은 다윗의 다른 아들들에 비하여 너무 어렸고 경험도 없었습니다. 거기에다가 그는 밧새바의 아들이었습니다. 그럼에도 불구하고 하나님은 솔로몬을 택하셨습니다. 하나님은 이렇게 아무 자격이 없는 자를 택하셔서 그가 하나님의 말씀만 붙들고 살아가기를 원하십니다. 그렇지 않으면 절대로 하나님의 말씀만 붙잡게 되지 않습니다.

그런데 하나님은 솔로몬을 하나님의 아들로 입양을 시키셨습니다. "내가 저를 택하여 내 아들을 삼고 나는 그의 아비가 될 것이며…" 솔로몬이 성전을 짓는 것은 다윗의 아들 자격이 아니라 하나님의 아들 자격이었습니다.

결국 하나님은 솔로몬의 이 놀라운 입양을 통해서 하나님의 성전은 하나님의 아들만이 지을 수 있다는 것을 보여주신 것입니다. 그러나 그 아들은 나중에 십자가에 못 박혀 죽을 아들인 것입니다.

다윗은 솔로몬에게 십자가에 못 박혀 죽는 대신에 철저하게 하나님의 말씀대로 행할 것을 명령했습니다.

28장 7절, "저가 만일 나의 계명과 규례를 힘써 준행하기를 오늘날과 같이 하면 내가 그 나라를 영원히 견고케 하리라 하셨느니라"

솔로몬은 하나님의 아들로 입양이 되었지만 진짜 친 아들은 아니었습니다. 그래서 하나님의 친아들이 할 것과 솔로몬이 할 일은 달랐습니다. 하나님의 친 아들은 인간의 몸으로 오셔서 그 몸을 찢어서 하나님의 성전을 완성하는 것이었습니다. 그러나 솔로몬이 할 일은 그의 그 좋은 머리에도 불구하고 자기 머리를 믿지 않고 하나님의 계명과 규례를 지키는 것이었습니다. 결국 우리가 하나님의 말씀대로 살려고 하면 자신의 모든 야망과 욕심을 십자가에 못 박고 하나님의 말씀의 능력을 믿어야 합니다. 그래서 우리의 십자가와 예수님의 십자가는 다른 것입니다.

예수님의 십자가는 자기 자신을 처참하게 못 박는 것이지만 우리는 예수님의 십자가에 비해서는 훨씬 덜 고통스럽습니다. 단지 우리는 우리 욕심이나 야망을 하나님의 말씀에 못을 박으면 되는 것입니다. 솔로몬은 아무리 세상이 아니라고 하더라도 하나님의 말씀대로 순종하기만 하면 부흥이 일어나고 복을 받게 되어 있었습니다.

그런데 말씀 중심과 성전은 차원이 또 다릅니다. 성전이라고 하는 것은 하나님을 모신 집을 말하는데 거기에는 죄를 씻는 데 탁월한 능력이 있습니다. 그리고 거기에 성령의 능력이 나타나고 기적이 일어나며 기도의 응답이 있습니다. 특히 하나님께서 그 나라를 하나님의 불말과 불병거로 지켜주시고 전쟁이 터지지 않게 하십니다. 성전은 하늘의 모든 축복이 다 임하는 보물 창고인 것입니다.

28장 9절, "내 아들 솔로몬아 너는 네 아비의 하나님을 알고 온전한 마음과 기쁜 뜻으로 섬길찌어다. 여호와께서는 뭇 마음을 감찰하사 모든 사상을 아시나니 네가 저를 찾으면 만날 것이요 버리면 저가 너를 영원히 버리시리라"

하나님은 모든 사람의 마음을 아시는 분이십니다. 하나님은 우리 모든 사람의 생각을 아시고 사상을 아십니다. 여기서 사상이라고 하는 것은 우리 마음의 상태를 말합니다. 그런데 우리가 하나님을 찾으면 하나님은 우리를 만나주십니다. 우리가 하나님께 물으면 하나님은 응답해주십니다. 그러나 우리가 하나님을 업신여기고 버리면 하나님도 우리를 무가치하게 생각하셔서 버리십니다. 왜냐하면 하나님은 결코 우리 인간들에게 절절 매시는 분이 아니시기 때문입니다.

오늘 우리에게 하나님의 성전을 이룬다고 하는 것은 온 성도들이 변화되어서 말씀과 성령으로 한 공동체가 되는 것을 말합니다. 우리가 극장에서 영화를 보듯이 설교만 듣고 가는 것이 아니라 하나님의 말씀을 사랑하는 마음으로 끈끈하게 하나가 될 때 우리 안에 성령의 충만한 역사가 일어나게 됩니다. 에스겔이 환상 중에 보았던 것처럼 성전 문지방에서 흘러내린 생수가 강이 되어서 흐르게 됩니다. 그 성령의 생수를 마시면 우리는 완전히 치유를 받습니다. 그래서 이 세상에서 최고의 복은 바로 신앙의 공동체를 지을 수 있는 축복인 것입니다.

3. 다윗의 준비

다윗은 하나님께서 자기에게 주신 사명이 성전을 짓는 것이 아니라는 것을 알고도 실망치 않았습니다. 왜냐하면 인간은 감히 하나님의 성전을 지을 수 없기 때문입니다. 그러나 우리가 그것을 위해서 기도하고 준비하고 또 사용되는 것만 해도 최고의 축복이요 기쁨이고 영광입니다.

예를 들어서 우리나라가 독립하기 전에 만주에서나 미국 본토에서나 독립을 위해서 헌신하는 사람들이 많이 있었습니다. 그 사람들 거의 전부가 우리나라의 이 발전된 모습을 보지 못하였습니다. 그때 그 사람들이 본 조국의 현실은 너무나도 비참하고 소망이 없는 것이었습니다. 그러나 이 사람들은 조국의 미래에 희망을 가졌기 때문에 독립을 위해서 싸웠고 결국 우리나라는 이제 세계에서 인정받는 나라가 되었습니다.

그래서 사람에게 미래의 꿈이 있다는 것은 아주 중요한 것입니다. 사람이 미래에 대한 꿈이 없다면 짐승과 다를 바가 없을 것입니다. 그러나 사람들은 꿈이 있기 때문에 현실적인 어려움을 참으면서 미래를 위해서 투자합니다.

미래를 향한 꿈 중에서 최고의 꿈이 하나님 나라의 부흥의 꿈입니다. 하나님의 백성들에게 말씀의 능력이 살아나고 기도의 능력이 살아나고 성령의 능력이 살아나서 가장 능력 있고 활기 있는 삶을 사는 것입니다. 그러면 세상도 저절로 살아나게 되어 있습니다.

하나님께서는 다윗에게 성전을 짓지 못하게 하셨지만 성전의 설계도는 그리게 하셨습니다.

28장 11-13절, "다윗이 전의 낭실과 그 집들과 그 곳간과 다락과 골방과 속죄소의 식양을 그 아들 솔로몬에게 주고 또 성신의 가르치신 모든 식양 곧 여호와의 전의 뜰과 사면의 모든 방과 하나님의 전 곳간과 성물 곳간의 식양을 주고 또 제사장과 레위 사람의 반열과 여호와의 전에 섬기는 모든 일과 섬기는데 쓰는 모든 그릇의 식양을 설명하고"

하나님은 다윗에게 성령의 감동으로 성전의 상세한 설계도를 그리게 하셨습니다. 그래서 다윗의 머리에는 성전의 모든 방들이 아주 자세하게 다 들어 있었고 제사장이 서서 예배드리는 곳이나 레위인들이 예배드리는 곳까지 전부 다 알고 있었습니다. 다윗은 성전을 짓지 못했지만 그 모든 세부적인 내용들을 다 알고 있었습니다. 심지어 다윗은 성전에 쓰이는 모든 기구들의 중량까지 다 알아서 적어 놓았습니다. 즉 그릇이 너무 가벼워도 안 되고 작아도 안 되고 하나님께서 적게 하신 그 중량대로 만들라고 기록했습니다.

28장 19절, "다윗이 가로되 이 위의 모든 것의 식양을 여호와의 손이 내게 임하여 그려 나로 알게 하셨느니라"

하나님은 다윗으로 하여금 미래의 성전을 아주 세부적으로 보게 하셨고 그리게 하셨습니다. 바로 이 성전이 하나님의 성령의 능력이 흘러넘치는 샘물인 것입니다.

다윗은 솔로몬에게 말로만 성전을 지으라고 한 것이 아닙니다. 또 설계도면만 주면서 알아서 성전을 지으라고 하지도 않았습니다. 다윗은 아들이 성전을 지을 수 있도록 많은 재료들을 준비를 해서 하나님께 바쳤습니다. 왜냐하면 다윗은 결코 성전건축이 한 사람의 힘으로 될 수 있는 성질의 것이 아니라는 것을 알았기 때문입니다. 성전건축이라고 하는 것은 많은 사람의 기도의 준비가 있어야 하고 또 물질의 준비가 있어야 했습니다. 만일 다윗이 아무 준비도 해 놓지 않은 체 설계도면만 솔로몬에게 넘겨주면 결코 솔로몬이 성전을 완공하지 못했을 것입니다. 엄청나게 큰 공사였기 때문입니다. 다윗은 어떻게 해서든지 솔로몬 때에 성전이 완공되기를 바랐습니다. 그렇게 하려고 하면 다윗 자신이 준비를 많이 하는 수밖에 없었습니다. 그래서 준비는 다윗이 하고 완공은 솔로몬이 한 것입니다.

부흥이라고 하는 것은 아무 것도 없는 데서 불이 일어나는 것이 아닙니다. 부흥은 누군가가 기름을 많이 준비해 놓은 곳에 불을 던지는 것입니다. 그래서 실제로 부흥이 일어나기 위해서는 부흥이 일어나는 기간보다 훨씬 더 긴 기간을 말씀과 기도로 준비를 하게 됩니다.

이스라엘 백성들은 모세 때 출애굽의 부흥을 경험하기 위해서 무려 400년의 기간을 준비하게 됩니다. 중세 때에도 마틴 루터나 존 칼빈의 종교 개혁의 부흥이 일어나기 위해서는 1,000년의 준비 기간이 필요했습니다. 사람들은 이런 답답하고 어두운 영적인 밤을 통해서 하나님의 말씀이 얼마나 중요하며 성령의 역사가 얼마나 중요한지 깨닫고 긴긴 세월을 눈물로 기다렸습니다. 다윗도 아들 솔로몬 때 큰 부흥이 일어나도록 하기 위해서 많은 것을 준비했습니다. 그리고 다윗에게는 이것을 준비하는 자체가 너무나도 기쁜 것이었습니다. 왜냐하면 다윗에게는 이스라엘 부흥의 꿈이 있었기 때문입니다.

29장 1-3절, "다윗왕이 온 회중에게 이르되 내 아들 솔로몬이 홀로 하나님의 택하신바 되었으나 오히려 어리고 연약하고 이 역사는 크도다 이 전은 사람을 위한 것이 아니요 여호와 하나님을 위한 것이라 내가 이미 내 하나님의 전을 위하여 힘을 다하여 예비하였나니 곧 기구를 만들 금과 은과 놋과 철과 나무며 또 마노와 박을 보석과 꾸밀 보석과 채석과 다른 보석들과 화반석이 매우 많으며 성전을 위하여 예비한 이 모든 것 외에도 내 마음에 내 하나님의 전을 사모하므로 나의 사유의 금, 은으로 내 하나님의 전을 위하여 드렸노니"

다윗은 자신의 남은 생애 동안 하나님의 전을 준비하는 것만으로도 너무나도 기뻐했고 가치 있게 생각했습니다. 우리 인간이 하나님을 위한 집을 지을 수 있다는 것은 기적이기 때문입니다. 우리 인간들이 이 세상에서 아무리 화려하고 멋진 집을 짓는다 하더라도 하나님을 모실 수가 없습니다. 왜냐하면 하나님이 거기에 계실 이유가 없기 때문입니다. 그러나 하나님은 이스라엘 백성들에게 약속하시기를 그들이 하나님의 말씀대로 성전을 지으면 언제든지 거기 계셔서 이스라엘 백성들을 만나주시겠다고 약속을 하셨습니다. 그래서 이 성전은 하늘의 문입니다. 하나님의 축복은 열어주고 재앙은 닫아주는 문인 것입니다.

이스라엘의 하나님은 어떤 분이십니까?

29장 11-12절, "여호와여 광대하심과 권능과 영광과 이김과 위엄이 다 주께 속하였사오니 천지에 있는 것이 다 주의 것이로소이다 여호와여 주권도 주께 속하였사오니 주는 높으사 만유의 머리심이니이다 부와 귀가 주께로 말미암고 또 주는 만유의 주재가 되사 손에 권세와 능력이 있사오니 모든 자를 크게 하심과 강하게 하심이 주의 손에 있나이다"

인간에게 있어서 온 천지를 만드신 하나님을 안다는 것 자체가 엄청난 복입니다. 인간은 하나님 앞에서 개미보다 못하고 벌레 보다 못한 존재입니다. 그런데 우리가 어떻게 하나님을 알 수 있겠습니까? 그런데 하나님이 인간의 언어로 찾아오셔서 하나님을 알게 하시고 믿을 수 있게 하셨습니다. 이 세상에 그 뛰어난 학자들도 하나님을 모릅니다. 그런데 온 세상의 주인이시며 우리를 높이기도 하시고 낮추기도 하시며 우리를 크게도 하시고 강하게 하시는 하나님을 안다는 것은 너무나도 엄청난 복입니다. 우리가 하나님을 바로 안다는 것 자체가 이미 인생의 진정한 가치를 찾은 것입니다. 그런데 하나님은 우리로 하여금 하나님을 위해서 무엇인가를 바칠 수 있게 하시고 그것으로 성전을 지으셔서 우리 가운데 계시는 것입니다. 성전을 지으면 하나님은 우리 하나님이 되십니다. 우리가 만약 하나님을 우리 하나님으로 모실 수만 있다면 그까짓것 바치는 것쯤은 아무 것도 아닐 것입니다.

29장 14절, "나와 나의 백성이 무엇이관대 이처럼 즐거운 마음으로 드릴 힘이 있었나이까 모든 것이 주께로 말미암았사오니 우리가 주의 손에서 받은 것으로 주께 드렸을 뿐이니이다"

이 세상에서 최고로 복된 것은 하나님을 우리 하나님으로 모시는 것입니다. 만약 우리가 하나님만 우리 하나님으로 모실 수 있다면 우리는 이 세상에서 아무 것도 두려워 할 것이 없습니다. 우리를 대적하는 자나 가난이나 질병이나 태풍이나 지진이나 쓰나미나 아무 것도 두려워 할 필요가 없습니다. 그런데 하나님은 우리 하나님이 되시기 위해서, 우리에게 주신 것으로 하나님의 집을 짓게 하셨습니다. 우리 하나님의 집 재료는 하나님의 말씀으로 변화된 우리 성도들입니다. 우리 한 사람 한 사람만 있으면 모래와 같습니다. 또 우리는 모가 나고 삐죽삐죽해서 하나가 될 수 없습니다. 그런데 우리가 말씀으로 변화되어 겸손해지고 다른 사람을 나보다 낫게 여기며 하나님의 말씀을 사랑할 때 하나님은 우리를 성전으로 지으십니다. 우리 안에 하나님의 영광이 있고 능력이 있고 축복이 있습니다. 이것은 우리가 무궁무진한 금광을 가진 것보다 더 큰 복이며 무한한 매장량을 가진 석유 유전을 발견한 것과 비교할 수 없는 복을 가진 것입니다.

우리나라는 하늘의 복을 캐내어야 잘 될 수 있는 나라입니다. 하나님은 우리에게 성전의 비전을 주셨습니다. 에스골 골짜기의 뼈들이 살아나는 비전을 주셨습니다. 우리 자손들이 하나님의 더 큰 복을 받도록 하기 위해서 여기서 큰 부흥의 불씨를 일으키는 성도들이 되시기 바랍니다.

역대상 강해집

부흥을 회복하라

2017년 9월 25일 초판 3쇄 발행

지은이 | 김서택
펴낸이 | 박영호
펴낸곳 | 도서출판 솔로몬

주소 | 서울시 동작구 사당 3동 207-3 신주빌딩 1층
전화 | 599-1482
팩스 | 592-2104
직영서점 | 596-5225

등록일 | 1990년 7월 31일
등록번호 | 제 16-24호

ISBN 978-89-8255-458-2 03230